AF742190

LA PARENTALITÉ ET SES VULNÉRABILITÉS

Blucher

LA PARENTALITÉ ET SES VULNÉRABILITÉS

Aspects psychologiques, sociaux et de santé publique

Organisateurs
Daniela Scheinkman
Márcia Cristina Maesso
Katia Tarouquella Brasil
Didier Drieu

La parentalité et ses vulnérabilités : aspects psychologiques, sociaux et de santé publique

Publisher Edgard Blücher
Editor Eduardo Blücher
Coordination éditoriale Rafael Fulanetti
Coordination de la production Ana Cristina Garcia
Préparation de texte Équipe éditoriale
Mise en page Guilherme Salvador
Couverture Juliana Midori Horie
Image de couverture iStockphotos

Blucher

Rua Pedroso Alvarenga, 1245, 4º andar
04531-934 – São Paulo – SP – Brasil
Tel.: 55 11 3078-5366
contato@blucher.com.br
www.blucher.com.br

Données Internationales de Catalogage Dans La Publication
Bibliothécaire: Heytor Diniz Teixeira, CRB-8/10570

La parentalité et ses vulnérabilités : aspects psychologiques, sociaux et de santé publique / organisateurs Daniela Scheinkman et al. – São Paulo : Blucher, 2025.

312 p. : il.

Bibliographie
ISBN 978-85-212-2845-5 (Imprimé)
ISBN 978-85-212-2841-7 (Numerique – Epub)
ISBN 978-85-212-2842-4 (Numerique – PDF)

1. Psychanalyse. 2. Parentalité. I. Título. II. Scheinkman, Daniela.

CDU 159.964.2

Index pour le catalogue systématique:
1. Psychanalyse CDU 159.964.2

Contenu

Présentation

Ce recueil aborde la thématique de la parentalité et de ses vulnérabilités à travers la pratique et la recherche théorique de plusieurs auteur·e·s qui se sont penché·e·s sur ce sujet dans le domaine de la psychanalyse. Les chapitres présentent un réexamen épistémologique du concept de parentalité, un panorama historique de son émergence, la complexité des divers éléments impliqués dans sa construction et ses implications.

Les répercussions du devenir de la parentalité traversée dans sa relation avec les questions socioéconomiques, raciales, d'immigration et de genre, traversent les réflexions présentes dans les différents chapitres. Liaisons et déliaisons, les rencontres et non-rencontres dans les contextes familiaux interviennent dans le processus de constitution psychique et génèrent des situations d'impasse et de souffrance qui apparaissent dans le cadre du judiciaire et peuvent être médiées par des interventions dans le cadre des politiques publiques, à travers la psychanalyse extra-muroscomme le montrent certains chapitres. Ces derniers mettent em évidence les questions qui s'imposent à la réflexion et à la discussion autour de la transmission psychique dans le lien parental, pour l'analyse du phénomène de la violence intrafamiliale.

Face au scénario exposé par les auteur.e.s les interrogations suivantes émergent : quelle est la place de la transmission psychique dans la problématique de la violence intra et extrafamiliale ? Et, compte tenu du deuil de la famille idéalisée et de l'accueil des ambivalences de la maternité, comment une formation destinée aux équipes pluriprofessionnelles de santé, basée sur la constrution de la parentalité, peut-elle contribuer au la maintenance du lien soignant-enfant?

Cette proposition est née dans le cadre du projet École de la famille, intégré au « Pacte Niterói contre la violence », qui vise à sensibiliser les professionnels des équipes pluridisciplinaires de santé à la prise en charge de la violence familiale, en particulier dans la relation mère-enfant. Malgré le terme « école de la famille », il ne s'agit pas de promouvoir une relation d'enseignement-apprentissage avec des rôles prédéfinis et des savoirs figés, mais de reprendre l'étymologie du terme grec skholê (σχολή), qui évoque le loisir et le temps libre, afin de prendre le temps de la réflexion, en dehors des entraves des mythes, des croyances et des idéaux sociaux qui entravent la possibilité d'inventer des relations horizontales et de construire le savoir ensemble, en tenant compte des différentes configurations familiales et de l'exercice de la parentalité.

La mise en œuvre du projet réunit la Mairie de Niterói, la Fondation FINATEC, l'Université de Brasilia et l'Université Fédérale Fluminense dans une action collective, destinée à la formation des professionnels de santé de la commune de Niterói, avec un accent mis sur la période périnatale, sur la prévention et la promotion de la santé des femmes enceintes et des bébés. En complément, et des réflexions, en décrivant les méthodologies utilisées en partenariat avec les agents de santé, afin de promouvoir davantage les actions de lutte contre la violence, en mettant l'accent sur les implications de la parentalité dans le contexte du travail en santé périnatale, ainsi que la place de la transmission psychique qui traverse la manière dont la violence s'inscrit dans les relations familiales et les liens précoces.

Les diverses interrogations apparues au cours des rencontres avec les équipes de santé, sur ce chemin interminable de la formation, ont servi de moteur pour le recueil et pour tisser un réseau avec des professionnels issus de différents domaines, un réseau transdisciplinaire.

Nos remerciements à la FAPDF, à la CAPES et au CNPq pour leur soutien à la recherche et au projet, ainsi que nos collaboratrices, Ana Vitória Martins Mendes et Júlia Oliveira de Assis.

Daniela Scheinkman
Márcia Cristina Maesso
Katia Tarouquella Brasil
Didier Drieu

Préface
Parents réels, imaginaires et symboliques

Par Bernard Golse[1]

Préface rédigée pour l'ouvrage sur la parentalité coordonné par Katia Tarouquella, Daniela Scheinkman, Eliana Lazzarini et Marcia Maesso à paraître aux Éditions Blucher en 2024/25

Je suis très reconnaissant à Katia Tarouquella de m'avoir demandé de rédiger la préface de cet ouvrage important et qui m'apparaît comme si nécessaire dans notre contexte socio-culturel et scientifique actuel.

J'ai rencontré Katia Tarouquella à Paris cette année car elle m'a fait l'honneur d'assister aux enseignements du Diplôme Universitaire que je coordonne depuis de nombreuses années avec Sylvain Missonnier sur

---

1 Pédopsychiatre-psychanalyste (Membre de l'Association Française de Psychanalyse). Ancien chef du service de pédopsychiatrie à l'hôpital Necker-Enfants malades (Paris). Professeur émérite de psychiatrie de l'enfant et de l'adolescent à l'Université Paris-Cité ; Fondateur de l'Institut de l'Enfance Contemporaine. Président de l'Association Pikler Lóczy-France (APLF). Président de l'Association de Formation en Psychothérapie Psychanalytique pour Enfants et Adolescents (AFPPEA). Président de l'Association Européenne de Psychopathologie de l'Enfant et de l'Adolescent (AEPEA). Président de la Coordination Internationale des Psychothérapeutes et Psychanalystes et membres associés s'occupant des personnes autistes (CIPPA).

le thème de la psychologie et de la psychopathologie de la périnatalité et du très jeune enfant.

Je connais par ailleurs Daniela Scheinkman depuis longtemps l'ayant souvent vue au Brésil, pays que j'aime tant et où je suis venu travailler à de multiples reprises.

Merci donc à elles et à leurs deux collègues, Eliana Lazarinne et Marcia Maesso, de la confiance qu'elle m'accorde.

Le thème de la parentalité est évidemment essentiel sur le plan théorico-clinique et sociétal et il est l'un des axes forts de la réflexion menée dans le cadre de l'Institut Contemporain de l'enfance (<ICenfance.org>) que j'ai fondé en 2021 afin de promouvoir un soin psychique (« to cure ») et un prendre-soin (« to care ») de qualité pour les bébés, pour les enfants et pour les adolescents, en référence à la psychanalyse, à la psychopathologie et à la pédagogie avec des ouvertures qui m'importent beaucoup sur le monde de l'art et de la culture.

La parentalité se construit et se réfléchit, mais est-ce qu'elle s'apprend ?

Nous avons en France, depuis quelques temps, des débats passionnés sur la parentalité dite « positive », concept qui me semble éminemment dangereux.

En effet, qui se dit capable de définir une parentalité positive se dit, ipso facto capable de définir une parentalité négative et dès lors tout soutien à la parentalité risque de se transformer en contrôle de la parentalité avec toutes les dérives qui s'y attacheraient alors.

C'est pourquoi la structure de cet ouvrage me semble très précieuse qui aborde successivement les fondements épistémologiques du concept de parentalité, les expériences de développement de la parentalité, les contextes familiaux en référence aux liens sociaux et à la souffrance psychologique et enfin certains aspects des interventions en contexte parental.

Au-delà du contenu très riche de cet ouvrage que je laisse au lecteur le soin de découvrir, je voudrais tout d'abord souligner les dangers de trois cultures qui pèsent sur la parentalité et le développement des enfants, à savoir la culture de l'expertise, la culture de la rapidité et la culture du résultat.

Ces trois cultures sont en effet très disqualifiantes, chacune à leur manière :

- *La culture de la rapidité* disqualifie les rythmes propres de développement de chaque enfant dont l'importance est primordiale dans le cadre de l'approche piklérienne et des pédagogies actives en général
- *La culture du résultat* disqualifie l'étude des procédures qualitatives d'apprentissage au profit de la seule question de la réussite ou de l'échec d'une tâche
- *La culture de l'expertise* enfin disqualifie les parents en leur laissant entendre qu'il y a toujours quelqu'un, quelque part, qui sait mieux qu'eux ce qui est bon pour leur enfant alors même que ce sont, la plupart du temps, les parents qui sont les meilleurs experts de leurs propres enfants.

J'évoquerai maintenant quelques pistes de réflexion qui me sont venues à l'esprit au fil de la lecture de cet ouvrage collectif tout à fait stimulant.

La parentalité est le fruit d' une co-construction entre l'enfant et les adultes en position de parents au sein de laquelle chacun « raconte » à l'autre quelque chose de son histoire événementielle ou fantasmée.

Ceci est très sensible dans la première partie de ce livre où l'adoption occupe une place en quelque sorte paradigmatique.

De ce fait, parentalité, filiation et affiliation se trouvent ainsi en dialectique dynamique avec certes une nécessaire prise en compte des trois axes classiques de la filiation (biologique, symbolique et affectif) que l'on doit à J. Guyotat[2] mais aussi de l'axe narratif que Marie Rose

2 J. Guyotat, *Mort/Naissance (Études de psychopathologie sur le lien de filiation)*, Masson, Coll. « Médecine et Psychothérapie », Paris, 1980

Moro et moi proposons depuis quelques années comme quatrième axe de la filiation[3].

La parentalité n'est évidemment pas obligatoirement le fait d'un lien de parenté et c'est là que l'apport de Didier Houzel est incontournable.

Dans le rapport qu'il avait coordonné et rédigé en France sur les enjeux de la parentalité à la demande de la Direction de l'Action sociale du Ministère de l'Emploi et de la Solidarité (rapport publié en 1999 par les Éditions Érès), il distinguait en effet :

- *La pratique de la parentalité* soit les tâches effectives, objectivement observables qui incombent à chacun des parents (les soins à l'enfant, les interactions comportementales et les pratiques éducatives
- *L'expérience de la parentalité* qui recouvre l'expérience subjective de ceux qui sont chargés des fonctions parentales, soit le niveau affectif, imaginaire ou fantasmatique de tout individu impliqué dans un processus de parentification
- *L'exercice de la parentalité enfin* qui renvoie au cadre dans lequel elle s'exerce.

On peut alors remarquer que ces trois composantes de la parentalité renvoie en fait aux trois registres du Réel, de l'Imaginaire et du Symbolique : la pratique correspond au niveau réel de la parentalité, l'expérience à son niveau imaginaire et l'exercice à son niveau symbolique.

Ceci me semble important à pointer car cela permet de considérer la parentalité non pas seulement dans le cadre familial mais aussi dans le cadre des dispositifs thérapeutiques, des établissements, des institutions et des missions de parentalité qui peuvent avoir à être déléguées dans certaines situations à risque.

3 B. Golse et M.R. Moro, Un quatrième axe de la filiation narrative, Journal de la psychanalyse de l'enfant, 2021, 1, 11, 91-115

Étymologiquement, le terme de parentalité provient du latin « Parere » qui renvoie à la fois à l'idée d'engendrer et à celle de protéger (système pare-excitation).

La parentalité vise donc à une protection du lien d'engendrement ce qui est intéressant d'un point de vue juridique comme on le sent bien dans la deuxième et la troisième partie de ce livre qui s'inscrivent dans le champ de la protection de l'enfance.

Cette question de la parentalité interroge enfin les deux corpus théoriques de la psychanalyse et de l'attachement qui ne sont ni clivables, ni opposables mais qui sont fondamentalement complémentaires et articulables.

Les interventions des professionnels évoquées dans la quatrième partie de cet ouvrage montrent bien l'intérêt de ce double regard seul à même de nous permettre de mieux com-prendre les enjeux développementaux des enfants dont nous avons la charge.

Merci aux coordinatrices de cet ouvrage d'avoir mené ce projet éditorial à bien. Ce livre sera certainement très utile aux professionnels de l'enfance et je lui souhaite donc le plus vif succès.

Se sentir l'enfant de ce parent-là, se sentir le parent de cet enfant-là : est-ce un sentiment, une croyance ou une conviction ? C'est en tout cas le fruit d'une rencontre au sens profond du terme, rencontre que nous avons à élaborer soit en tant que parents, soit en tant que professionnels. La dimension éthique de cette réflexion est évidemment primordiale.

Bernard Golse

PARTIE I

BASES ÉPISTÉMOLOGIQUES DU CONCEPT DE PARENTALITÉ

1. La construction de la parentalité

Regina Orth de Aragão

Introduction

Nous savons que l'expérience de la parentalité en soi constitue déjà une situation de vulnérabilité psychique. Devenir père et devenir mère implique un processus complexe, délicat, marqué par un degré considérable d'imprévisibilité. Il y a des risques psychiques impliqués dans le passage à ce nouvel état, risques souvent ignorés, voire niés, par l'environnement.

Que dire alors de la parentalité exercée dans des conditions de vulnérabilité externe, dans ses dimensions sociales, économiques et environnementales ? En ce sens, la proposition du séminaire international « Parentalités et vulnérabilités » s'est révélée extrêmement pertinente, puisqu'elle s'est justement consacrée à ces questions qui sont fondamentales pour toutes les personnes impliquées : enfants, parents, professionnels et pour la société dans son ensemble.

Ma contribution aux travaux a adopté la perspective de la compréhension psychanalytique des processus de parentalité, en soulignant toutefois que dans les limites de cette présentation, seuls quelques angles de ce processus ont été abordés, sans épuiser en aucune manière la large gamme de recherches relatives aux processus psychiques et aux changements subjectifs vécus par les parents à partir du désir d'avoir un enfant.

Le concept de parentalité et ses prolongements

Le concept de parentalité a été présenté en France par Storelu et Morales-Huet (1989) dans le champ des études de la périnatalité psychique. Dans cette définition, la parentalité se réfère « à l'ensemble des représentations, des affects et des comportements du sujet en relation avec son ou ses enfants, qu'ils soient déjà nés, en cours de gestation ou pas encore conçus » (Storelu et Morales-Huet, 1989, p. 344). Cette définition attire l'attention sur l'ampleur que les auteurs considèrent en ce qui concerne les parents, lorsqu'ils se réfèrent aux différents registres : celui des représentations, donc des fantasmes, conscients et inconscients ; celui des affects, avec toute la gamme possible d'affects qui peuvent se présenter ; et aussi le registre des comportements parentaux. La définition est également large quant aux enfants, puisqu'elle inclut aussi bien les enfants déjà nés, que ceux en gestation, ou encore seulement désirés en fantasme.

Ces auteurs considèrent que la parentalité ne doit pas être comprise comme une instance de la personnalité, mais plutôt comme un domaine de son fonctionnement ; en ce sens, ils proposent qu'elle soit rapprochée du concept de relation d'objet, « dont elle constitue un sous-ensemble particulier et essentiel : à savoir la relation d'objet à l'enfant, qu'elle soit imaginaire ou réelle » (Stoleru *et al.* 1998, p. 65). La conceptualisation de relation d›objet désigne le mode de relation d›objet du sujet avec son monde, relation qui est le résultat complexe de l›organisation de la personnalité, d›une appréhension plus ou moins fantasmée des objets et des formes prévalentes de défense adoptées par chaque sujet (Laplanche et Pontalis, 1973).

La compréhension psychanalytique traite le processus de devenir père et devenir mère comme un long parcours qui commence bien avant la naissance d'un enfant, qui débute dans l'enfance de chacun des parents. D'autre part, il est possible de constater que la naissance d'un enfant produit un changement irréversible dans le psychisme parental, changement qui peut favoriser positivement la révision et la transformation de l'histoire des parents. Ce temps de l'attente de l'enfant est donc très précieux, car il s'agit d'un temps de changement, de restructuration des identifications. C'est une période de crise, avec ses vulnérabilités, mais aussi avec ses potentialités de transformation. Dans la conception psychanalytique, l'évolution du sujet humain est marquée par différentes crises, de la naissance à la vieillesse. La crise implique une rupture de l'équilibre antérieur, suppose ainsi une expérience de deuil, et conduit à des modifications de l'économie libidinale et des relations affectives pour atteindre de nouveaux modes de subjectivation.

Nous pouvons dire alors que la préhistoire de l'enfant commence dans l'histoire singulière de chacun de ses parents ; le désir d'avoir un enfant réactualise les fantasmes de la propre enfance des parents, ainsi que l'inscription du soin parental qu'ils ont reçu. Selon Stern (1997), les représentations parentales sur le bébé débutent bien avant sa naissance et, les observations des jeux d'enfants autour des rôles paternels et maternels confirment cette proposition. Cette compréhension élargit la perspective du concept, comme cela est déjà indiqué dans la définition ci-dessus. Il ne s'agit donc pas de considérer la parentalité uniquement dans les temps réels qui entourent la naissance d'un enfant, car les expériences infantiles, avec leur large et complexe gamme d'identifications et de contre-identifications, influenceront fortement la manière dont chaque sujet exercera sa parentalité.

L'histoire des parents, en particulier l'histoire de leurs expériences traumatiques, organisera les fantasmes qui marquent les liens, les relations établies par les parents entre eux, et entre eux et leurs enfants. Ces fantasmes pourront être transmis à l'enfant, à qui il sera éventuellement demandé, inconsciemment, d'occuper une place dans ce scénario fantasmé. La notion de transmission générationnelle traite justement de ces processus de transmission inconsciente des parents aux enfants, englobant des registres d'expériences des générations antérieures. La question que ce concept aborde est de savoir comment le monde représentationnel des individus d'une génération donnée peut influencer le monde représentationnel – et, par conséquent, le comportement – des individus des générations suivantes, et par quelles voies passent les phénomènes de transmission qui sous-tendent cette influence.

Il est également important de noter une caractéristique marquante de ce processus de devenir parents, représenté par de grandes modifications psychiques dans le monde interne des jeunes adultes, que Manzano et Palacio-Espasa (1999) ont appelé deuil du développement. Ce deuil spécifique exige des parents deux tâches complémentaires : renoncer à la place d'enfant ou de fils/fille occupée jusqu'alors auprès de leurs propres parents, et en même temps s'identifier à leurs parents pour pouvoir exercer les fonctions parentales avec le bébé qui va naître. Dans cette perspective, le processus de devenir parents implique nécessairement l'expérience de perte de la position infantile des parents, expérience de perte et de deuil qui peut être liée au dit baby blues[1] maternel, ou à la forte incidence des dépressions maternelles post-partum. Les dépressions paternelles doivent également être prises en compte, mais souvent, dans le cas des pères, ce que l'on observe est une tendance à des défenses hypomaniaques ou à des altérations du comportement, qui expriment les conflits impliqués dans l'acceptation de cette nouvelle position subjective, laquelle implique des changements émotionnels profonds provoqués par le passage à l'état parental.

1 La notion de baby blues se réfère aux modifications émotionnelles maternelles qui ont lieu en général entre le troisième et le cinquième jour après l'accouchement, et disparaissent naturellement vers le dixième jour. Elles se manifestent par des pleurs, des sentiments de tristesse inexplicables, une labilité émotionnelle. Elles sont considérées en soi sans gravité, sauf lorsqu'elles sont très intenses et durables, indiquant un risque de dépression post-partum.

Cependant, dans ce processus, le bébé joue également un rôle fondamental. À travers tous les échanges affectifs entre parents et bébé, le bébé contribue activement à la transformation de ses géniteurs en véritables pères et mères. Lebovici disait que le bébé crée ses parents, signifiant que l'enfant produit la reconnaissance de ses parents (Lebovici, 1987). C'est à ce moment que la présence du bébé réel fonctionne comme un catalyseur qui modifie les fantasmes parentaux et permet aux parents de modifier les fantasmes de leur propre enfance. Comme le rappelle Zornig, on sait aujourd'hui que « le bébé n'est pas un réservoir passif des soins parentaux, ses réponses peuvent modeler le type de parentalité qui lui est offerte, favorisant de nouvelles formes d'interaction qui vont au-delà des modèles identificatoires que les parents apportent de leurs histoires individuelles » (Zornig, 2010, p. 465).

C'est par le biais de cette interaction mutuelle que la parentalité se constitue, construisant une connexion unique et significative entre parents et enfants, modelée par les expériences partagées et par le développement continu du bébé. Ainsi, la parentalité n'est pas simplement un état acquis, mais une construction en constante évolution, où tant les parents que le bébé jouent des rôles centraux dans sa formation.

Le processus de devenir père ou mère correspond alors à un long parcours traversant l'enfance, l'adolescence et l'âge adulte, enraciné dans le contexte de l'histoire générationnelle de chacun et aussi dans l'environnement social et culturel spécifique. En particulier, les recherches récentes montrent à quel point les scénarios psychiques de la mère pendant la gestation organiseront, en partie, les interrelations ultérieures avec le bébé après la naissance.

L'expérience de la maternalité

Je vais aborder brièvement certains aspects spécifiques de la maternité, dans le contexte de la parentalité. La notion de maternalité a été proposée par P. C. Racamier (1961) pour décrire les modifications psychoaffectives chez la femme pendant la maternité. Il a forgé le terme « maternalité » pour décrire l'état très particulier de la femme enceinte, compris comme une crise d'identité, état que Racamier a rapproché de certaines modalités de fonctionnement psychotique de patientes psychiatriques qu'il suivait. Le terme définit « l'ensemble des processus psychoaffectifs qui se développent et s'intègrent chez la femme pendant la maternité » (Racamier, 1961, p. 532). Ses propositions se rapprochent d'autres auteurs qui considèrent la grossesse comme une phase de remaniements identificatoires comparable à une crise d'identité. Aussi, comme d'autres auteures (Bydlowski, 2002; Balestrière, 2003), Racamier insiste sur le rôle de l'identification de la mère à la grand-mère maternelle et décrit un processus qui conduit la mère progressivement du narcissisme vers l'objectalité. Selon lui, devenir mère exige en particulier un nouvel agencement des liens avec sa propre mère, impliquant des processus d'identification et de réconciliation avec la représentation de la mère de l'enfance.

La relation mère-bébé possède une particularité incomparable, car c'est la mère qui génère et nourrit cette autre vie à l'intérieur de son propre corps. Elle est responsable d'une série de transformations qui commencent dès la gestation. J'ai dit à un autre moment que le début de la grossesse est marqué pour la femme par « l'expérience imaginaire d'avoir son corps occupé, voire même envahi, par un être qui, bien que désiré, est perçu comme un étranger ». (Aragão, 2009). Ce moment initial est fondamental dans la construction de la relation mère-bébé et aura des implications significatives dans le psychisme des deux.

La grossesse, du point de vue psychanalytique, inaugure une expérience singulière dans la vie de la femme, caractérisée par une rencontre intime et complexe avec elle-même. À ce moment-là, la femme est confrontée à une série de transformations physiques, émotionnelles et psychologiques qui la relient profondément à son propre corps et à son psychisme.

M. Bydlowsky (2002) considère que la plupart des femmes traversent une période de grande vulnérabilité psychique à la naissance d'un enfant, surtout lorsqu'il s'agit du premier, et que cette phase va de la grossesse aux premiers mois du bébé. Les processus internes qui s'installent pendant la gestation sont les prémisses de la relation qui se construira avec le nouveau-né. Après l'accouchement, la création du champ intersubjectif entre la mère et son bébé se fonde sur les interactions fantasmatiques et comportementales entre eux deux, et nous savons que ces mouvements prénataux et postnataux seront à la base de la constitution psychique du bébé. Les profondes transformations qui se produisent dans la future mère, la préparant à son nouveau rôle et à sa rencontre avec le bébé réel, montrent combien ses processus seront déterminants pour l'établissement de cette nouvelle relation, avec des effets marquants sur les processus de subjectivation de l'enfant.

Pendant cette période, la femme peut se sentir envahie par une série de fantasmes, de désirs et de craintes liés aux projections maternelles. D'un côté, elle peut ressentir un amour profond et un désir de protéger et de prendre soin du bébé à venir. Ces sentiments sont associés à des projections de sa propre image maternelle idéalisée, construite à partir de ses expériences d'enfance et des influences sociales et culturelles.

D'un autre côté, elle peut aussi être envahie par des soucis et des angoisses, submergée par la responsabilité d'élever et de nourrir une vie, comme Stern l'a si bien décrit en inventant proposant le terme constellation de la maternité (Stern, 1997). Ces préoccupations peuvent être liées à ses propres insécurités, à la crainte de répéter des schémas familiaux dysfonctionnels. De plus, la femme se voit parfois perturbée par son propre corps en transformation, produisant une altération de l'image du corps qui peut amener à craindre la perte de son identité et de son autonomie. Toute cette dynamique est marquée par l'ambivalence.

« Dans cette création imaginaire du bébé par la mère, il est possible de prendre en compte les modifications fondamentales qui doivent se produire dans son narcissisme, afin de permettre la création de l'espace, non seulement dans son corps, mais aussi dans son psychisme, où ce nouvel être pourra s'installer » (Aragão, 2007). Donc, à mesure que la gestation avance et que la mère élabore cette transformation narcissique, elle prépare en effet le terrain non seulement dans son corps, mais aussi dans son psychisme, pour accueillir le nouvel être qui est sur le point d'arriver. C'est un cheminement profond et transformateur qui représente l'essence de la construction de la maternité.

Comme dynamiques psychiques fondamentales, influençant toute l'orientation de ce processus de maternalisation de la femme, on retrouve les embûches de l'histoire œdipienne ainsi que celles de la relation de la fillette avec la mère des premiers temps. Nous pensons que ce qui est en jeu, c'est l'expérience de la perte, le deuil de ce premier objet d'amour – par déception, par rivalité – et la manière dont cela se représente à nouveau durant la gestation, car il s'agit ici, pour la femme, de faire appel en elle-même à ce registre archaïque de l'objet maternel originaire, pour puiser à cette source la base de la construction de sa propre maternité.

Ainsi, la gestation n'est pas un processus doux ; au contraire, elle suscite et mobilise des identifications, des souvenirs et des expériences archaïques, conflictuelles et intenses. Les occasions de traumatismes et de déceptions ne manquent pas, même lors des grossesses dites normales et désirées. L'ambivalence maternelle est inhérente à la grossesse, mais elle est souvent niée, par la mère elle-même et par son entourage, ainsi que par la culture, étant l'objet d'un refoulement actif et persistant.

En contrepartie, cette période est aussi un moment privilégié pendant lequel un travail thérapeutique fructueux peut se développer, si le clinicien peut établir une alliance thérapeutique avec le narcissisme maternel. Accueillis par le thérapeute, les souvenirs chargés d'affect et d'angoisse tendront à se dissiper, et le fantasme envahissant, menaçant pour la mère et pour le bébé, peut voir sa charge pulsionnelle dangereuse diminuer. C'est pour cette raison qu'aussi à des fins préventives, la possibilité d'une écoute analytique pendant la gestation est considérée très bénéfique, tant pour la future mère que pour la relation qui s'établira avec le bébé attendu. La grossesse, étant une période de grande vulnérabilité psychique, est aussi, simultanément, une période où il existe un grand potentiel pour que se produisent des remaniements subjectifs importants.

De la même façon que l'importance d'un accompagnement thérapeutique pour la femme enceinte et la jeune mère est clairement reconnue, bien qu'insuffisamment pratiquée, nous pensons qu'il faut élargir ces pratiques pour les offrir également aux pères dans cette période si sensible, et donc si féconde, de la périnatalité psychique.

La parentalité implique une représentation sociale, et adopte des formes variées, dans la mesure où les modèles familiaux sont multiples et divers, ayant connu des transformations marquées ces dernières décennies. Parmi celles-ci, les changements dans le rôle paternel, avec une plus grande participation et implication affective des pères auprès de leurs bébés, conduisent à une nouvelle compréhension des fonctions paternelles. Traditionnellement, dans la théorie psychanalytique, le père était vu comme celui dont la fonction était de barrer l'excessive proximité entre la mère et le bébé. Même si l'on reconnaît l'importance de cette fonction, limiter le rôle du père à cela n'est pas seulement restrictif, mais aussi irréaliste, en ignorant la richesse du lien qui se crée entre le père et le bébé dès les premiers temps. D'un autre côté, il semble beaucoup plus pertinent, comme le propose A. Ciccone (Ciccone, 2021), de reconnaître la fonction paternelle comme une fonction-pont entre la mère et le bébé, non seulement pour séparer la dyade, mais aussi pour maintenir et soutenir leur lien, comme un pont.

En guise de conclusion, si nous constatons que la parentalité comprend un versant social, culturel et même politique, ainsi qu'un aspect biologique, il est nécessaire de souligner qu'elle a aussi une dimension psychique, qui est fondamentale. En ce sens, la parentalité concerne une expérience subjective, ou une fonction psychique chez tout sujet qui prend soin d'un autre, qui l'aide à grandir, à se développer, à découvrir le monde, à faire face aux turbulences provoquées par sa rencontre avec la réalité, à surmonter les embûches qui sont inévitables au cours de la vie. Cette conception élargit la notion de parentalité, pour englober la notion de soin présente dans les relations interhumaines, et tout particulièrement dans les relations professionnelles qui impliquent le soin de l'autre.

Références

Aragão, R. O. (2007). *A construção do espaço psíquico materno e seus efeitos sobre o psiquismo nascente do bebê.* Dissertação (Mestrado em Psicologia Clínica). Pontifícia Universidade Católica de São Paulo.

Aragão, R. O. (2009). Quem é esse bebê, tão próximo, tão distante? In Atem, L. M. (Org.). *Os cuidados no início da vida.* Casa do Psicólogo.

Balestrière, L. (2003). Entre mère et fille: hystérie ou mélancolie? In André, Jacques (Dir.). *Mères et filles – La menace de l'identique.* PUF.

Bydlowski, M. (2002). O olhar interior da mulher grávida: transparência psíquica e representação do objeto interno. In Laurista Correa (Org.). *Novos olhares sobre a gestação e a criança até os 3 anos* (pp. 205-214). L. G. E Editora.

Ciccone, A. (2021). Transformação e invariância. In *Cadernos de Psicanálise*, CPRJ, *43*(44), pp. 11-24.

Laplanche, J., & Pontalis, J. B. (1973). *Vocabulaire de la psychanalyse.* PUF.

Lebovici, S. (1987). *O bebê, a mãe e o psicanalista.* Artes Médicas.

Palacio-Espasa, F., & Manzano, J. (1999). *Scenários narcissiques de la parentalité.* PUF.

Racamier, P. C. et al. (1961). La mère et l'enfant dans les psychoses du post-partum. In *L'évolution psychiatrique, 26*(4), pp. 525-570.

Stoleru, S., & Morales-Huet, M. (1989). Processus de recherché et processus psychothérapique. In *Neuropsychiatrie de l'enfant et de l'adolescent,* 43, pp. 164-170.

Stoleru, S. (1998). De l'arrêt de la contraception aux premiers mois postnatales. Les premières étapes de la parentalité adulte. In *Psychiatrie périnatale*, Mazet, P., Lebovici, S. PUF.

Stern, D. (1997). *A constelação da maternidade.* Artes Médicas.

Zornig, S. A. J. (2010). Tornar-se pai, tornar-se mãe: o processo de construção da parentalidade. In *Tempo Psicanalítico*, v. 42.2, pp. 453-470.

2. Les enjeux de la parentalité : un point de vue psychodynamique

Didier Houzel

Introduction

En français le mot *parentalité* est un néologisme apparu dans les années 1960 sous la plume d'un psychanalyste (Racamier *et al.*, 1961), qui s'intéressait aux psychoses puerpérales. Jusque-là c'est le terme *parenté* qui était utilisé pour tout ce qui concerne les relations entre des parents et leur progéniture. Pourquoi donc recourir à un autre vocable pour décrire l'*être parent* ? La raison est à trouver dans la référence psychanalytique de l'étude de Racamier, qui s'écartait des aspects juridiques et sociaux faisant l'objet des recherches des anthropologues et des sociologues, pour se pencher sur la question de l'expérience subjective, consciente et inconsciente, du *devenir parent*.

On a montré, depuis une cinquantaine d'années chez la femme, depuis une trentaine d'années chez l'homme, que pour être parent il ne suffisait pas d'être biologiquement le géniteur de l'enfant, qu'il ne suffisait pas non plus d'être désigné comme parent. Il faut *devenir parent* dans sa propre personnalité et dans son fonctionnement psychique. Or ce *devenir parent* suppose un long processus d'évolution et de transformation qui peut échouer plus ou moins ou être émaillé de troubles qui font que l'on peut parler d'une pathologie de la *parentalité*. C'est cette dimension processuelle qui définit la *parentalité interne* et c'est pour mieux comprendre les processus à l'œuvre que nous avons besoin de l'éclairage de la psychanalyse. Ce sont, en effet, les processus d'identification qui sont à l'œuvre dans la constellation œdipienne qui sous-tendent les *processus de parentification.*

Les trois axes de la parentalité

Les parents sont bien sûr une réalité au sens habituel du terme. Ils existent en chair et en os et c'est à ces parents réels que nous avons affaire lorsqu'ils nous confient un enfant qui leur pose problème. Dans un groupe de recherche que j'ai animé dans les années 1990 (Houzel *et al., 1999)*, nous avons repéré trois axes de la parentalité : l'*exercice de la parentalité*, la *pratique de la parentalité* et l'*expérience de la parentalité.*

a) L'exercice de la parentalité

   Exercice est pris ici dans un sens juridique (exercice d'un droit). L'exercice de la parentalité correspond à tout ce qui, dans notre société, fonde et organise la parentalité : désignation du parent, exercice de l'autorité parentale, droit de filiation, transmission du nom, etc.

   Il faut rappeler que toute société a un système de parenté qui organise les relations entre les sexes et entre les générations et qui donne à chacun des droits et des devoirs.

   L'exercice de la parentalité ne régule pas seulement les échanges sociaux, il a un rôle à jouer dans la construction de la personnalité de chacun et dans l'équilibre interne de chaque psychisme. Aussi devons-nous être très vigilants pour ne pas oublier cet axe, quelle que soit l'urgence imposée par la situation d'un enfant. Il importe de ne jamais transgresser les lois qui régissent dans nos pays de droit écrit l'*exercice de la parentalité.*

b) La pratique de la parentalité

Il s'agit là des aspects les plus objectifs des fonctions parentales, ceux qui correspondent à ce qu'on appelle traditionnellement les « soins maternels » et qu'il vaudrait mieux appelés « soins parentaux ». Je pense inutile de m'étendre sur ce thème bien connu de tous après les nombreux travaux des psychologues, des psychiatres et des psychanalystes qui ont mis en évidence la dépendance du petit d'homme, pour son développement psychique, à l'égard des soins qui lui sont prodigués par son entourage. Je voudrais seulement dire que, si de grands progrès ont été faits pour mieux assurer des soins de qualité aux enfants, ces progrès ne sont pas définitivement acquis. Il faut sans cesse rappeler cette évidence qu'un enfant privé en quantité et en qualité de bons soins parentaux est en danger de développer de graves troubles de la personnalité et de sévères déficits affectifs et cognitifs.

c) L'expérience de la parentalité

Il s'agit ici de l'expérience subjective impliquée dans l'état de parent et dans les fonctions qui en découlent. En fait, plutôt que d'état mieux vaut parler de processus. C'est d'ailleurs le terme retenu pour décrire l'évolution de tout individu, homme ou femme, qui devient parent. On parle de *processus de parentification.*

J'ajoute que l'expérience de la parentalité se retrouve au-delà des relations de chacun avec ses propres enfants. Chaque fois que nous avons à nous occuper d'enfants et même d'adolescents, nous sommes sollicités dans notre parentalité et confrontés à une certaine expérience de la parentalité. Il y a, dans les milieux professionnels, une tendance à dénier toute expérience de la parentalité sous le prétexte qu'une attitude de pur professionnel est la seule qui convient. Je pense important de réagir contre cette tendance de façon à reconnaître que nous sommes mobilisés en profondeur dans nos fibres parentales, mais que nous avons à en prendre conscience et à élaborer cette expérience de façon à ne pas confondre nos rôles professionnels avec des rôles parentaux.

Je distingue avec Albert Ciccone (2012) la *parentalité extérieure*, que l'on peut observer et décrire, et la *parentalité intérieure*, qui correspond à la représentation que chacun se fait du couple parental et de son fonctionnement.

La parentalité intérieure

La parentalité intérieure peut se définir comme le résultat des processus d'identification qui sont à l'œuvre dans la constellation œdipienne et qui aboutissent, dans les meilleurs cas, à la résolution de ce que Freud avait appelé le « complexe d'Œdipe ».

On trouve des équivalents au concept psychanalytique d'identification dans le cadre de la théorie de l'attachement avec la notion de *modèles internes opérants* définie par I. Bretherton (1990) ou dans les travaux du psychologue développementaliste D. Stern avec la notion de *représentations d'interaction généralisées* (1989), qu'il a renommées par la suite *schéma d'être avec* (2000). Aussi bien Bretherton que Stern décrivent sous ces vocables des modes d'échanges invariants que l'enfant construit dans la relation à son partenaire adulte dès la naissance et qui vont l'accompagner sa vie durant pour sculpter ses modes d'être et de relation avec les différentes personnes de son entourage. Il s'agit bien de productions inconscientes, ce qui les rapproche des identifications, mais elles ne sont pas censées s'appuyer sur des facteurs innés comme le sont les processus d'identification. Elles seraient le produit pur de l'expérience de l'enfant dans le monde relationnel qu'il découvre après sa naissance. La psychanalyse ajoute un élément essentiel : c'est la pulsion qui vectorise l'expérience vécue; elle a une source somatique, elle s'étaye sur l'une ou l'autre des zones corporelles qualifiées d'*érogènes*; elle trouve sa satisfaction dans la rencontre avec l'objet qu'elle investit.

Le *processus de parentification* est un processus profond. Tout se passe comme si les parents étaient amenés à revivre intérieurement des épisodes de leur propre développement depuis leur petite enfance jusques et y compris leur adolescence. Il leur faut préparer la nidification intérieur du bébé, au sein du psychisme de l'un et l'autre parent. Dans ce travail de nidification, on rencontre une réédition, en grande partie inconsciente, des difficultés, voire des traumatismes psychiques que l'on a connus. Parfois, l'obstacle est trop haut et s'avère difficile, voire impossible à franchir. Cela demande du temps. Une naissance est, en général, un joyeux événement, fêté par la famille et l'entourage, mais, elle est aussi marquée par une fragilité émotionnelle des parents et parfois par des troubles plus profonds. Il est important de le savoir et d'être en mesure de reconnaître ces troubles lorsqu'ils surviennent, de façon à aider les parents à franchir cette étape difficile. On parle de *baby blues* chez les mères lorsqu'il s'agit d'une simple vulnérabilité émotionnelle qui va s'apaiser assez vite au contact de l'enfant et au fur et à mesure que la fatigue de l'accouchement s'éloigne. 80% des mères souffrent de *baby blues*. Plus graves sont les *dépressions maternelles postnatales*, qui souvent surviennent de manière différée, quelques jours voire quelquessemaines après la naissance. Elles n'empêchent pas les mères de donner les soins nécessaires à leur enfant, mais sans élan, sans plaisir et sans l'empathie nécessaire pour aider le bébé à réguler ses émotions et ainsi à construire son psychisme de manière cohérente. Ces *dépressions maternelles postnatales* atteignent 10 à 20% des mères, ce quiest loin d'être négligeable. D'autres perturbations s'observent, de façon plus rare, chez les mères comme chez les pères, ce qui souligne que la parentalité est une aventure merveilleuse, mais une aventure à risque. Le savoir est important, non pour décourager les futurs parents de s'y engager, mais pour préparer au mieux cette aventure et l'accompagner au plus près.

Il y a, bien sûr, des relations entre *parentalité extérieure* et *parentalité intérieure*, mais elles sont complexes. Il ne faut pas confondre les imagos des parents telles qu'elles apparaissent dans les dessins, dans le jeu et dans le discours de l'enfant avec les parents réels. Il faut notamment se garder, lorsqu'on a un enfant en traitement, d'interpréter le matériel par rapport aux parents réels, au lieu de se référer aux imagos parentales projetées dans le transfert.

On peut faire un pont entre les deux parentalités en se référant d'une part aux études sur ce qu'on appelle la *régulation des émotions*, qui mettent bien en évidence le rôle crucial des parents pour aider l'enfant à se développer psychiquement et à ce j'appelle le *travail de représentation*, qui peuple le monde intérieur de nombreuses images.

La régulation des émotions

Nous disposons aujourd'hui de trois catégories de modèles pour nous faire comprendre comment se fait cette régulation des émotions : le modèle de l'attachement, les modèles venant de l'observation directe des bébés en relation avec leur entourage, que l'on qualifie d'approche développementale et les modèles issus de la psychanalyse. Il est remarquable que ces différents modèles soient, dans l'ensemble, convergents, ce qui n'est pas si fréquent dans le domaine psychique. On peut même dire qu'ils s'étayent mutuellement.

La base commune de ces différentes approches, fondées sur des méthodologies différentes, mais toujours sur une observation attentive, est que le bébé humain n'est pas constitutionnellement équipé pour fonctionner de manière autonome et adapté à son environnement. Pour cela il a besoin d'un partenaire qui assure sa protection, sa survie sur le plan physique, ce qui est une évidence, mais aussi sa cohérence et la continuité de son expérience sur le plan psychique. Il est frappant, lorsque l'on observe un tout petit, de voir avec quelle vitesse il passe d'un état à un autre, sans transition ou à peine : il est calme, détendu, souriant, puis tout d'un coup on le voit faire la moue, commencer à s'agiter, bientôt pleurer et rapidement être dans tous ses états, hurlant et se désorganisant totalement sur le plan moteur – cela jusqu'à ce que maman ou papa vienne le voir, le prenne dans les bras, lui parle et comprenne ce qui l'agite ainsi pour y répondre de manière adéquate. Il se calme aussitôt. Tout semble se passer comme si, du côté de l'enfant, il y avait une juxtaposition d'états subjectifs qu'il est incapable de gérer, d'amortir, d'apaiser. Nous, adultes, sommes équipés pour cela : si la faim nous tenaille, nous vérifions l'heure, nous décidons d'arrêter notre activité et nous allons chercher de quoi satisfaire notre faim. Il en est de même pour d'autres états, que ce soit les sensations de froid, les états de fatigue, d'ennui, etc. Nous savons aussi, lorsque nos propres capacités de régulation de nos états intérieurs sont débordées, faire appel à un partenaire : notre conjoint, un ami, voire un professionnel. Le bébé n'est pas équipé pour cela de manière innée, il doit le découvrir peu à peu, grâce à l'aide que lui apporte son entourage, la « personne secourable » disait Freud (*Nebenmensch*) (2006a).

Le modèle de l'attachement

Le psychanalyste John Bowlby (1951) avait été chargé par l'OMS d'enquêter sur les problèmes psychopathologiques rencontrés par les jeunes enfants séparés de leurs parents. Il était d'abord parti, pour éclairer son étude, de la théorie psychanalytique de l'époque qui postulait que l'enfant établissait des liens avec la ou les personne(s) qui s'occupaient de lui parce qu'il trouvait auprès d'elles une source de nourriture et, dans le même temps, une source de plaisir. C'est ce qu'on appelle la *théorie de l'étayage* : le lien affectif s'appuie, s'étaye sur les soins physiques donnés au bébé. Il constata, non que cette théorie était fausse, mais qu'elle était insuffisante pour rendre compte de ses observations d'enfants séparés de leur mère et, souvent, sans soins substitutifs suffisants. Il se tourna vers une discipline alors en plein développement, l'éthologie. Les éthologues avaient mis en évidence, dans les années 1930, un phénomène qu'ils avaient baptisé *empreinte* : le petit mammifère dès la naissance, fait tout pour se maintenir à proximité de l'adulte le plus proche. On a montré que, pour cela, il disposait d'un montage inné qui le rendait irrésistiblement attiré par une caractéristique des adultes de son espèce : la couleur du poil, son cri, etc. Réciproquement, l'adulte est irrésistiblement poussé à rester proche de son petit, ou à revenir vers lui lorsqu'il s'en est trop éloigné. Cetteproximité physique entre le petit et l'adulte (en général sa mère), a l'intérêt d'une part de lui permettre d'être proche de sa source denourriture, d'autre part de le protéger au mieux contre l'attaque d'éventuels prédateurs.

Bowlby s'est servi de cette découverte pour décrire chez le petit d'homme un système inné de recherche de proximité avec un partenaire adulte, système qu'il a baptisé *attachement* et qu'il a divisé en deux séries :

- les comportements de poursuite (rotation de la tête en direction de la mère, poursuite oculaire, attitude anticipatrice, puis lorsqu'il le peut poursuite motrice);
- les comportements de signalisation, qui visent à rappeler la mère auprès de lui ou à l'y maintenir lorsqu'elle tend à s'éloigner (cri, sourire, contact œil à œil).

Comme souvent, des comportements innés qui, chez l'animal, ont essentiellement une fonction de survie prennent chez l'homme une autre signification : psychique, ici celle d'un lien personnel, affectif, d'un mode de communication, en l'occurrence d'une proximité psychique. C'est dans ce sens que Bowlby et ses élèves ont interprété les comportements d'attachement, qui se développent au cours des 9 premiers mois de l'existence.

Cette proximité psychique, permise par l'attachement, est dévolue à la régulation des émotions, régulation qui donne un sentiment de sécurité et de confiance à l'enfant, essentiel pour lui permettre de développer au mieux ses capacités naissantes. Il y a une réciprocité dans les comportements d'attachement. L'adulte est véritablement capté par l'attitude de l'enfant qui le regarde intensément, qui lui sourit ou qui lui tend les bras. Il est poussé alors à se rapprocher physiquement et psychiquement, à sourire à l'enfant, à lui parler, à le prendre dans les bras.

Il s'établit ainsi tout un système de régulation et de liaison entre adulte et enfant propice, à établir une sécurité et un bonheur réciproque. Mais, il y a aussi des échecs, comme dans tout système, échecs qui peuvent venir d'un côté ou de l'autre, qui peuvent être dus aux circonstances et à mille facteurs souvent difficiles à identifier. L'attachement devient alors incertain, il échoue plus ou moins à calmer l'enfant, à le rassurer, à lui apporter les sentiments de sécurité et de confiance dont j'ai parlé. Heureusement, ces échecs sont souvent réparables pourvu qu'on les prenne en compte, que l'on s'interroge sur leurs raisons d'être et que l'on cherche au mieux à corriger ce qui, peut-être, a mal fonctionné dans les relations précoces avec l'enfant.

Un autre aspect de l'attachement, essentiel pour la suite du développement, est l'intériorisation des figures d'attachement. Tout se passe comme si l'enfant pouvait extraire de ses expériences relationnelles précoces des schémas de relation (*modèles internes opérant*), qui vont tendre à se répéter la vie durant dans les relations que le sujet va établir avec son entourage, y compris dans ses relations amoureuses.

Le modèle du biofeedback social

Ce modèle est dû à des chercheurs qui se sont intéressés à l'imitation par les parents de leur bébé (Gergely et Watson, 1996). Depuis plusieurs décennies on sait que l'enfant nait avec des capacités innées d'imiter les personnes de son entourage. L'imitation faite par l'enfant joue un grand rôle dans son développement, il prend ainsi modèle sur l'entourage pour grandir. Peu de chercheurs ont eu l'idée d'aborder le problème de l'imitation de l'autre côté, c'est-à-dire d'observer comment l'adulte imite l'enfant. Or il est tout aussi évident que l'adulte, la mère notamment est portée à imiter l'enfant. Ces chercheurs ont montré que l'imitation du bébé par la mère était caractérisée par une pointe d'emphase, un léger décalage et un peu d'ironie, comme si elle jouait l'émotion qu'elle prête à l'enfant. On a rapproché ces caractéristiques de ce que l'on observe dans le langage que les mamans adressent à leur tout petits, qu'on appelle le *mamanais* : elle renforcent leur prononciation, utilisent une voixchantante et accentuent la tonalité émotionnelle de ce qu'elles disent.

L'hypothèse des auteurs est que l'enfant au départ ne serait pas conscient de ses états subjectifs ou, tout au moins, qu'il les percevrait d'une manière confuse, indiscriminée, sans pouvoir leur donner sens. C'est la perception de ce que l'expression de leurs émotions déclenche chez la mère qui les rendrait conscients de leurs propres états internes, d'où le nom de *biofeedback* qui fait référence à une technique biologique bien connue dans laquelle on associe un stimulus externe aux variations d'un état physiologique habituellement non perçu, par exemple la tension artérielle. Au fur et à mesure de cette association, le sujet devient capable de percevoir les variations de sa propre tension artérielle, voire d'agir sur ces variations comme le font les fakirs : c'est la perception d'un stimulus extérieur qui a permis de prendre conscience de l'état intérieur associé. L'adjectif *social* vient compléter l'appellation pour souligner que, cette fois, il ne s'agit pas d'un stimulus purement perceptif, comme peut l'être une sonnerie associée aux variations de la tension artérielle, mais un stimulus social : l'imitation par la mère de l'état intérieur du bébé.

Mais comment le bébé peut-il savoir qu'il s'agit d'une imitation de son état intérieur et non d'une émotion de la mère elle-même ? Cette distinction est permise par le fait que l'émotion imitée est *marquée* par les caractéristiques indiquées plus haut : emphase, décalage, ironie jouée. En outre, le bébé s'aperçoit vite que l'imitation de ses états propres n'entraîne pas les mêmes conséquences que l'expression d'une émotion qui serait celle de la mère : par exemple « si c'était maman qui était en colère, elle me remettrait au lit ; or ce n'est pas ce qui se passe.»

Cette relation d'imitation joue, selon ces auteurs, un rôle central dans la régulation des émotions. Pour que ce rôle soit correctement rempli, il faut que l'imitation soit marquée, il faut aussi qu'elle soit *congruente*, c'est-à-dire que la mère sache réagir sur le ton même de l'émotion et non à côté. Une imitation qui n'est pas *marquée* risque derenforcer la désorganisation du bébé : par exemple, laréaction anxieuse d'une mère qui a elle-même une phobie des chiens devant la peur de son enfant confronté à un chien – si l'imitation n'est pas *congruente*, le risque est que l'enfant se trouve dans un état de confusion auquel il est incapable de donner sens – une dernière possibilité est que la mère n'ait aucune réaction, ce qui laisse l'enfant dépourvu d'une vraie régulation deses états intérieurs et contraint de recourir à des mécanismes de survie qui entravent son développement psychique et relationnel.

Outre cette régulation émotionnelle, le mécanisme du biofeedback *social* intervient dans la découverte par l'enfant de lui-même et de l'autre, de ses frontières, de son *soi*. C'est là un processus essentiel dans la quête de son identité.

Enfin, l'association de la régulation émotionnelle avec la relation à la mère, dans un contexte donné, permet que l'émotion s'enrichisse d'une pléiade de représentations qui s'inscriront dans la mémoire et construiront pour l'enfant une histoire, son histoire personnelle, dans une continuité existentielle. C'est ce phénomène que nous a merveilleusement décrit Marcel Proust (1966) lorsqu'il retrouve le souvenir de sa grand-mère en mangeant une madeleine qui lui évoque toute la tendresse de son aïeule.

Ce que nous avons examiné à propos des émotions du bébé et de leur régulation relève de l'expérience de la parentalité. On sait qu'il y a des transformations psychiques qui s'opèrent chez les parents à l'occasion d'une naissance, transformations sans doute favorisées par les modifications hormonales bien connues chez les mères à cette période. Plus récemment, on s'est aperçu qu'il y avait également des modifications hormonales chez les pères, plus discrètes, mais tout de même bien repérables et d'autant plus importantes que le père s'occupe de son bébé.

Les modèles psychanalytiques

Il y a beaucoup de modèles différents issus des travaux de Sigmund Freud (2006a, 2006b), cependant, il y a une base commune à tous les modèles psychanalytiques, à savoir l'incapacité du petit d'homme à subvenir par lui-même à ses besoins physiques et psychiques et donc sa dépendance prolongée à l'égard de partenaires qui lui prodiguent des soins, au premier chef desquels se trouvent les parents.

C'est, selon moi, le modèle de la *relation contenant/contenu*, proposé par le psychanalyste britannique Wilfred Bion (1979), qui est le plus achevé pour rendre compte de la régulation des émotions de l'enfant. Bion suppose que le bébé en naissant est pourvu de ce qu'il appelle des *préconceptions*, qui le préparent en quelque sorte à entrer en relationavec son entourage humain et à en tirer le meilleur parti. On peut parler de *proto-émotions* au début de l´existence, c'est-à-dire de vécus encore confus, mal identifiés et surtout mal contrôlés, mêlant des aspects physiques et psychiques de l'expérience du bébé. Celui-ci est incapable de gérer seul ses proto-émotions. Il a une expérience dispersée, morcelée, variable d'un instant à l'autre. Il se sent tout d'un coup envahi par quelque chose qu'il ne peut maîtriser etdont il ne connaît ni l'origine ni la nature. Ce quelque chose, il ne peut que tenter de s'en débarrasser en l'expulsant hors de lui. Ce serait la fonction des cris et de l'agitation que l'observateur extérieur constate quand le bébé change d'état. Ce qui est expulsé doit être recueilli par l'interlocuteur du bébé, disons la mère pour faire court, mais ce peut être le père ou un substitut maternel. Bion attribue ainsi à la mère la fonction de recevoir la projection, ce qu'il qualifie de *fonction contenante*. Cette réceptionn'est pas passive ; elle nécessite de la disponibilité, de l'attention, de l'empathie, mais elle doit se compléter par une activité de pensée que Bion appelle *capacité de rêverie.*

La *capacité de rêverie* est ainsi nommée, parce qu'il s'agit d'une pensée intuitive, plus fondée sur l'impression de la mère au moment où le bébé lui envoie un message, que sur une connaissance apprise. Ce n'est pas une pensée organisée a priori, empruntée à un manuel de puériculture. Chaque mère connait son bébé. Elle sait comment il réagit et elle apprend peu à peu à répondre à ses messages. Elle délibère dans sa tête : « pourtant, je lui ai donné la tété il y a peu ; il ne va pas me faire encore une otite ; peut-être l'ai-je mis trop près du radiateur, il aurait trop chaud...» Quelque fois, cela se conclut tout simplement par un rapprochement physique, la mère prend le bébé dans les bras. Quelque fois, s'impose à elle l'évidence qu'il faut faire telle ou telle chose pour l'apaiser : le nourrir, le changer, le dévêtir, ... Elle n'a pas appliqué une règle extérieure qui lui aurait été dictée par on ne sait quelle autorité. Elle a découvert par elle-même quelle réponse le bébé attendait. De son côté, le bébé ne sait probablement pas ce qu'il attend, tout au moins lors des premiers échanges. Il le découvre peu à peu. Tout se passe comme si la réponse de la mère, non seulement lui apportait le soulagement physique dont il a besoin, non seulement lui donnait ce que Freud (2006b) avait appelé une *prime de plaisir* grâce à cette satisfaction, mais encore donnait du sens à ce que vit l'enfant et qui n'en a pas encore pour lui. Ceci est essentiel : par sa *fonction contenante* et sa *capacité de rêverie*, la mère permet à l'enfant de se découvrir lui-même et de donner du sens à ce qu'il vit, en d'autres termes à constituer son *Self*, à lui donner sa cohérence et à acquérir un *sentiment continu d'exister* (Winnicott, 1969).

Le travail de représentation

En s'appuyant à la fois sur la psychanalyse et sur la théorie de l'attachement, Fonagy et Target (1997) ont montré que le nourrisson aune préférence pour des réponses qu'ils qualifient de *contingentes* (congruentes), mais pas d'une manière parfaite : ce qu'ils dénomment une *contingence suffisante*. Cela veut dire que la réponse venant du monde extérieur est, pour l'enfant, le reflet de son état psychique, sans être une réplique parfaite de cet état, ce qui lui permet à la fois de se sentir pris en compte et reconnu dans son émotion et de prendre une distance vis-à-vis de cette émotion qui lui est renvoyée comme une *représentation* de son état, et non comme une copie conforme. Cette mise à distance, très discrète au départ, mais allant croissante au fur et à mesure que l'enfant se développe, favorise sa mentalisation, c'est-à-dire sa capacité, non seulement à avoir des expériences subjectives, mais à se les représenter.

Je suppose qu'il y a une autre raison à la recherche par l'enfant de cette *contingence suffisance*, que je situe du côté d'un processus dynamique de quête d'invariants au sein d'un système en perpétuelle changement et évolution.

La régulation des émotions est indispensable pour permettre à l'enfant de construire son psychisme sur une base stable. Encore faut-il qu'il puisse meubler ce psychisme de représentations suffisamment stables pour ne pas se sentir menacé par le moindre changement soit extérieur, soit intérieur. Le soutien des parents lui est pour cela indispensable. Il s'agit d'un processus complexe qui conduit l'enfant à gravir des degrés de stabilité dans la construction de son monde intérieur. On peut distinguer trois degrés dans cette quête de stabilité : la *stabilité simple*, la *stabilité périodique* et la *stabilité structurelle*.

- La *stabilité simple* : c'est une stabilité de position. Tout reste en l'état tant qu'une force suffisante ne vient pas déloger les objets de leur place initiale. *La stabilité simple* correspond à la *sameness* décrite par Léo Kanner dans l'autisme infantile.
- La *stabilité périodique* : c'est une stabilité temporelle. Les choses peuvent changer, mais à condition qu'elles se répètent régulièrement dans un ordre temporel fixe. C'est ce type de stabilité que recherche l'enfant qui demande à ce qu'on répète toujours les mêmes histoires, les mêmes comptines, les mêmes jeux.

- La *stabilité structurelle :* c'est une stabilité de forme. Tout peut changer pourvu que la forme des phénomènes, leur déroulement soit reconnaissable. L'exemple le plus clair pour illustrer ce type de stabilité est celui d'une mélodie que l'on peut chanter dans un ton ou dans un autre, avec une voix de femme ou avec une voix d'homme, jouer avec un instrument ou un autre. Elle reste reconnaissable pourvu que sa structure interne reste stable, c'est-à-dire que les rapports entre les notes qui la composent demeurent les mêmes. C'est le type de phénomène qui avaient été décrit par les théoriciens de la forme (*Gelstattheorie*). C'est le niveau de stabilité qui permet à l'enfant de se séparer de sa mère sans se sentir désorganisé et angoissé, donc qui lui donne l'autonomie nécessaire à son développement et à son équilibre psychique. Elle est à la base de ce que Magaret Mahler (1977) avait appelé l'*individuation.*

Or pour atteindre le niveau de la *stabilité structurelle,* l'enfant doit être inscrit dans une dynamique relationnelle qui suppose qu'il n'a pas un seul partenaire, dont il n'arriverait pas à s'individuer. Il faut qu'il bénéficie de relations triangulaires au sein desquelles il s'efforce de retrouver des réponses qui sont à la fois similaires et distinguables. Tout se passe comme s'il recherchait des réponses de l'un et l'autre parent qui soit suffisamment semblables tout en étant distinguables, un peu comme un compositeur qui s'exerce à faire des variations sur un même thème. E. Fivaz-Depeursinge *et al.* (2001) à Lausanne ont montré que dès 3 mois le bébé cherchait à reproduire les mêmes interactions qu'il a eues avec l'un de ses parents avec l'autre parent.

Ainsi, le couple parental joue-t-il un rôle fondamental pour aider l'enfant à passer de la *stabilité simple* à la *stabilité périodique,* puis à la *stabilité structurelle.*

Un pas a été franchi par les psychanalystes post-kleiniens, qui correspondremarquablement aux observations des psychologues développementalistes : le bébé à la naissance n'a pas la capacité à rassembler ses propres expériences subjectives en un tout cohérent. Iln'a pas de Centre inné de Cohérence Centrale comme l'ont postulécertains cognitivistes (Frith, 1989 ; Happé, 1994). Je parle d'un « Soi dispersé » pour désigner ce changement de paradigme. On renonce àl'hypothèse de fonctions moïques innées, à laquelle Melanie Klein (1969) était restée attachée, c'est-à-dire de fonctions de synthèse des expériences subjectives, telles qu'on l'attribue au Moi une fois constitué. On admet qu'à la naissance le bébé est dépendant de son entourage pour assurer ces fonctions de rassemblement et de cohérence. Pour cela, il doit devenir capable d'extraire de ses expériences subjectives, nécessairement variées, des formes régulières qu'il peut garder par devers lui en l'absence de ses objets d'attachement. Le processus qui rend possible cette extraction d'invariants suppose un contenant psychique biparental répondant aux exigences de la construction d'un monde interne structurellement stable.

Bion décrit la *fonction contenante* comme une fonction maternelle. L'aspect masculin de la relation contenant/contenu setrouve, selon lui, dans le contenu projeté dans le contenant. Il se sert d'ailleurs des symboles du sexe féminin et du sexe masculin pour représenter la relation en question. Je pense qu'il faut réviser son modèle de façon àintroduire des aspects paternels dans l'objet et la fonction contenants. J'ajoute que c'est essentiellement mon expérience du traitement psychanalytique individuel d'enfants autistes qui m'aconduit vers cette hypothèse.

Le modèle de la relation contenant/contenu suppose que leséprouvés archaïques du bébé ne peuvent se lier entre eux ni dans la continuité temporelle ni dans la logique d'une signification. Ils n'ont pas de valence qui leur permettrait de se lier les uns aux autres, nous dit Bion. De ce fait, ils ne peuvent qu'être expulsés. L'enfant, à ce stade précoce, dispose de moyens d'expulser les vécus trop intenses quiviennent perturber son homéostasie : ses cris, ses pleurs, ses mouvements, ses variations de vigilance. Bion nous dit qu'il expulse ces éléments, qu'il baptise *éléments β*, dans un contenant, le sein maternel associé au regard et à l'esprit de la mère, ce qui en fait un « sein pensant », à charge pour ce contenant de transformer les éléments qu'il a reçu de façon qu'ils puissent se lier entre eux et prendre sens, les *éléments β* deviennent des *éléments α* qui peuvent se lier entre eux. La mère qui nourrit son bébé parce qu'elle l'a entendu crier et qu'elle a interprété ses cris comme le signe qu'il avait faim, non seulement satisfait la pulsion orale de l'enfant comme l'avait dit Freud, non seulement lui apporte une « prime de plaisir », mais encore donne sens à son vécu. Tout se passe comme si l'enfant devenait capable, au long desexpériences de nourrissage réussi dont sa mère le gratifie, de penser, après-coup : « c'était donc cela qu'il me fallait ». Ainsi le bébé reçoit, en même temps que la nourriture physique, une nourriture psychique qui lui permet de peupler son monde intérieur d'objets stables et fiables et de développer son « appareil à penser ».

Je voudrais proposer un infléchissement sensible du modèle que je viens de résumer. Je pense, en effet, que l'expulsion des éléments β ne vise pas un objet contenant. Elle est pure expulsion. La relation contenant/contenu est un effet du champ relationnel qui se constitue entre la mère et le bébé. L'expulsion par l'enfant des *éléments β* correspond à ce que le sémioticien américain Charles S. Pierce (1978) appelait « secondéité », c'est-à-dire la pure action d'évacuation par l'enfant d'une expérience subjective qu'il ne peut conserver par devers lui et non une relation à trois. C'est la présence attentive de la mère, sa réceptivité, son empathie, qui crée le champ relationnel dans lequel la secondéité de l'acte d'expulsion laisse place à la relation triadique entre l'enfant et la mère qui donne sens à son éprouvé. Je dis bien « relation triadique » car je postule que la *fonction contenante* de la mère n'est pas quematernelle, mais qu'elle associe des aspects maternels et paternels. Du côté des aspects maternels, je situe la réceptivité psychique et l'attention empathique qui reçoivent et rassemble les *éléments β* expulsés par l'enfant – du côté paternel, la consistance du contenant qui, tout en étant souple et malléable, ne se laisse pas distendre à l'infini ni effracter sous la violence des projections de l'enfant. Je situe aussi du côté paternel, l'*orientabilité*, c'est-à-dire la possibilité de se repérer dans l'espace et dans le temps, aussi bien du point de vue physique que psychique.

Aspects maternels et aspects paternels du contenant doivent être intimement tissés l'un avec l'autre au sein d'un même partenaire du bébé. C'est la raison pour laquelle je relie ces aspects moins au couple parental qu'aux identifications maternelle et paternelle de la mère. Tout se passe comme si l'enfant avait affaire dès la naissance à une scène primitive au sein du psychisme de sa mère. De l'équilibre et de l'harmonie de cette première scène primitive, ou si l'on préfère de l'intégration de la bisexualité psychique dans la mère, dépendra pour une grande part la possibilité de créer le champ relationnel nécessaire àl'émergence de la pensée chez l'enfant. Ainsi se transmettent de génération en génération les fonctions parentales. Le couple parental de l'enfant vient s'inscrire dans ce processus complexe, dont il serait précieux de décrypter les variantes nombreuses que l'on observe selon les cultures et selon les époques.

Références

Bion, W. R. (1979). Aus sources de l'expérience [1962]. Puf.

Bowlby, J. (1951). Maternal care and mental health. OMS série *Monographies* n. 2.

Bretherton, I (1990). Communication patterns, internal working models, and the intergenerational transmission of attachment relationship, Infant. Mental Health Jn, 3, 237-252.

Ciccone, A. (2012). La part bébé du soi. *Approche clinique*. Dunod.

Fivaz-Depeursinge, E.; Corboz-Warner A. (2001). Le triangle primiare. Odile Jacob.

Fonagy, P.; Target M. (1997). Attachment and reflective function: Their role inself-organization. *Development and Psychopathology*, 9, 679-700.

Freud, S. (2006a). Projet d'une psychologie. In Lettres à Wilhelm Fließ 1887-1904 (pp. 593-693). Puf. (Trabalho original publicado em 1950)

Freud, S. (2006b). Trois essais sur la théorie sexuelle. In *Oeuvres complètes-Psychanalyse*, vol. VI, pp. 59-181.

Frith, U. (1989). *Autism: Explaining the Enigma*. Basil Blackwell.

Gergely, G.; Watson J. (1996). The social biofeedback model of parental affect-mirroring. In *International Journal of Psychoanalysis*, 77, 1181-1212.

Happé, F. (1994). *Autism: An Introduction to Psychological Theory*. Psychological Press.

Houzel et al. (1999). Les enjeux de la parentalité. Érès.

Kanner, L. (1943). Autistic disturbances of affective contact. In *Nervous Child*, 2, 217-250.

Klein, M (1969, 2è éd.), La psychanalyse des enfants, Paris, Puf.

Mahler, M. (1977). *Separation-Individuation*. Jason Aronson.

Pierce, Ch. S. (1978). In Écrits *sur le signe*. Seuil.

Proust, M. (1966). *A la recherche du temps perdu*. Gallimard.

Racamier, P. C. et al. (1961). La mère et l'enfant dans les psychoses du post-partum. In *L'évolution psychiatrique*, XXVI, p. 532.

Stern, D (1989). *Le monde interpersonnel du nourrisson*. Puf.

Stern, D (2000). Schéma d'être avec. In D. Houzel, M. Emmanuellli, F. Moggio (sous la direction de). *Dictionnaire de psychopathologie de l'enfant et de l'adolescent*, pp. 668-670.

Winnicott, D. (1969). La théorie de la relation parents-nourrisson. In *De la péiatrie à la psychanalyse*. Payot, pp. 237-256.

3. « Adoptions nécessaires » : l'idéalisation comme facteur de non-rencontre dans la construction de la parentalité-filiation adoptive[1]

Andréa Leão Leonardo-Pereira de Freitas
Eliana Rigotto Lazzarini

Introduction

Selon Houzel (2004), le terme parentalité a été proposé par Paul-Claude Recamier, en 1961 ; néanmoins, il est resté inutilisé pendant plus de vingt ans, avant d'être repris en 1985 par Renée Clement. Depuis lors, il est utilisé pour désigner le processus dynamique par lequel passent les parents en devenant parents. En essence, la parentalité ne correspond pas au facteur biologique, mais au processus complexe et nécessaire pour « devenir parents », impliquant des niveaux conscients et inconscients du fonctionnement mental.

Aussi bien dans la filiation biologique que dans la filiation adoptive, le processus de devenir parents commence bien avant la gestation et la naissance de l'enfant. Selon Zornig (2012), ce parcours commence à se construire à partir de la transmission consciente et inconsciente de l'histoire infantile de chacun des parents, de leurs conflits inconscients et de leur relation avec leurs propres parents. Tous ces aspects pourront influencer leur façon d'exercer la parentalité. Ainsi, l'enfant est porteur d'un héritage transgénérationnel (Lebovici, 2004).

1 La révision de la traduction en langue française a été réalisée par Elen Carioca Zerbini.

Freud (1914/2010) affirme qu'avec la naissance du bébé, le narcissisme primaire des parents est réactualisé et toutes les perfections lui sont attribuées tandis que tous les défauts sont occultés, le plaçant à la place de « Sa Majesté le Bébé ». Lebovici (1987) et Soulé (1987) affirment qu'avant même la naissance du bébé, dès la gestation, les parents l'idéalisent, le rendant un objet omnipotent, revêtu de la libido narcissique parentale. Ces auteurs l'ont nommé bébé imaginaire.

Cependant, selon Lebovici (2004), « quand l'enfant naît et que la mère le prend dans ses bras, elle prend le bébé réel et le bébé imaginaire. Ce bébé réel va la décevoir par rapport au bébé imaginé » (p. 21). Et cela se produira dans les deux cas, aussi bien avec les mères biologiques qu'avec les mères adoptives. Dans la rencontre avec l'enfant réel, les parents verront leurs attentes déçues en se confrontant à un enfant « différent » de celui qu'ils avaient imaginé.

À partir de la reconnaissance de l'altérité et des interactions avec le bébé réel, les parents devront faire le deuil du bébé de leurs rêves et rêveries maternelles et paternelles, porteur de valeurs transmises transgénérationnellement, afin que le bébé réel puisse être et exister, en exprimant sa subjectivité. Selon Gomes *et al.* (2018), dans certains cas d'adoption où les parents ne parviennent pas à surmonter la (dés) illusion initiale, les liens parentaux et filiaux peuvent être marqués par des malentendus, pouvant même générer des situations extrêmes de retour de l'enfant adopté.

D'autre part, il convient de souligner que la construction de la parentalité est une voie à double sens. De même qu'il est essentiel qu'il y ait le désir des parents pour l'enfant, l'enfant joue un rôle primordial dans la parentalisation des parents. Comme l'affirme Lebovici (2004), elle n'est pas un réceptacle des soins maternels, mais elle participe et influence activement les réponses de l'autre. Lorsque l'enfant présente une déficience ou n'arrive pas à répondre aux parents, le processus de parentalité peut devenir plus difficile. Du fait que ces enfants se trouvent dans une situation de vulnérabilité et de risque d'être abandonnés et/ ou maltraités, nous aborderons dans ce chapitre l'importance des

« adoptions nécessaires », qui, selon Borges et Scorsolini-Comin (2020), impliquent non seulement les personnes en situation de handicap ainsi que les enfants atteints de maladies chroniques, de plus de 2 ans, ayant des frères et sœurs et les adoptions interraciales.

Parler d'adoption n'est pas une tâche facile, dans la mesure où il s'agit d'un thème vaste et complexe, exigeant des connaissances dans différents domaines (psychologie, assistance sociale et droit), en plus d'impliquer divers sujets, tels que les candidats à l'adoption, les parents biologiques, les enfants, les adolescents et les professionnels qui travaillent directement avec ce public. Ainsi, nous souhaitons, d'emblée, préciser que, dans ce chapitre, nous avons choisi d'aborder la parentalité et « l'adoption nécessaire », à la lumière de la psychanalyse, avec des couples ayant une demande d'adoption – dénommés candidats à l'adoption.

Auparavant, la nomenclature utilisée était « adoption tardive », mais elle a été remplacée par une autre qui englobe d'autres groupes, outre les enfants et les adolescents. Il convient de noter que nous n'avons pas trouvé de consensus dans la littérature sur l'âge minimum formel pour que l'adoption soit considérée comme nécessaire. Selon l'Instituto Geração Amanhã (2018), le terme « adoption d'enfants plus âgés » est également utilisé par les professionnels, car il englobe une période plus longue, s'étendant jusqu'à l'adolescence.

Selon Ribeiro (2020), bien que l'adoption fasse partie de la société depuis ses débuts, il n'existait pas de critères qui puissent être suivis dans le but de donner la priorité à la protection des droits de l'enfance et de l'adolescence, en assurant le bien-être, la vie familiale et communautaire. Ce n'est qu'au cours des années 1990 que le Brésil a promulgué le "*Estatuto da criança e do adolescente*" (ECA) e – Statut de l'Enfant et de l'Adolescent (ECA), rompant avec le paradigme selon lequel l'objectif de l'adoption était de répondre aux intérêts et aux demandes des candidats à l'adoption. Ainsi, selon Oliveira *et al.* (2017), « l'enfant et l'adolescent prennent la place de sujets de droits et de leur histoire, et leurs libertés et potentialités doivent être respectées indépendamment de la classe sociale » (p. 911).

Conformément à l'article 39, § 1er, de l'ECA, « l'adoption est une mesure exceptionnelle et irrévocable, à laquelle il convient de recourir uniquement lorsque sont épuisés les ressources de maintien de l'enfant ou de l'adolescent dans la famille naturelle ou élargie ». Par conséquent, l'adoption n'a lieu que dans des cas particuliers où la famille d'origine a été privée de l'autorité parentale ou lorsqu'il y a l'intérêt de la femme enceinte ou de la mère à remettre volontairement son enfant à une famille apte à l'adopter immédiatement après la naissance ou à une entité qui développe un programme d'accueil familial ou institutionnel.

Selon le rapport de l'étude « Destituição do Poder Familiar e Adoção de Crianças », du Conseil National de Justice (CNJ) (2022a), parmi les principales situations qui conduisent à la destitution de l'autorité parentale, on peut citer la négligence, les mauvais traitements, les abus sexuels, souvent commis dans le cadre familial, ainsi que la consommation abusive de drogues, comme l'alcool et d'autres substances psychoactives de la part des parents. Il convient de souligner que le manque de ressources matérielles n'est pas un motif de retrait ou de suspension de l'autorité parentale (art. 23, ECA).

Comme nous pouvons le constater, l'adoption est un acte juridique par lequel un couple ou une personne assume la responsabilité de prendre soin, de veiller, de protéger et d'éduquer un individu avec lequel il/elle n'a pas de lien biologique. Cependant, du point de vue psychanalytique, nous comprenons l'adoption au-delà de cet acte. Comme Rotenberg (2018), nous la considérons comme « le processus de générer une rencontre affective intime, comme la construction de mondes partagés, où en même temps se produit le paradoxe d'héberger la différence » (p. 89). Cela implique la reconnaissance de l'altérité, non comme un idéal narcissique, mais comme sujet, de façon à permettre la création d'un attachement sécurisé, c'est-à-dire un lien suffisamment profond pour permettre la rencontre affective et la capacité d'identification des parents adoptifs aux besoins de l'enfant. Comme l'auteure, nous estimons que si l'adoption se limite au seul acte juridique, sans la présence d'une relation d'intimité et d'affect, elle sera vouée à l'échec.

L'objectif de ce travail est de montrer que « l'adoption nécessaire » doit surpasser la stigmatisation de l'échec et du problème. Loin de toute tentative de romantiser la question, nous voulons souligner l'importance du suivi psychologique des candidats à l'adoption, afin qu'ils soient conscients de leurs motivations et de leurs attentes, ainsi que des défis qu'ils auront à affronter tout au long du parcours, mais, surtout, de la possibilité de construire un lien affectif sécurisé et une nouvelle histoire dans le processus de filiation affective.

Dans le paragraphe suivant, nous comprendrons que, selon Houzel (2004), il existe un *processus de transition vers la parentalité* ou *processus de parentification*. Ce processus est complexe et entraînera une transformation psychique chez les parents. Dans le cas de la parentalité-filiation adoptive, certains impasses et particularités peuvent apparaître au cours du parcours et c'est sous cet angle que nous nous proposons de discuter.

L'adoption symbolique d'un enfant et ses impasses : l'idéalisation comme un facteur de risque

Pour la psychanalyse, indépendamment du fait que l'enfant soit biologique ou adopté, il doit être inscrit dans le désir parental. Il est nécessaire qu'il soit élu et nommé symboliquement en tant que tel. Ce désir pour l'enfant ou l'adolescent surgit au sein d'un manque, qui lui permettra de devenir fils/fille (Oliveira *et al.*, 2017). Selon Miranda et Cohen (2012), « de la même manière que la gestation d'un enfant s'effectue sous l'égide du désir, l'adoption d'un enfant passe par ce même prisme » (p. 63). Cependant, l'adoption se présente dans la clinique psychanalytique comme un mode de filiation particulier où l'appartenance du sujet à la famille constituée apparaît comme une question primordiale.

Silva (2016; 2018) souligne que le désir d'avoir un enfant doit être orienté vers le sentiment d'appartenance. Tant l'enfant que l'adolescent doivent construire de nouveaux liens affectifs et sentir qu'ils occupent une place dans la famille. Cependant, comme nous l'avons dit dans l'introduction de ce travail, pour que le lien puisse être établi de manière sûre et véritable, il faut qu'il y ait un espace pour l'acceptation des différences, qu'elles soient liées aux traits physiques ou psychologiques : couleur de peau, apparence physique, entre autres. Ainsi, l'enfant doit être reconnu comme un sujet singulier, et non comme celui qui vient satisfaire les attentes et les désirs parentaux

Selon Gomes *et al.* (2018), l'adoption est perçue par les candidats à l'adoption « comme la 'réalisation d'un rêve' et la possibilité de sortir d'une condition de manque et d'incomplétude vers la satisfaction et la complétude » (p. 226). À partir des discours dans le groupe réflexif de préparation des candidats, les auteures ont observé une dynamique ancrée dans le sentimentalisme, avec une dissociation entre l'expression de sentiments « positifs » et « négatifs ». Cependant, le projet d'avoir un enfant ne doit pas avoir pour objectif de combler les carences affectives, les besoins et les idéalisations des candidats. L'idéalisation rend difficile que l'adoption soit réalisée dans une perspective réaliste et consciente, en tenant compte des difficultés inhérentes à la constitution du lien parents/enfants.

Selon Levinzon (2006), les parents adoptifs peuvent avoir plus de difficulté à ajuster leurs attentes à la réalité, en raison de divers facteurs tels que « l'absence de lien génétique, l'impossibilité d'avoir suivi l'enfant depuis sa naissance, les fantasmes concernant les caractéristiques de ses parents biologiques, les différences ethniques, entre autres... » (p. 26). De cette manière, certains parents adoptifs peuvent avoir des difficultés à accepter les comportements instinctifs et naturels des enfants, tels que la curiosité sexuelle, l'agressivité ou l'impulsivité, interprétant ces expressions comme découlant de leur héritage génétique.

Ce processus est appelé « fantasmes du mauvais sang », où ces comportements sont considérés comme péjoratifs et marginaux, reflet de ce qui a été hérité des parents biologiques. Pour Levinzon (2018), cela « révèle la mauvaise élaboration de la condition de discontinuité biologique par rapport à l'enfant. Le fantôme des parents biologiques, refuge des identifications projectives dévalorisantes de la part des parents adoptifs, s'installe dans ces situations » (p. 55).

Le deuil de l'enfant imaginé, tant valorisé et représenté par la figure de « Sa Majesté, le Bébé » (Freud, 1914), doit être fait, pour que l'enfant réel puisse être investi narcissiquement. Selon Oliveira *et al.* (2017), il est nécessaire qu'il y ait la désillusion de l'enfant idéalisé. Dans l'étude des auteures, les couples interviewés ont exprimé un désir idéalisé pour l'adoption, l'associant à la « complétude, une famille parfaite, un enfant bien soigné pour être un bon soignant des parents dans leur vieillesse. Idéalisations d'obéissance, succès scolaires et retour de l'affection investie » (p. 919).

Face à la difficulté de certains parents adoptants à accepter les manifestations agressives ou impulsives des enfants, jointe à la différence entre l'enfant imaginé et l'enfant réel, Levinzon (2018) alerte sur le risque de ce qu'elle a appelé les « bons adoptés » (p. 55). Ce terme est utilisé pour désigner les enfants qui se spécialisent à jouer le rôle d'« enfants sages » afin de répondre aux attentes des parents adoptifs, avec la possibilité de ne pas se sentir réels, établissant une organisation défensive intense de type faux *self* (Winnicott, 1960/1983).

Pour Winnicott (1950/2023), quand un bon environnement est détruit ou quand il n'a jamais existé, il y a une tendance chez l'enfant à réprimer la haine et la capacité d'aimer une autre personne est perdue. Des mécanismes de défense peuvent se cristalliser ou il peut y avoir une scission de la personnalité infantile, où la moitié fonctionne comme une vitrine de magasin, ayant pour base la complaisance, et l'autre garde secrète la partie principale du *self*, qui contient la spontanéité et reste engagée dans des relations avec des objets idéalisés de fantaisie.

Selon Levinzon (2006), dans les cas d'adoption où il n'y a pas de place pour la confrontation et la frustration de l'idéal narcissique parental,

> *l'enfant doit s'adapter précocement à ce qu'elle comprend que l'environnement attend d'elle et ainsi ne peut pas développer sa personnalité de manière plus centrale et authentique. La partie la plus pulsionnelle du self ne peut pas être intégrée au reste de sa structure psychique. Dès lors, la personnalité de l'enfant devient appauvrie, limitée et parfois paralysée (p. 30).*

Dans ces cas, il semble que l'enfant ressente qu'elle doit se comporter selon les idéaux narcissiques des parents, étant donné qu'il n'existe pas de lien de sang entre eux et que, par conséquent, l'alliance ou le lien familial n'est pas indissoluble. En d'autres termes, la filiation n'est pas ressentie comme inconditionnelle.

Selon Gomes *et al.* (2018), la (dés)idéalisation ou (dés)illusion dans le lien biologique se produit dans une notion d'appartenance immuable, qui, au pire, peut engendrer des conflits et des symptômes, tandis que dans la filiation adoptive, cette rupture d'attentes peut avoir des conséquences néfastes pour tous, adoptants et adoptés. Selon Oliveira *et al.* (2017), le couple candidat à l'adoption pourra être à nouveau confronté à une expérience d'impuissance, semblable à celle vécue face à l'infertilité, tandis que l'enfant qui n'a pas répondu à leurs idéalisation pourra être renvoyé dans une institution d'accueil, ce qui potentialisera la situation traumatique de rejet et d'abandon vécue auparavant lors de la séparation des parents biologiques.

Selon le rapport du Conselho Nacional de Justiça (CNJ) -CConseil National de Justice (2022a), élaboré à partir des données du Sistema Nacional de adoção (SNA) – Système National d'Adoption (SNA), le nombre de refus et de ruptures de liens se produit de manière plus récurrente avec les enfants qui ne sont plus dans la petite enfance, c'est-à-dire, de plus de 6 ans. Cela met en évidence la complexité de la constitution des liens parentaux et filiatifs dans l'adoption et l'importance du travail de préparation avec les candidats, car la majorité a une vision idéalisée et romantique de cette modalité particulière de parentalité et de filiation (Gomes *et al.*, 2018). Ce travail permettra au couple de reconnaître la nécessité d'élaborer et de subjectiver les attentes de complétude vis-à-vis de l'enfant idéalisé face à l'enfant/jeune réel, afin d'assumer le désir véritable de vivre l'expérience de parentaliser ou de prendre soin de l'autre et de constituer une famille.

Le Programme de Formation pour les noyaux de préparation à l'adoption et au parrainage affectif du Secrétariat des Droits de l'Homme de la Présidence de la République et Aconchego (Brésil, 2015) indique certaines de ces caractéristiques, dont nous aborderons les deux premières, qui sont : l'enchantement et la désillusion.

Il n'est pas rare que, durant la période initiale de cohabitation, tant les enfants ou adolescents que les candidats traversent la phase "d'enchantement" (Brésil, 2015). Cette période d'adaptation est imprégnée de fantasmes, où les deux parties sont heureuses et amoureuses et peuvent croire qu'elles seront "heureuses pour toujours". D'une part, les enfants ou adolescents se sentent satisfaits d'avoir quitté les institutions d'accueil et sont disposés à plaire et à appartenir à la famille à tout prix. D'autre part, les candidats se sentent comblés d'avoir enfin trouvé l'enfant imaginé et tant attendu. Cependant, selon Silva (2018), cette phase ne dure que deux mois et cède vite la place à la routine, aux exigences et aux règles du quotidien, ce qui installe la désillusion.

PendantDurant cette période, que l'on peut appeler phase de test, l'enfant ou l'adolescent va mettre à l'épreuve l'amour des nouveaux parents, pouvant manifester de l'agressivité, des caprices, montrer moins d'affection, dans l'intention de vérifier si elle peut vraiment se sentir assurée de ne pas être abandonnée, comme dans ses expériences précédentes. Si les candidats ne sont pas bien préparés à affronter cette phase avec maturité, sachant qu'elle passera, le risque de renvoi devient imminent.

Pour Winnicott (1950/2023), contrairement à ce que la société a tendance à penser, la dépression d'un enfant privé peut indiquer la conservation de sa personnalité et un sentiment de culpabilité et de responsabilité pour tout ce qui n'a pas été dans le bon sens dans sa vie. Il est important de préciser que, lorsque l'auteur se réfère à l'enfant privé, il parle d'une situation dans laquelle il y a eu perte de caractéristiques essentielles de la vie familiale, comme une mère "suffisamment bonne", un foyer "suffisamment bon" ou une relation entre les parents "suffisamment bonne". Pour l'auteur, l'enfant privé a une expérience traumatique dans son histoire et un mode particulier de faire face à l'angoisse intolérable découlant d'une défaillance environnementale.

De même, la tendance antisociale, comme l'énurésie nocturne, le mensonge, l'agressivité et le vol, par exemple, implique que l'enfant conserve l'espoir de retrouver quelque chose de bon qui a été vécu à un moment donné de sa vie et qui lui a été retiré. Selon Winnicott (1956/1978), "à la base de la tendance antisociale se trouve une bonne expérience initiale qui a été perdue" (p. 509). Il est donc nécessaire que les candidats à l'adoption aient conscience de l'élément positif présent dans la tendance antisociale, afin qu'ils soient capables de supporter la tension résultant d'un comportement impulsif et puissent garantir une stabilité environnementale.

À partir des conditions favorables qui seront assurées par l'environnement, c'est-à-dire à travers la construction de relations dans lesquelles les besoins égoïques de l'enfant seront satisfaits et la capacité des adultes à supporter son agressivité, elle pourra être capable de faire confiance et d'aimer l'autre. Selon Winnicott (1950/2023), il existe chez l'enfant privé "une haine dirigée contre le monde, et la santé n'arrive que lorsque cette haine est ressentie" (p. 221). Ainsi, les parents adoptifs ne doivent pas séduire l'enfant pour qu'elle soit heureuse et qu'elle se comporte de manière docile et aimable en permanence. Si cela se produit, ils la privent de l'expression de sentiments importants pour sa guérison.

Selon Winnicott (1955/1997), si un enfant provient d'un environnement où il y a eu des défaillances dans les tout débuts de la vie et qu'il n'a pas été adéquatement soutenu ni accueilli, les parents adoptifs devront peut-être être une sorte de psychothérapeute à plein temps, dans l'intention de compenser de telles carences. Cela peut être une tâche difficile, voire presque impossible, exigeant d'eux beaucoup de patience et de dévouement. Levinzon (2006) met en garde contre le fait que, dans les cas où les parents idéalisent le processus d'adoption et ne sont pas préparés à affronter les défis qui y sont inhérents, des sentiments de déception, de perplexité et même de regret peuvent les surprendre.

Bien que nous insistions sur l'idéalisation comme motivation qui peut conduire à la (dés)rencontre entre candidats à l'adoption et adoptés, nous savons qu'il en existe d'autres qui entravent la création du lien filiative, comme la tentative de "sauver" un mariage en crise ; aider des enfants pauvres (sentiment d'altruisme) ; recherche de compagnie ; deuil non élaboré, que ce soit à cause de l'infertilité ou de la mort d'un enfant, etc. Ainsi, il est nécessaire que les candidats à l'adoption réfléchissent, se questionnent et comprennent les raisons qui les amènent à vouloir vivre cette expérience de la parentalité. Houzel (2004) considère l'expérience de parentalité comme "l'expérience subjective consciente et inconsciente du fait de devenir parent et d'assumer des rôles parentaux" (p. 49).

Bien qu'il n'existe pas de motivation parfaite, la décision d'adopter un enfant ou un adolescent ne peut être prise de manière impulsive. Il est nécessaire qu'il y ait une préparation, non seulement comme exigence juridique, mais "comme une période pour 'gester', psychologiquement et affectivement, l'enfant désiré. Et chaque sujet et chaque famille a un temps de 'gestation'" (Silva, 2018, p. 124).

Réfléchir sur les motivations qui mobilisent les candidats à l'adoption est important, dans la mesure où des pensées conscientes et des fantasmes inconscients peuvent être exprimés, et peuvent représenter des futurs obstacles dans la relation avec l'enfant/l'adolescent (Levinzon, 2006). Ladvocat (2018) corrobore cette idée, en soulignant que la connaissance des raisons pour lesquelles une personne souhaite adopter un enfant contribue à la compréhension des défaillances dans la relation entre eux.

Winnicott (1954/1997) souligne que la détection de motivations déformées, par les professionnels intervenant dans la préparation des candidats à l'adoption, peut prévenir des séquelles dans le développement émotionnel de l'être humain. Selon l'auteur, "une adoption ratée est normalement désastreuse pour l'enfant, si désastreuse qu'il aurait mieux valu pour l'enfant que la tentative n'ait pas eu lieu" (p. 126).

Le nombre d'enfants "rendus", c'est-à-dire le nombre de couples qui renoncent à adopter l'enfant ou le jeune, pendant le processus d'adoption, est en augmentation ces dernières années dans le District Fédéral (Menezes, 2017).

Cas d'abandon de l'adoption dans le District fédéral

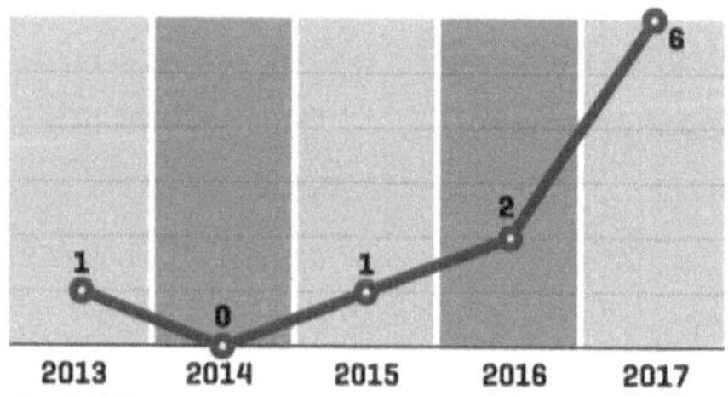

Source : Maison d'édition d'art / Metrópoles.com

Le retour/la rupture du lien avec l'enfant ou l'adolescent constitue une situation traumatique et dévastatrice du point de vue émotionnel, donc indésirable, cependant, juridiquement et psychosocialement permise dans les cas où le processus d'adoption n'a pas encore été jugé. Ainsi, selon Sousa (2015) « tant qu'il n'y a pas eu le prononcé du jugement et que celui-ci n'est pas devenu définitif, on ne peut pas encore parler de la pleine homologation des liens juridiques de filiation entre postulants et enfants à adopter » (p. 1).

Après que la procédure judiciaire d'adoption a été conclue et archivée, si les parents souhaitent "rendre" l'enfant/le jeune, ils commettront juridiquement un délit appelé tentative d'abandon d'incapable, défini par le Code pénal brésilien, à son article 133, avec une peine prévue d'emprisonnement de six mois à trois ans. Cependant, dans les deux cas, ce qui est en jeu, c'est la souffrance psychique générée par le traumatisme de revivre l'abandon, qui peut conduire à la perte de confiance dans les personnes et dans l'environnement, ainsi que dans la croyance d'être aimé.

Le processus légal d'adoption au Brésil et l'importance des « adoptions nécessaires »

Selon Silva (2018), le processus d'adoption et la construction de la parentalité et de la filiation adoptives ne se déroulent pas rapidement et peuvent être traversés par de l'angoisse et de l'anxiété. Au cours du parcours, il est possible que les candidats à l'adoption se découragent en raison de l'attente de l'enfant. Certains modifient le profil de l'enfant afin d'accélérer le processus d'adoption, d'autres recourent à des voies informelles ou illégales pour concrétiser le rêve de devenir parents, et il existe même des cas où certains candidats renoncent au "projet d'enfant" (p. 120).

Pour que nous puissions comprendre à quel point ce processus peut être fatigant et exiger psychiquement des candidats à l'adoption, nous parlerons brièvement de chaque étape jusqu'à la conclusion de l'adoption. Selon le CNJ (2019), lorsqu'une personne souhaite adopter un enfant ou un adolescent, il est nécessaire que certaines étapes soient suivies. La première consiste à se rendre au Tribunal ou à la Cour de l'Enfance et de la Jeunesse de la ville, en apportant la documentation requise. Ces documents seront enregistrés et transmis au Ministère Public pour analyse et poursuite ultérieure du processus.

L'étape suivante est l'une des phases les plus attendues par les candidats à l'adoption, consistant en l'évaluation par l'équipe technique pluridisciplinaire du Pouvoir Judiciaire. Cette étape a pour objectif de connaître les motivations et les attentes des candidats à l'adoption ; d'analyser la réalité socio-familiale ; d'évaluer si le candidat à l'adoption peut recevoir un enfant/adolescent en tant qu'enfant ; d'identifier la place qu'il/elle occupera dans la dynamique familiale, ainsi que de les orienter sur le processus adoptif.

Il est important de souligner qu'« il n'existe pas de profil de candidat à l'adoption préalablement établi englobant des aspects économiques, l'identité de genre, l'orientation sexuelle et la croyance religieuse. Ainsi, ces facteurs n'interfèrent pas dans l'évaluation de l'équipe interdisciplinaire » (Mélo *et al.*, 2017, p. 11). Tout comme Teperman (2020), nous considérons ce point essentiel pour qu'il soit possible de rompre avec le paradigme selon lequel le modèle de famille nucléaire est synonyme de normalité et que seule une organisation familiale idéale peut garantir les conditions nécessaires à la constitution psychique du sujet. L'auteure suggère même de repenser le terme parentalité, qui inclut seulement le père et la mère, en proposant l'invention d'un nouveau terme comme *pour tous*, afin de reconnaître les changements dans les pratiques sociales.

Ensuite, les candidats sont invités à participer à un programme de préparation à l'adoption, selon la détermination de l'article 50, § 3, du Statut de l'Enfant et de l'Adolescent (ECA). Le programme vise à offrir des informations sur l'adoption, tant du point de vue juridique que psychosocial, afin qu'ils puissent décider avec plus de sécurité au sujet de l'adoption, en plus de les préparer à surmonter d'éventuelles difficultés pouvant surgir durant la cohabitation initiale avec l'enfant/l'adolescent, à orienter et à encourager l'adoption interraciale, d'enfants ou d'adolescents en situation de handicap, atteints de maladies chroniques ou ayant des besoins spécifiques de santé, et de groupes de frères et sœurs.

Il convient de noter que la Loi 12.955 de 2014, « confère la priorité aux processus d'adoption lorsque l'adopté est un enfant ou un adolescent avec un handicap ou une maladie chronique ». Bien que les travaux scientifiques au Brésil sur l'adoption de cette population soient rares (Borges & Scorsolini-Comin, 2020), selon l'étude de Silva *et al.* (2016), réalisée à partir de l'échantillon du Registre National de l'Adoption, la majorité des candidats disponibles à l'adoption d'enfants en situation de handicap ou atteints de maladie chronique avait un niveau d'éducation secondaire complet, une tranche de revenu mensuel inférieure à un demi salaire minimum *par habitant*, teint de peau blanc et ne posait pas de restrictions quant au sexe et à la couleur de peau de l'adopté. Selon les auteurs, l'adoption d'enfants vulnérables commence à être plus présente dans notre société, principalement dans les familles à faible et moyen niveau socio-économique, même si le service qui leur est offert implique des coûts élevés de services et de suivis spécialisés.

Après la conclusion de l'étude psychosociale, de la certification de participation au programme de préparation à l'adoption et de l'avis du Ministère Public, le juge accordera ou non la demande d'habilitation à l'adoption. Si le juge décide en faveur, les candidats seront inscrits au Registre National de l'Adoption (CNA)[2] et attendront la présentation de l'enfant ou de l'adolescent correspondant au profil souhaité.

L'étape suivante avant la finalisation de l'adoption est la période de cohabitation, qui doit être suivie par l'équipe technique du Pouvoir Judiciaire. Selon Silva (2016), cette période sert à ce que les candidats et l'adopté puissent apprendre à se connaître et à construire des liens de filiation. Elle vise également à offrir un temps d'adaptation et de cohabitation entre les membres de la famille. Pour Mélo *et al.* (2017), « ce n'est qu'à travers la période de cohabitation qu'il sera possible d'obtenir la décision des deux parties de vouloir devenir parents et enfants » (p. 15).

Une fois la période de cohabitation terminée, le juge vérifiera les conditions d'adaptation et de lien socio-affectif de l'enfant/adolescent et de toute la famille. Si les conditions sont favorables, le magistrat

2 Le Registre national des adoptions (CNA) est un outil utilisé par tous les tribunaux pour enfants et adolescents dans lequel sont enregistrés les candidats qualifiés, ainsi que les enfants et adolescents disponibles pour être adoptés. Après inscription dans le registre, les informations des candidats sont croisées avec celles des enfants ou adolescents disponibles, selon le profil choisi (Mélo et al., 2017, p. 12).

prononce le jugement de l'adoption et détermine la confection du nouvel acte de naissance, déjà avec le nom de famille de la nouvelle famille. À ce moment, l'enfant/l'adolescent acquiert tous les droits d'un enfant, selon l'article 41 de l'ECA : « L'adoption confère à l'adopté la condition d'enfant, avec les mêmes droits et devoirs, y compris successoraux, le séparant de tout lien avec les parents et la parenté, sauf les empêchements matrimoniaux ».

Selon le rapport du CNJ (2022a), élaboré à partir de données du Système National d'Adoption (SNA), les enfants en bas âge, c'est-à-dire entre 0 et 6 ans, sont adoptés plus fréquemment. Selon Borges et Scorsolini-Comin (2020), il existe également une recherche de bébés jusqu'à un an, blancs et de sexe féminin, alors que la majorité des enfants/adolescents brésiliens disponibles à l'adoption sont de couleur métisse, de sexe masculin, âgés de plus de deux ans et ayant des frères et sœurs. Cependant, ce que la « Nouvelle Loi sur l'Adoption » (Loi n. 12.210/2009) indique et qui est réaffirmé par la Loi n. 13.509, du 22 novembre 2017, c'est la nécessité de repenser le désir de parentalité à partir du profil majoritaire des enfants accueillis en institution pour adoption, c'est-à-dire, les groupes de frères et sœurs, les enfants plus âgés et les adolescents, atteints de handicap ou de maladies et les adoptions interraciales. Pour les auteurs, ce changement de profil est primordial, puisque l'enfant imaginé est incompatible avec la réalité et le profil des enfants habilités pour l'adoption.

Il convient de souligner que, indépendamment de la forme de filiation, tout enfant est sujet à l'inadéquation. Comme l'affirme Dunker (2020),

> *L'enfant imaginé n'est jamais l'enfant rencontré. Nous sommes tous anormaux et déficitaires par rapport aux attentes et aux fonctions qui nous sont demandées. C'est pourquoi chaque enfant est le dépositaire de nos rêves les plus sublimes ou symptomatiques, mais aussi de nos pires échecs, à la limite d'un pâle reste de rencontre, tel qu'il aurait pu être (p. 50).*

Ce qui est en jeu, en réalité, pour que l'adoption d'un enfant ait lieu, qu'il soit biologique ou adopté, c'est la capacité psychologique des parents à exercer la fonction parentale, en étant suffisamment bons pour leurs enfants, indépendamment de la couleur de la peau, de l'âge, du sexe, de l'ethnie ou du fait que l'enfant ou l'adolescent présente un certain type de handicap ou une maladie chronique. Pour Winnicott (1955/1997), des parents qui adoptent un enfant qui n'a pas été aimé, mais négligé "doivent non seulement s'occuper de lui, mais également exagérer tous les soins, de sorte qu'il se sente solidement soutenu et accueilli" (p. 137). Plus loin, l'auteur souligne que la tendance interne au développement et à la croissance émotionnelle exige que le soin donné à l'enfant ne se limite pas aux soins corporels de base, d'hygiène et d'alimentation, mais surtout, il est essentiel que le soin aimant soit présent. "Un enfant a besoin d'être aimé..." (Winnicott, 1954/1997, p. 127).

On ne peut omettre de mentionner les stratégies de mobilisation des "adoptions nécessaires" mises en œuvre par le Pouvoir Judiciaire, telles que la recherche active, dans le but d'aider à augmenter les chances que des enfants plus âgés ou des adolescents soient adoptés, notamment ceux faisant partie de groupes de frères et sœurs ou ayant des maladies ou des handicaps. La recherche active permet aux candidats dûment enregistrés dans le Système National d'Adoption (SNA) d'accéder à des informations concernant les enfants et les jeunes aptes à l'adoption, ainsi qu'à des photos et des vidéos. Selon le président du Forum National de l'Enfance et de la Jeunesse (Foninj) et conseiller du CNJ Richard Pae Kim, avec la possibilité d'accéder aux informations des enfants, les candidats peuvent être sensibilisés par les rêves des garçons et des filles qui attendent une famille. L'objectif est de rapprocher le désir des candidats à la parentalité du désir des enfants de faire partie d'une famille qui les accueille (CNJ, 2022b).

Dans l'article de Gomes *et al.* (2020), on peut noter une réflexion critique sur les stratégies de mobilisation des "adoptions nécessaires", développées par l'État et la société civile, incluant les campagnes publicitaires et la recherche active. Bien que les auteures reconnaissent l'importance de stratégies augmentant la visibilité et les chances d'adoption des enfants accueillis hors du profil traditionnellement souhaité par les candidats, elles questionnent ce type de sensibilisation qui vise à un tel changement, issu de motivations externes et de l'appel humanitaire. Elles soutiennent qu'il existe d'autres possibilités au-delà du lien de filiation-parentalité, telles que les programmes de parrainage affectif, qui peuvent aussi garantir la vie familiale et communautaire à des enfants et des adolescents privés de l'autorité parentale ou ayant peu de chances de retour dans leur famille d'origine, car appartenant aux profils écartés par les candidats à l'adoption. Pour elles, les programmes de parrainage affectif

> *se présentent comme des promoteurs de liens sécurisants avec des membres de la communauté disposés à devenir des figures de référence dans l'univers affectif d'un enfant ou d'un adolescent et, au-delà de garantir une vie familiale à ceux dont les liens sont rompus, peuvent offrir un soutien qui reconnaisse la présence possível de la famille d'origine – en dépit des faibles chances de réintégration (p. 15).*

Il convient de souligner l'importance d'un travail minutieux et conjoint entre l'équipe technique du service d'accueil et l'équipe des services judiciaires, afin de garantir que les enfants et les adolescents ne courent pas le risque de devenir de simples objets de l'État et d'être placés exclusivement à la disposition des intérêts et des demandes des adultes. Selon Santos *et al.* (2020), l'adoption ne doit pas être liée à un caractère altruiste et caritatif, comme c'était le cas autrefois. Avec le temps, des changements sociaux et législatifs sont survenus, inversant l'ancienne logique selon laquelle il s'agissait de chercher un enfant pour combler les désirs de parentalité des candidats à l'adoption. L'aspect individuel et subjectif de chaque enfant et adolescent doit toujours être pris en compte, leur permettant d'occuper la place de sujet et non d'objet pendant le processus d'adoption.

Considérations finales

Selon Oliveira *et al.* (2017), dans la majorité des cas d'adoption, les droits des enfants et des adolescents ont été violés, ce qui peut engendrer des effets catastrophiques pour le psychisme du sujet. À partir des constructions théoriques des auteurs classiques de la psychanalyse, nous savons à quel point une fracture précoce du lien peut être traumatique. Les concepts d'état de *détresse*, de Freud (1926/2014) ; *terreur sans nom*, de Bion (1962/1991) ; *peur de l'effondrement* (*Breakdown*), de Winnicott (1963/1994) ; et *seconde peau*, de Bick (1968), nous montrent à quel point le nourrisson naît dépendant de l'environnement, c'est-à-dire des soins parentaux. Selon Lisondo (2012), « la privation des fonctions parentales n'autorise pas un investissement narcissique suffisant dans l'infans, enracinant la dépression essentielle, brisant la confiance de base, élargissant la blessure des traumatismes. La nécessaire symbiose inaugurale est avortée » (p. 378).

Cependant, il existe des cas réussis d'« adoptions nécessaires » dans lesquels une nouvelle naissance psychique peut advenir, face à des fonctions parentales capables d'encourager l'apprentissage, d'inspirer le changement et de moduler la terreur d'une possible rupture du *self*. Selon Lisondo (2012), « nous ne pouvons pas réduire la réalité traumatique à une vérité historique objectivable, dans un modèle diachronique, déterministe, causal, linéaire, évolutif et obsolète » (p. 380). Contrairement à certaines adoptions qui ne permettent pas d'élaborer les traumatismes, il en existe d'autres qui peuvent favoriser la constitution de la subjectivité et le développement mental du sujet.

D'après Levinzon (2006; 2016), la parentalité-filiation adoptive n'est pas synonyme de problème et de souffrance psychique, mais elle peut le devenir lorsque les sentiments et fantasmes inconscients des candidats à l'adoption ne sont pas bien discriminés et élaborés. À partir d'un travail d'écoute psychanalytique, il est possible d'amener à la conscience ce qui a été refoulé, permettant l'interprétation et l'élaboration de ces contenus qui pourraient entraver l'établissement de liens sains entre parents et enfants adoptifs.

Le travail psychique avec les candidats à l'adoption doit les préparer à co-construire avec les enfants ou adolescents des relations sécures, où il n'y ait pas de prédominance de l'idéalisation. Pour que l'adoption puisse remplir son objectif thérapeutique, comme le défend Winnicott (1950/2023), et que ces enfants ou jeunes déprivés puissent se remettre de l'expérience traumatique qu'ils ont vécue à un moment donné de leur histoire, il faut que les parents offrent un foyer suffisamment bon, c'est-à-dire un environnement capable de fournir non seulement des soins physiques adéquats, mais surtout de répondre aux besoins psychiques et affectifs de leurs enfants.

Sans nier le passé violent et traumatique vécu par de nombreux enfants et adolescents adoptés et l'histoire antérieure de chaque adulte, parents et enfants doivent être capables de coécrire une troisième histoire relationnelle. Selon Golse (2003), « la narrativité ordonne les processus de liaison qui, nous le savons bien, ont une fonction antitraumatique » (p. 104). Par conséquent, le fait que les adultes soient contenants pour les douleurs et souffrances vécues dans le passé et qu'ils co-construisent une nouvelle histoire avec les enfants et adolescents en situation de vulnérabilité sociale et psychique permettra de créer des liens entre eux. Ainsi, ce qui fait lien a une valeur symbolique et non biologique !

Références

Bick, E. (1968). The experience of the skin in early object relations. *International Journal of Psychoanalysis*, 49, 484-486.

Bion, W. (1991). *O aprender com a experiência*. Imago. (Trabalho original publicado em 1962)

Borges, C. A. P., & Scorsolini-Comin, F. (2020). As adoções necessárias no contexto brasileiro: características, desafios e visibilidade. *Psico-USF*, 25(2), 307-320.

Brasil (1990). Estatuto da Criança e do Adolescente (ECA). Lei n. 8.069, de 13 de julho de 1990.

Brasil (2009). Lei n. 12.010, de 3 de agosto de 2009. Dispõe sobre adoção; altera as Leis n. 8.069, de 13 de julho de 1990 (Estatuto da Criança e do Adolescente), 8.560, de 29 de dezembro de 1992; revoga dispositivos da Lei n. 10.406, de 10 de janeiro de 2002 (Código Civil), e da Consolidação das Leis do Trabalho (CLT), aprovada pelo Decreto-Lei n. 5.452, de 1º de maio de 1943; e dá outras providências.

Brasil (2014). Lei n. 12.955/2014 (lei ordinária), de 5 de fevereiro de 2014, que acrescenta § 9º ao art. 47 da Lei n. 8.069, de 13 de julho de 1990 (Estatuto da Criança e do Adolescente), para estabelecer prioridade de tramitação aos processos de adoção em que o adotando for criança ou adolescente com deficiência ou com doença crônica.

Brasil (2015). Programa de Formação para os núcleos de preparação para adoção e apadrinhamento afetivo. Secretaria de Direitos Humanos da Presidência da República e Aconchego – Grupo de Apoio à Convivência Familiar e Comunitária.

Conselho Nacional de Justiça – CNJ (2019). *Como adotar uma criança no Brasil: passo a passo.*

Conselho Nacional de Justiça – CNJ (2022a). *Destituição do poder familiar e adoção de crianças.*

Conselho Nacional de Justiça – CNJ (2022b). *Pretendentes poderão acessar informações e fotos de crianças aptas à adoção.*

Dunker, C. I. L. (2020). Economia libidinal da parentalidade. In D. Teperman, T. Garrafa & V. Iaconelli (Orgs.), *Parentalidade* (pp. 39-54). Autêntica.

Freud, S. (2010). Introdução ao narcisismo. In S. Freud, *Obras completas* (Vol. 12, pp. 13-50). Companhia das Letras. (Trabalho original publicado em 1914)

Freud, S. (2014). Inibição, sintoma e angústia. In S. Freud, *Inibição, Sintoma e Angústia, o futuro de uma ilusão e outros textos* (Vol. 17, pp. 13-123). Companhia das Letras. (Trabalho original publicado em 1926)

Golse, B. (2003). *Sobre a psicoterapia pais-bebê: narratividade, filiação e transmissão*. Casa do Psicólogo.

Gomes, I. C., Marques, R. T. A. S., & Ishara, Y. (2018). Encontros e desencontros na adoção: o paradoxo da ilusão. In G. K. Levinzon & A. D. Lisondo (Orgs.), *Adoção: desafios da contemporaneidade* (pp. 221-234). Blucher.

Gomes, I. C., Beltrame, P. P., Rodrigues, A. C. F., Santos, J. F. (2020). Uma reflexão acerca das estratégias mobilizadoras nas "adoções necessárias". *Revista Cadernos de Comunicação*, *24*(2), 1-18.

Houzel, D. (2004). As implicações da parentalidade. In L. Solis-Ponton (Org.), *Ser pai, ser mãe. Parentalidade: um desafio para o terceiro milênio* (pp. 47-51). Casa do Psicólogo.

Instituto Geração Amanhã. (2018). *O que é adoção tardia: mitos e verdades*.

Ladvocat, C. (2018). As falhas da adoção no casal parental. In G. K. Levinzon & A. D. Lisondo (Orgs.), *Adoção: desafios da contemporaneidade* (pp. 99-116). Blucher.

Levinzon, G. K. (2006). A adoção na clínica psicanalítica: o trabalho com os pais adotivos. *Mudanças – Psicologia da Saúde*, *14*(1), 24-31.

Levinzon, G. K. (2016). Adoção e sofrimento psíquico. *Psicanálise*, *18*(1), 57-73.

Levinzon, G. K. (2018). Adoção e falso self: o dilema do "bom adotado". In G. K. Levinzon & A. D. Lisondo (Orgs.), *Adoção: desafios da contemporaneidade* (pp. 49-70). Blucher.

Lisondo, A. B. D. (2012). O desamparo catastrófico ante a privação das funções parentais. Na adoção, a esperança ao encontrar o objeto transformador. *Revista de Psicanálise da SPPA*, *19*(2), 367-393.

Mélo, A. P. A. et al. (Orgs.). (2017). Cartilha Passo a Passo: Adoção de crianças e adolescentes no Brasil.

Menezes, L. (2017). *Cresce o número de crianças devolvidas após serem adotadas no DF.*

Miranda, C. E. S.; & Cohen, R. H. P. (2012). Uma criança é adotada: o lugar simbólico da filiação e seus efeitos subjetivos. *Psicologia em Pesquisa*, *6*(1), 61-67.

Oliveira, P. A. B. A.; & Souto, J. B. (2017). Adoção e psicanálise: a escuta do desejo de filiação. *Psicologia: Ciência e Profissão*, *37*(4), 909-922.

Ribeiro, S. (2020). *A adoção tardia no Brasil e o desafio de criação do vínculo afetivo.*

Rotenberg, E. B. (2018). A transmissão inconsciente da mãe adotante ao filho adotivo. In G. K. Levinzon & A. D. Lisondo (Orgs.), *Adoção: desafios da contemporaneidade* (pp. 87-98). Blucher.

Schmidt, M. L. G. (2006). A utilização do objeto intermediário no psicodrama organizacional: modelos e resultados. *Psicologia para América Latina*, 8.

Silva, M. P. O. (2016). *Encontros sobre adoção: transformando o tempo de espera em tempo de preparação. Cartilha para pretendentes a adoção.*

Silva, M. P. O. (2018). Adoção: tempo de espera e mudança de perfil dos habilitados. In G. K. Levinzon & A. D. Lisondo (Orgs.), *Adoção: desafios da contemporaneidade* (pp. 117-136). Blucher.

Sousa, W. G. (2015). *Devolução e abandono: duas experiências trágicas para a criança.*

Winniccott, D. W. (1978). A tendência antissocial. In D. W. Winnicott, *Textos selecionados: da pediatria à psicanálise* (pp. 499- 512). Francisco Alves. (Trabalho original publicado em 1956)

Winnicott, D. W. (1983). Distorção do ego em termos de falso e verdadeiro "self". In D. W. Winnicott, *O ambiente e os processos de maturação: estudos sobre a teoria do desenvolvimento emocional* (pp. 128-139). Artmed. (Trabalho original publicado em 1960)

Winniccott, D. W. (1994). O medo do colapso. In D. W. Winnicott, R. Shepherd & M. Davis (Orgs.), *Explorações psicanalíticas* (pp. 70-76). Artes Médicas. (Trabalho original publicado em 1963)

Winnicott, D. W. (1997). Armadilhas na adoção. In D. W. Winnicott, *Pensando sobre crianças*. (pp. 126-130). Artmed. (Trabalho original publicado em 1954)

Winnicott, D. W. (1997). A adolescência das crianças adotadas. In D. W. Winnicott, *Pensando sobre crianças*. (pp. 131-140). Artmed. (Trabalho original publicado em 1955)

Winnicott, D. W. (2023). Sobre a criança deprivada e como ela pode ser compensada pela perda da vida familiar. In D. W. Winnicott, *Família e desenvolvimento individual*. (pp. 217-240). Artmed. (Trabalho original publicado em 1950)

PARTIE II

EXPÉRIENCES DANS L'ADVENIR DE LA PARENTALITÉ

4. Parentalité et questions raciales[1]

Alessandra Carvalho Vieira da Silva
Katia Tarouquella Brasil

« Ça ferait un film
Une femme noire et un enfant dans les bras
Seule dans la forêt de béton et d'acier
Regarde, regarde encore le visage dans la foule
La foule est un monstre sans visage et sans cœur
Hé, São Paulo, terre de gratte-ciel
La bruine déchire la chair, c'est la tour de Babel
Famille brésilienne, deux contre le monde
Mère célibataire d'un prometteur vaurien
Lumière, caméra, action, on enregistre la scène, ça tourne
Un bâtard, encore un fils métis sans père
Hé, maître de plantation, je sais très bien qui tu es
Seul tu ne tiens pas, seul tu n'entres pas à pied »
(Mano Brown et Edy Rock, « Negro Drama »[2])

Ce chapitre explore les interactions entre la parentalité et les enjeux sociaux. Ainsi, pour entamer cette discussion autour d'un thème social

---

1 La révision de la traduction en langue française a été réalisée par Elen Carioca Zerbini.

2 Brown, Mano et Rock, Edi (2002). « Negro Drama ». In Nada como um Dia após o Outro Dia (CD). Cosa Nostra.

souvent invisibilisé, nous empruntons un extrait de la chanson « Negro Drama », dans laquelle Mano Brown expose son histoire. Beaucoup de Brésiliens s'identifieraient à l'histoire racontée dans la chanson, car nous vivons dans un pays où la négritude, la maternité en solo et la pauvreté se conjuguent dans tous les indicateurs de vulnérabilité. Des familles marquées par un destin certain pour l'enfant : encore un « vaurien prometteur ». La chanson dénonce l'esclavage comme origine historique du processus d'inégalité, mais sa fin n'a pas permis une compensation qui aurait sorti la population noire des indicateurs de vulnérabilité économique et d'exclusion sociale, un drame vécu depuis des générations et observé encore aujourd'hui. Ce chapitre se propose de mener une discussion, qui cherche à allier les questions d'intersectionnalité qui traversent la parentalité, la souffrance socio-politique liée aux questions raciales dans le contexte de la parentalité et les études psychanalytiques qui analysent le début de la vie psychique et les messages énigmatiques qui traversent la relation adulte-enfant selon Laplanche (1992).

La parentalité et les défis pour la négritude

L'origine du terme « parentalité » en psychanalyse remonte à 1958, avec la psychanalyste Therese Benedek (Teperman *et al.*, 2020; Levisky *et al.*, 2021). Originaire des États-Unis, le terme de parentalité a été approfondi et étudié en France par Paul-Claude Racamier, qui a mis l'accent sur l'exercice psychodynamique des fonctions maternelles et paternelles en relation avec leurs enfants. La parentalité engloberait la fonction maternelle, la fonction paternelle et leur influence sur le développement potentiel de l'enfant, sans négliger les conditions socioculturelles dans lesquelles elles s'inscrivent. En effet, la parentalité se structure dans un processus de production de discours et de conditions offertes pour le développement et la construction de sujets d'une nouvelle génération (Gorin *et al.*, 2015).

Les études des conditions d'accueil d'un nouvel enfant se sont longtemps concentrées sur la maternité, avec un accent sur la base biologique de la maternité et soutenues par le mythe de l'amour maternel, modèle de la famille occidentale (Ariès, 1981; Badinter, 1985). Pendant des siècles, les soins aux nourrissons ont toujours été à la charge des femmes, qui transmettaient, de génération en génération, des connaissances sur le soin du bébé, une transmission culturelle qui s'est perpétuée au sein des communautés les plus diverses. Pendant longtemps, on croyait que l'expérience de la maternité serait quelque chose d'instinctif réservé aux femmes. Un tel discours s'articule avec les dispositifs de biopouvoir, qui, en soutenant et en régulant la place de la femme dans les activités domestiques, l'éloignent de l'espace public (Iaconelli, 2012). La naturalisation d'un savoir biologique lié au genre efface la transmission culturelle, amenant à croire que seule la femme, la mère, serait capable de prendre soin d'un nouveau-né, et que tout autre occupant de cette place ne serait qu'une « imitation » de mère.

La naturalisation de la marque biologique et instinctive de la maternité a envahi le discours médical, qui reproduit des idées rigides concernant les rôles de genre, traversant la façon dont les femmes et leurs bébés sont pris en charge dans les services de santé, sans place pour les ambivalences de la maternité, pour les transformations psychiques, sociales et corporelles qui touchent les femmes à ce moment si particulier de la vie.

En mettant en avant les services de santé dans les espaces publics d'accueil des femmes enceintes et des femmes en période puerpérale dans le Système unique de santé (SUS), la question de l'intersectionnalité prend une dimension importante, dans la mesure où les questions raciales, de genre et de classe sociale sont mises en évidence. Il en est ainsi que, dans les données sur la mortalité maternelle de l'année 2020, on dénombre 1284 décès de femmes noires et 589 décès de femmes blanches lors de l'accouchement (DATASUS, 2022). Cela signifie deux fois plus de décès de femmes noires. Les femmes noires et métisses courent un risque plus élevé de suivi prénatal inadéquat, d'absence de lien avec la maternité, d'absence d'accompagnant et d'errances pour l'accouchement, en plus de recevoir moins d'anesthésie locale pour l'épisiotomie, par rapport aux femmes en période puerpérale blanches. Une telle situation met à nu ce que l'on peut appeler la violence obstétricale, traversée par le mythe qui veut que le corps de la femme noire soit mieux préparé à l'accouchement et qu'elle possède plus de résistance et de force physique. Cette conception est un fantôme qui se maintient et caractérise le racisme institutionnel (Leal *et al.*, 2017). Le discours médical concernant le corps féminin, en particulier celui de la femme noire, porte des marques historiques des fantômes qui l'accompagnent depuis la période de l'esclavage. Un corps qui supporterait la douleur, un corps plus résistant que celui des femmes blanches. La croyance en ce récit légitime l'invisibilité de ces femmes, engendrant des cas de violence obstétricale (Oliveira, 2019).

Le terme « violence obstétricale » est utilisé par Lima *et al.* (2021) et met en lumière les différentes formes de violence, d'agressions et d'omissions pratiquées par les agents de santé pendant les périodes de grossesse, d'accouchement et de période puerpérale, ce qui inclut des mauvais traitements physiques, psychologiques et verbaux, ainsi que des procédures considérées dans la littérature médicale comme inutiles et nuisibles, parmi lesquelles la césarienne sans indication clinique.

Dans ce contexte, le processus de construction de la parentalité noire est traversé par des transmissions et des malaises issus de la souffrance sociopolitique qui accompagne ces corps et qui marque le processus de subjectivation des nouvelles générations. On comprend que la souffrance sociopolitique liée à la négritude affecte la construction de la parentalité et, par conséquent, le processus de construction subjective de l'enfant noire (Faustino & Rosa, 2023; Silva, 2018; Ganem, 2007).

Les premières études des relations familiales au début du XXe siècle de la population non européenne en Amérique partaient de la comparaison avec le modèle de la famille bourgeoise. Ganem (2007) souligne que les premières études considéraient la famille noire comme ayant commencé en Amérique, sans histoire antérieure à cela. Renforçant cette position, les recherches sur les noirs esclavagisés dans l'historiographie nord-américaine traditionnelle mettaient en avant l'absence de liens parentaux voire l'inexistence de la famille (Collins, 2019; Reis, 2010). Décrite comme une institution sans règles, avec une vie sexuelle sans loi, pour eux le seul lien familial était le lien entre la mère et l'enfant, étant décrite comme une famille maternelle (Ganem, 2007). André (1987), psychanalyste, en étudiant les familles noires caribéennes, souligne que l'organisation, centrée sur la mère et l'enfant, aurait un lien étroit avec le système esclavagiste et ses conséquences pour l'après-esclavage, car ces familles se seraient trouvées dans une position politique et économique défavorable, ce qui a conduit à une organisation familiale désagrégée.

Rosa (2020) souligne que la perpétuation du dénuement et de l'exclusion sociale passe par la transmission psychique héritée par une nouvelle génération, transmission qui attribue la place sociale à occuper à partir du lien discursif. Ce constat apparaît dans l'extrait de « Negro Drama » qui présuppose un destin certain pour un enfant métis et une maternité solo : « un vagabond prometteur ». La souffrance sociopolitique relative au racisme structurel suppose une identité marquée, destinée à une position de marginalité qui peut conduire au silence par des relations de pouvoir qui enferment les noirs dans un discours social et politique sur leur place dans le lien social.

Avec les dilemmes du racisme structurel, les familles noires affrontent un double défi : le travail excessif pour assurer la survie des enfants et la charge émotionnelle associée aux situations de souffrance imposées par le lien social à partir des relations raciales (Collins, 2019). La tâche d'élever des enfants noirs est difficile, car, tout en transmettant aux descendants les moyens de survivre aux conditions imposées par le racisme, elle transmet aussi l'espérance, por la résistance à l'oppression et à l'extermination tout en luttant pour de meilleures conditions de vie. Il convient de souligner que les messages transmis par les adultes aux enfants contiennent des contenus conscients et inconscients, ce qui nous renvoie à la situation anthropologique fondamentale.

La situation anthropologique fondamentale

Dans la situation anthropologique fondamentale proposée par Laplanche (1992), l'auteur met en avant le rôle des messages énigmatiques envoyés par l'adulte dans la relation avec l'enfant et les traces de ces messages dans la vie psychique de ce dernier. Pour Laplanche (op. cit.), l'inconscient se constitue à partir de la traduction (ou de l'échec partiel ou total) des messages envoyés par l'adulte à l'enfant, messages imprégnés par l'inconscient de l'adulte. La notion de traduction est cohérente avec la conception de l'être humain comme sujet de langage et de communication, mais la traduction qui s'effectue à l'intérieur de la dynamique relationnelle entre l'adulte et l'enfant est toujours imparfaite. D'autre part, l'échec radical de cette traduction installe quelque chose qui est implanté et qui reste comme un intrus dans le psychisme du sujet, et constitue ce que Laplanche a appelé "inconscient *enclavé*-encastré" (2015).

L'enfant « demande » de l'aide à l'adulte face au débordement de son excitation et l'adulte répond à cette demande à partir de la dimension de son propre inconscient. Ainsi, nous pouvons nous demander, quels messages sont envoyés par l'adulte lorsque les questions raciales sont impliquées?

La souffrance sociopolitique liée à la négritude affecte la construction de la parentalité et, par conséquent, le processus de construction subjective de l'enfant noir, étant donné que l'histoire coloniale d'exploitation et d'humiliation des corps noirs au Brésil peut constituer une transmission qui s'inscrit dans les messages énigmatiques auxquels ces enfants devront se confronter.

En effet, l'expérience de la relation adulte-enfant et les énigmes introduites dans ces messages imposent à l'enfant un travail de traduction.

Dans cette perspective, le travail psychique se présente à elle comme une ressource pour faire face aux fantasmes, aux excitations issues de sa relation avec l'adulte, bref, à toutes les impasses vécues dans la relation à l'autre (Costa, Brasil & Zanello, 2015). Le défi de la parentalité et les questions raciales convoquent les enfants noirs à un travail de traduction des messages qui leur sont envoyés par les adultes qui les entourent, membres de la famille, enseignants, frères et sœurs aînés, etc.

En effet, certains de ces messages sont conscients et transmettent à l'enfant la manière dont le corps noir est, aujourd'hui, tributaire d'un passé esclavagiste. D'autres sont des messages énigmatiques inconscients, qui peuplent la relation adulte-enfant dans le contexte de la parentalité noire. Des restes intraduisibles, liés à une excitation, dépasseraient les possibilités traductives de l'enfant. Les impasses de la traduction des messages énigmatiques placés au centre de la relation adulte-enfant, qui prennent ainsi un sens de violence, du fait que c'est l'adulte lui-même, en transmettant le message, qui empêche, bien souvent, sa traduction par l'enfant.

L'émergence de ce qu'il y a d'enfantin chez l'adulte est sollicitée à partir de sa relation avec l'enfant. Cette relation est imprégnée par des signifiants verbaux et non verbaux pleins de significations sexuelles inconscientes (Gernet, 2012). Ainsi, l'adulte transmet des messages, avec des contenus inconscients ambivalents qui, selon Paim (2024), sont traversés par le pacte silencieux et démoniaque du mythe de la démocratie raciale, matérialisant la tragédie du destin, forgée par l'oppresseur qui destitue les noirs de leur place de sujet.

L'impossibilité de traduction des messages énigmatiques conduit à l'hypothèse qu'il existerait dans l'inconscient une lacune qui se réfère au discours sur soi-même, comme si le sujet était face à quelque chose d'impensable, en raison du retard du langage par rapport au vécu – vécu qui ne pourrait être comblé (Laplanche, 2015). Donc, comment penser quelque chose sur soi qui ne peut être nommé, comme le racisme, que des générations d'adultes affrontent et qui transmettent comme messages énigmatiques dans la relation adulte-enfant et qui imposent à l'enfant un travail de traduction. Dans cette perspective, le travail psychique se présente à elle comme une ressource pour faire face aux excitations issues de sa relation avec l'adulte, à savoir : le contact corporel, les séparations, les fantasmes, enfin, toutes les impasses vécues dans la relation avec l'autre.

Bénony (2012) et Augere et Bénony (2011) soulignent l'incomplétude de cette traduction, compte tenu de l'immaturité psychique de l'enfant. C'est-à-dire que le travail de traduction peut, au lieu de conduire à la différenciation adulte-enfant, paralyser cette différenciation et se constituer en restes intraduisibles, liés à une excitation qui dépasserait les possibilitaés de penser.

Les impasses de la traduction des messages énigmatiques qui sont placés au centre de la relation adulte-enfant prennent ainsi un sens de violence, non pas par les messages eux-mêmes, mais du fait que c'est l'adulte lui-même, en transmettant le message, qui empêche, bien souvent, sa traduction par l'enfant. Augere et Bénony (op. cit.) soulignent que les messages adressés à l'enfant par l'adulte correspondent à sa propre sexualité infantile non liée, un véritable produit du fantasme. Ainsi, dans l'*après-coup*, l'enfant pourra construire et reconstruire, dans sa vie quotidienne et même dans son analyse, ce qu'elle a reçu de l'autre, mais qui demeure intraduisible. De cette manière, la traduction de la signification d'un énoncé est le résultat d'une interprétation et, par conséquent, peut varier chez chaque sujet. Cette situation met en avant la complexité des traductions qui incombent à chacun et qui nécessiteront un travail psychique non négligeable.

L'arrivée de l'enfant dans le monde la place dans la situation originaire, décrite par Laplanche (1992) comme situation anthropologique fondamentale et qui marque l'entrée de l'enfant dans le monde adulte. La relation entre parents et enfants est dynamique, mobilisant des affects ambivalents tels que le désir, la rivalité, la haine, l'amour et l'agression (Houzel, 2010), le sujet devant passer par une construction complexe qui le défie dans son économie psychique et libidinale, nécessitant des adaptations dans ses investissements narcissiques et objectaux (Gorin *et al.*, 2015). Avec toute la complexité de son monde interne, l'inconscient infantile sexuel de l'adulte est sollicité face au bébé, plein de contenus qu'il ne reconnaît pas lui-même ou qu'il refuse de reconnaître. S'il y a la présence de l'inconscient, il y a des failles, des lapsus et la transmission de messages incomplets. La communication de l'adulte vers l'enfant ne serait pas fondée sur une interaction d'égalité mais bien sur l'inégalité. Cette inégalité est la situation originaire, décrite par Laplanche :

> *L'originaire est, par conséquent, un enfant, dont les comportements adaptatifs, existants mais imparfaits, faibles, sont sur le point de se laisser détourner, et un adulte déviant, déviant par rapport à toute norme concernant la sexualité (Freud le démontre largement dans les Trois essais sur la théorie sexuelle), et je dirais même déviant par rapport à lui-même, dans son propre clivage. (Laplanche, 1992, p. 110)*

La relation originaire se développerait dans un double sens : dans une relation vitale et réciproque, marquée par l'état de détresse de l'infans, et une autre relation dans laquelle le sexuel de l'adulte introduit un déséquilibre, cette inégalité engendre un séducteur et un séduit (Laplanche, 2015). Cette relation adulte-enfant, du côté de l'adulte marquée par l'inconscient sexuel et ses résidus infantiles, et un enfant qui n'a pas de dispositions sexuelles pour se trouver à égalité avec un adulte, est une situation à laquelle l'être humain ne peut échapper, la Situation Anthropologique Fondamentale. La relation incontournable adulte/enfant, caractérisée par l'asymétrie, reprend à partir d'une nouvelle lecture la théorie de la séduction abandonnée par Freud (1950/1996), entendue par Laplanche (1992) comme théorie de la séduction restreinte, pour Freud dans la théorie de la séduction il y aurait nécessairement un père pervers. Freud (Masson, 1986) écrit à Fliess qu'il en est venu à croire qu'il s'agissait d'un fantasme de séduction, qui occuperait désormais la place de réalité psychique. Ce à quoi Freud aurait accordé peu d'importance dans cette théorie, selon Laplanche (1992), c'est l'inconscient sexuel de l'adulte et ce qu'il transmet dans la relation avec l'enfant de telle sorte que tous les adultes seraient des séducteurs, ainsi, l'auteur développe la Théorie de la Séduction Généralisée. Les jeux, le contact corporel, la voix, l'alimentation, le bain. Etc. Dès la naissance, le corps de l'enfant est érotisé dans la relation avec l'adulte, éveillant des sensations et mobilisant des excitations.

La construction subjective de cet adulte est peuplée par ses propres conflits face au malaise que la culture impose. De cette manière, la façon dont les questions raciales impactent le psychisme de l'adulte devient pertinente pour la construction de sa relation avec l'enfant.

L'adulte transmet des messages énigmatiques, accentuant l'inconscient et la sexualité, si fondamentaux dans la psychanalyse (Laplanche, 1992). Lorsque nous parlons de transmission, une vaste littérature cherche à l'origine de la vie psychique des aspects de la transmission adulte-enfant, qui marqueraient leurs subjectivités. En particulier, la transmission psychique devient plus accentuée dans le processus de parentalité, tant par la dépendance du bébé à l'égard de l'adulte, que par la mobilisation de fantasmes inconscients. Les processus de transmission psychique peuvent être directs ou indirects et ne seraient pas seulement liés aux communications primitives et archaïques.

Freud (1914/2010) inscrit le bébé dans une chaîne générationnelle de transmission; ainsi, tout bébé est inévitablement soumis à des héritages, objets de la transmission. La relation à l'autre structure des questions liées à l'identification, celles-ci pouvant être placées dans un champ traumatique ou non. Ce processus de transmission, qui relie le sujet aux générations antérieures, influencera son processus de constitution.

Le fantasme d'avoir un enfant, pointé comme l'une des principales caractéristiques de la parentalité, est en lien avec la possibilité de réparer ses propres parents, activant des liens générationnels (Levisky *et al.*,

2021). L'investissement fantasmatique des parents dans cette relation est décrit par Freud :

> *Elle [l'enfant] doit concrétiser les rêves non réalisés de ses parents, devenir un grand homme ou un héros à la place du père, épouser un prince comme compensation tardive pour la mère. Au point le plus délicat du système narcissique, l'immortalité du Moi, si durement assiégée par la réalité, la sécurité est obtenue en se réfugiant dans l'enfant. L'amour des parents, émouvant et au fond si infantile, n'est rien d'autre que le narcissisme des parents renaissant, qui, dans sa transformation en amour d'objet, révèle de façon inconfondable sa nature d'autrefois. (Freud, 1914/2010, p. 37)*

Le monde fantasmatique des adultes, construit à partir de leur insertion dans la culture et de leur propre investissement narcissique, devient des éléments importants pour l'accueil de ce nouveau sujet. Les souvenirs et émotions sont revisités et l'enfant héritera d'un legs de fantasmes construits par les adultes à partir de leurs expériences traumatiques infantiles. Ces expériences antérieures et attentes vont influencer les liens établis entre eux et, dans le processus de transmission, l'enfant aura une place dans le roman élaboré (Ciccone, 2014). Chaque sujet abordera la parentalité à sa manière, mais il est important de souligner que la négritude peut constituer un facteur supplémentaire d'angoisses.

Alcântara (2021), dans son article sur "naître noir au Brésil", met en avant son expérience personnelle pendant la grossesse, une période marquée par un malaise constant dont le principal symptôme était le vomissement. L'autrice relate le défi de devoir gérer des sentiments ambivalents vis-à-vis de la maternité : d'un côté, elle désirait l'enfant, de l'autre, elle sentait que les symptômes de vomissements et de malaise seraient une forme de rejet de la grossesse. Dans son processus analytique, il a été possible de donner du sens à la relation entre son malaise et l'expérience du racisme ayant marqué sa vie, par la peur que son fils subisse lui aussi du racisme. La préoccupation concernant l'esthétique, la couleur des yeux, le type de cheveux et d'autres caractéristiques peuvent constituer des inquiétudes typiques du processus de gestation chez les femmes noires, du fait de l'insécurité de transmettre à leurs enfants des phénotypes liés à la négritude.

Pour Aulagnier, citée par Trachtenberg (2006), Iaconelli (2012) et Monti (2008), tout nouveau-né est investi d'une mission qui fait partie de la transmission des fantasmes parentaux, incarnant les attentes à la fois conscientes et inconscientes des générations précédentes. De tels investissements sont conceptualisés comme Contrat Narcissique. Ce contrat a une fonction de lien, donnant une place au bébé parmi les générations antérieures, garantissant sa continuité et permettant qu'il soit reconnu comme membre et appartenant à ce groupe. Il assure à la fois une origine, tout en maintenant la continuité et le futur, donnant une place à l'adulte qu'il deviendra.

L'expérience d'Alcântara (2021) évoque la façon dont ce contrat narcissique est réactualisé par elle lors du processus de gestation. Sa propre expérience raciale se mêle à la projection des caractéristiques de son enfant. Dans son texte, elle souligne qu'elle appartient à une famille interraciale, sa famille maternelle étant blanche, aux yeux clairs. Bien qu'elle n'ait pas approfondi le sujet, on peut s'interroger sur la façon dont le sentiment de rejet "vomissé" au cours de la grossesse était lié à la rupture du contrat narcissique de cette famille. Sa négritude marquait la différence, la rupture du lien générationnel. Même avec le désir d'être mère, avoir un enfant noir est devenu effrayant.

Au-delà du contrat narcissique parental, Aulagnier (1979) développe le concept de narcissisme du groupe social, qui relie le bébé et ses parents aux générations antérieures et à tout le groupe social. L'histoire des Noirs au Brésil renvoie à l'esclavage et à l'exclusion. Le sentiment de rejet souligné par Alcântara (2022) va au-delà d'un malaise dans la chaîne générationnelle, il est renforcé par le narcissisme du groupe social, étant héritière de la place du Noir dans la culture. La transmission transgénérationnelle occupe une place de choix dans les études psychanalytiques sur les héritages transmis à la génération suivante.

Trachtenberg (2006) distingue la transmission intergénérationnelle de la transmission transgénérationnelle. La transmission intergénérationnelle relève du champ des fantasmes, des traditions et de l'histoire, et va dans le sens du lien, car il s'agit d'événements élaborés, qui aident le sujet dans son processus d'historisation. Quant à la transmission transgénérationnelle, elle est au service de l'oubli, de la répétition et du non-récit. Il s'agit de quelque chose qui envahit le psychisme, de par sa nature traumatique et violente, qui n'a pas pu passer par une élaboration. Ici, les mots ne trouvent pas leur place et son héritage est une histoire non dite, qui provoque des identifications aliénantes et des incorporations. Diverses situations peuvent détruire la capacité et la fonction parentales : deuils non élaboréss, secrets, histoires lacunaires, histoires de violence, vides, migrations, traumatismes, bref, qui n'ont pas pu être transformés, symbolisés ou historicisés. Ces situations peuvent compromettre de manière dramatique la capacité parentale à métaboliser les angoisses primitives du bébé. La différenciation des types de transmission est nécessaire pour comprendre comment les traumatismes non élaborés se perpétuent au fil des générations et peuvent limiter la capacité parentale.

L'histoire coloniale brésilienne, avec toutes ses violences et son exploitation, ne trouve pas de voies de réparation ni d'historisation. Nous sommes un pays formé à partir de traumatismes, tantôt niés, tantôt refusés, comme le souligne la question du racisme. Les questions raciales relèvent du champ traumatique du déni, dans une conception ferenczienne. Canavêz et Verztman (2021) attirent l'attention sur l'élargissement du concept de déni aux situations sociales au Brésil. Pour les auteurs, la société brésilienne refuse l'histoire de la violence raciale et toute la souffrance qui en découle, rendant impossibles les significations des événements traumatiques, ce qui favoriserait les transmissions transgénérationnelles. Alcântara (2022) souligne comment le processus parental exige un travail interne sur les héritages du contrat narcissique, qui mobilisent les fantasmes de transmission permettant la reconnaissance du caractère étranger de son propre corps, cet adulte pouvant alors questionner les récits qui ont été déposés en lui, s'appropriant des contenus qui lui semblent objets étrangers, se reconnaissant comme le fruit de la transmission reçue, pouvant donner lieu à de nouvelles traductions. Ces messages énigmatiques portent la sexualité, outre les attributions originaires du social, comme la désignation de la couleur de la peau.

Considérations finales

La parentalité noire est profondément marquée par les traces d'une histoire de vulnérabilisation et d'inégalité sociale, des caractéristiques qui modèlent non seulement les conditions socioéconomiques, mais aussi les constructions subjectives de ces familles. Le concept de « situation anthropologique fondamentale » de Laplanche (1992) nous aide à comprendre comment les messages énigmatiques transmis au sein de ces relations parentales portent le poids de traumatismes historiques. Ces messages que les parents transmettent, imprégnés de leur propre subjectivité et des résidus de leur sexualité, exigent des enfants un effort continu de traduction. Cette tâche traductive devient difficile en raison de la charge de significations raciales et sociales que ces messages contiennent, reflétant les réalités du racisme et de l'exclusion.

En même temps que les enfants sont mis au défi de traduire et d'intégrer ces messages, ils ont également l'opportunité de reconfigurer ces énigmes de manières qui reflètent leurs propres expériences et aspirations, au-delà des messages originaires du socius, comme « le vagabond prometteur », décrit dans le « Negro Drama ». C'est à travers ce processus que les nouvelles générations peuvent commencer à retraduire les récits d'identité, donnant lieu à l'historisation, à la voix et à la résistance.

La parentalité noire, vue à la lumière de l'éthique psychanalytique, met en évidence l'urgence d'aborder les complexités du traumatisme racial et de la souffrance sociopolitique comme des composantes de la constitution de nouveaux sujets. Ainsi, en nous penchant sur ces questions, nous ne répondons pas seulement à un impératif éthique, mais nous contribuons aussi à la construction de discussions importantes pour l'écoute de la souffrance d'une parentalité réduite au silence. La chanson « Negro Drama » ne dépeint pas seulement la lutte quotidienne de ces familles, mais nous invite également à réfléchir sur les structures de pouvoir qui soutiennent le racisme et l'exclusion, et comment elles ont un impact direct sur la constitution des sujets et la perpétuation d'un cycle de marginalisation.

Références

Alcântara, T. R. Z. (2021). O nascer do negro no Brasil: parentalidade e Psicanálise. Pathos: *Revista Brasileira de Práticas Públicas e Psicopatologia*, *7*(02), 19-38. https://www.revistapathos.com.br/volumes/volume_07 n.02/o_nascer_do_negro_no_brasil.pdf

André, J. (1987). *L'inceste focal – Dans la famille noire antillaise*. PUF.

Ariès, P. (1981). *História social da criança e da família* (Vol. 2). Libros Tecnicos e Científicos Editora.

Aulagnier, P. (1979). *A violência da interpretação: do pictograma ao enunciado* (M. C. Pellegrino, Trad.). Imago.

Auger, F., Bénony, H. (2011). La théorie de la séduction généralisée et son corollaire, la théorie de la traduction. *L'évolution psychiatrique*, *76*, 403-418.

Badinter, E. (1985). *Um amor conquistado: o mito do amor materno* (8a. ed.). Nova Fronteira.

Bénony, H. (2010). Sexualité infantile et lien d'attachement. Notes sur la refonte de la métapsychologie proposée par Laplanche. *L'évolution psychiatrique*, *75*, 287-301.

Canavêz, F., & Verztman, J. S. (2021). Somos capazes de escutar os desmentidos sociais? Ayvu: *Revista de Psicologia, 8.*

Ciccone, A. (2014). Transmission Psychique Et Parentalité. *Cliopsy, 1*(11), 17-38. DOI 10.3917/cliop.011.0017.

Collins, P. H. (2019). *Pensamento feminista negro: conhecimento, consciência e a política do empoderamento*. Boitempo.

Costa, B. L. C., Brasil, K. T. R., & Zanello, V. (2015). Metáforas em psicoterapia: expressão do conflito da relação entre mãe e filho na psicose. Ágora: Estudos em Teoria Psicanalítica, 18, 131-148.

DATASUS, (2022). Brasil, Ministério da Saúde. Banco de dados do Sistema Único de Saúde-DATASUS. http://tabnet.datasus.gov.br/cgi/tabcgi.exe?sim/cnv/mat10uf.def

Faustino, D. M., & Rosa, M. D. (2023). O mal-estar colonial: racismo, indivíduo e subjetivação na sociabilidade contemporânea. *Psicologia & Sociedade, 35*, e275160.

Freud, S. (2010). Introdução ao narcisismo. In Paulo C. Souza (Trad.), *Introdução ao narcisismo, ensaios de metapsicologia e outros textos* (1914-1916). Companhia das Letras (Trabalho original publicado em 1914)

Freud, S (1996). Projeto para uma psicologia científica. In *Edição Standard Brasileira das Obras Psicológicas Completas de Sigmund Freud* (1895[1950]), Vol. I, pp. 335-454. Imago.

Ganem, V. (2007). *Le rapport subjectif au travail en Guadeloupe: Analyse de l'incidence de l'héritage de l'esclavage sur les conduites actuelles des salariés dans l'hôtellerie* (Doctoral dissertation, CNAM).

Gernet, I.(2012). Theorie de la seduction generalisée et topique du corps. *Psicologia em Estudo, 17*(3).

Gorin, M. C., Mello, R., Machado, R. N., & Carneiro, T. F. (2015). O estatuto contemporâneo da parentalidade. *Revista da SPAGESP, 16*(2), 3-15.

Houzel, D. (2010). La Transmission psychique: Parents et enfants. Odile Jacob.

Iaconelli, V. (2012). Mal-estar na maternidade: do infanticídio à função materna. (Tese de doutorado – Universidade de São Paulo).

Laplanche, J. (1992). *Novos fundamentos para a psicanálise*. Martins Fontes. (Trabalho original publicado em 1987).

Laplanche, J. (2015). *Sexual: a sexualidade ampliada no sentido freudiano 2000-2006*. Editora Dublinense.

Leal, M. D. C., Gama, S. G. N. D., Pereira, A. P. E., Pacheco, V. E., Carmo, C. N. D., & Santos, R. V. (2017). A cor da dor: iniquidades raciais na atenção pré-natal e ao parto no Brasil. *Cadernos de Saúde Pública*, 33. https://doi.org/10.1590/0102-311X00078816

Levisky, R. B., Dias, M. L., & Levisky, D. L. (2021). *Dicionário de psicanálise de casal e família*. Blucher.

Lima, K. D. D., Pimentel, C., & Lyra, T. M. (2021). Disparidades raciais: uma análise da violência obstétrica em mulheres negras. *Ciência & Saúde Coletiva, 26*, 4909-4918.

Masson, J. M. (Ed.). (1986). *A correspondência completa de Sigmund Freud para Wilhelm Fliess* (1887-1904) (V. Ribeiro, Trad.). Imago. (Trabalho original publicado em 1985)

Monti, M. R. (2008). Contrato narcisista e clínica do vazio. *Revista Latinoamericana de Psicopatologia Fundamental, 11*, 239-253.

Oliveira, T. L. (2019). Mulheres negras e maternidade: um olhar sobre o ciclo gravídico puerperal. *Cadernos de Gênero e Diversidade*, 5(4), 12-23. https://doi.org/10.9771/cgd.v5i4.29686

Paim Filho, I. A. (2022). Carta aberta endereçada ao antirracista que nos habita: negros e negras – desafios para tomar posse do território psicanalítico – o tornar-se analista (Por ações reparatórias). Jornal de Psicanálise, 55(103), 149-157.

Rosa, M. D. (2020). Passa-anel: família, transmissão e tradição. In D. Teperman, T. Garrafa & V. Iaconelli (Eds.), Parentalidade (1ª ed., pp. 23-37). Autêntica.

Reis, I. C. F. (2010). Breves reflexões acerca da historiografia sobre a família negra na sociedade escravista brasileira oitocentista. *Revista da Associação Brasileira de Pesquisadores/as Negros/as (ABPN), 1*(2), 113-132.

Silva, F. C. D. (2018). Maternidade negra em "Um defeito de cor: a representação literária como disrupção do nacionalismo". *Estudos de Literatura Brasileira Contemporânea*, (54), 245-275.

Teperman, D., Garrafa, T., & Iaconelli, V. (2020). *Parentalidade*. Autêntica.

Trachtenberg, A. R. (2006). A força da transmissão entre gerações e o transgeracional: reflexões aos 150 anos do nascimento de Freud. In *A força da transmissão entre gerações e o transgeracional: reflexões aos 150 anos do nascimento de Freud* (pp. 18-18).

5. « Je ne vois aucun avantage à être mère ! » Être enceinte et accoucher pendant la pandémie de covid-19: un portrait de l'iniquité de genre dans l'expérience périnatale et parentale[1]

Aline Vidal Varela
Cintia Lobato Borges
Daniela Scheinkman Chatelard

Introduction

La pandémie de covid-19, déclarée officiellement en mars 2020 par l'Organisation mondiale de la santé (OMS) et terminée le 5 mai 2023 (OPS/OMS), a entraîné d'énormes impacts dans les sphères les plus diverses de la vie sociale mondiale et, surtout, des modifications dans les dynamiques familiales, en particulier pour les femmes qui sont mères, la population sur laquelle nous nous concentrerons dans ce chapitre. Vivre le cycle périnatal pendant la pandémie a été sans précédent. Les grossesses et les accouchements se déroulaient alors que le monde se confinait chez lui et comptait chaque jour le nombre de morts à travers les canaux de communication. Le signifiant « mort » planait autour des premiers moments de l'arrivée au monde. Le Brésil a été le pays avec le plus grand nombre de décès maternels, atteignant 124 décès de femmes enceintes ou en post-partum entre février et juillet 2020, ce qui

1 La révision de la traduction en langue française a été réalisée par Laene Pedro Gama et Daniela Scheinkman.

représente un nombre 3,4 fois supérieur au nombre de décès enregistrés dans le monde pour la période décrite (Takemoto, 2020, p. 2). Le risque de décès pour les femmes enceintes métisses était supérieur de 38 % à celui des femmes blanches. Quant aux femmes en post-partum noires, elles avaient un risque de décès par covid-19 supérieur de 62 % à celui des blanches. Pendant la pandémie, les femmes noires et métisses, insérées dans le marché du travail informel, avec des revenus plus faibles et sans possibilité de télétravail, sont restées plus exposées au virus. Au moment de la demande de prise en charge clinique, la prise en charge est déshumanisée, car le racisme institutionnel se manifeste dans les pratiques de soins (Góes, 2023).

Le temps périnatal, qui comprend le cycle gravido-puerpéral, est toujours traversé par le contexte historico-culturel et son vécu subjectif peut différer selon la classe sociale, le genre et la race. Le moment de la grossesse peut être compris comme une crise maturative, car il s'agit d'une période de transformations intenses, éveillant des angoisses et des conflits latents (Bydlowski, 2002). La psychanalyse, cependant, n'est pas universalisante : les questions qui affectent le sujet se traitent toujours une par une.

Écouter les femmes enceintes et les femmes en post-partum dans ce contexte pandémique, c'était écouter le dit : la peur, l'anxiété, la surcharge des activités domestiques et de soins, les disputes conjugales, l'isolement et tous les innombrables changements provoqués par ce moment. Si l'accouchement, en soi, signifie déjà un événement éminemment traumatique même lorsque tout se passe bien (Iaconelli, 2023), il convient de rester attentifs à ce qui ne parvient pas à être symbolisé, surtout à un moment où le monde craignait la mort en raison d'un virus aussi dangereux qu'inconnu. Durant cette période, traverser le cycle périnatal impliquait de faire face aux questions intrinsèques du post-partum, mais aussi aux conséquences, souffrances et stress supplémentaires suscités par la pandémie.

Nous proposons à la réflexion le cas d'une femme de vingt-deux ans, noire, hétérosexuelle, travailleuse informelle, à la fin d'une grossesse non planifiée (résultant d'une relation récente) et sans réseau de soutien familial, parce qu'elle vit loin de sa ville d'origine. Nous utiliserons le nom de Maria (fictif). Lors de l'une des consultations, qui avaient lieu en ligne en raison des restrictions de contact social imposées par la pandémie, elle a rapporté une conversation qu'elle avait eue avec une doula engagée pour l'accompagner lors de son accouchement, qui aurait lieu dans un hôpital du réseau public de santé. Maria était une femme avertie et disait craindre pour son intégrité pendant l'accouchement, sachant les innombrables cas de violence obstétricale, surtout envers les femmes noires. Lors de la dernière rencontre avec la doula avant l'accouchement, quelques thèmes liés au post-partum ont été abordés, comme la récupération du corps, les questions psychiques et les premiers soins au bébé. En réfléchissant à ce qu'elle avait entendu de la doula et à ce qui était censé l'attendre, elle s'est exclamée : « Je ne vois aucun avantage à être mère ! »

En pratique clinique, ce que nous entendons normalement des femmes qui sont mères, ce sont les « inconvénients »: surcharge physique et mentale, partage inégal du travail de soin, conflits, problèmes conjugaux, trahisons, abandons et solitude. Les femmes noires doivent encore affronter la question raciale, et souvent se mettent sur leurs gardes, dans une posture défensive, s'imposant pour éviter d'être attaquées, violentées, discriminées (Souza, 2021). Dans la tentative d'investiguer de tels inconvénients, dans ce chapitre nous parcourrons les concepts de famille, de conjugalité et de parentalité à travers certains moments de l'histoire, ainsi que la place contemporaine de la maternité dans notre culture, l'iniquité de genre dans les relations conjugales et les impacts de la pandémie de covid-19 sur le temps périnatal complexe.

Conjugalité, famille, parentalité et la place contemporaine de la femme

La famille conjugale dite « nucléaire » est le fruit d'une construction qui s'est réalisée au fil du temps. Entre les XVIe et XVIIIe siècles, la famille auparavant comprise comme un groupe, un ensemble qui incluait les autres parents, les personnes proches, les domestiques, les amis, cède la place au noyau père – mère – enfant(s), tel que nous le connaissons aujourd'hui. Le premier modèle de famille avait pour objectif d'assurer la transmission d'un patrimoine. Une logique patriarcale, dans laquelle les mariages étaient arrangés par les parents sans que la vie sexuelle et affective des fiancés soit prise en compte. Dans une seconde phase, la famille dite « moderne », entre les XVIIIe et XXe siècles, une logique affective s'impose et la réciprocité des sentiments et des désirs charnels dans le mariage ainsi que la division du travail entre les époux sont consacrées. À partir de 1960, la famille contemporaine ou postmoderne s'impose, dans laquelle deux individus s'unissent à la recherche de relations intimes et d'accomplissement sexuel. Au fil du temps, on a observé un processus pari passu de désacralisation de la famille par rapport à l'État. La famille, de cette manière, se présente comme un phénomène universel, pouvant se constituer sous différentes formes et configurations (Roudinesco, 2003).

Le terme parentalité, tel que nous l'entendons aujourd'hui, a subi quelques reformulations au fil du temps. Il est apparu initialement à travers une conférence intitulée « La parentalité comme phase du développement : une contribution à la théorie de la libido » donnée en 1959 par la psychanalyste hongroise Therese Benedeck (Iaconelli, 2020, p. 11). Le même terme fut ensuite associé au psychiatre et psychanalyste français Paul – Claude Recamier au début des années 60, apparu de la réunion des vocables maternité et paternité. Dans les années 80, le néologisme parentalité vient regrouper les rôles et fonctions parentaux (Houzel, 2004 ; Solis-Ponton, 2004). Il est important de souligner que ce terme était associé aux études des pathologies puerpérales et à leurs effets sur la progéniture (Iaconelli, 2019). Le terme parentalité « est un champ dans lequel les discours (sociaux, politiques, scientifiques, religieux, juridiques et autres) créent des affrontements, des consensus et de nouvelles manières de penser le soin des prochaines générations » (Iaconelli, 2023, p. 176).

Devenir mère ou devenir père est un processus qui passe bien plus par l'histoire individuelle de chacun et par une logique du désir que par le modèle de famille (Zornig, 2010). « La parentalité est fortement marquée par les fantasmes et fantômes parentaux, pouvant être exercée de manière créative ou symptomatique, ayant la fonction de transmettre l'histoire transgénérationnelle aux générations futures ou de répéter de façon symptomatique les secrets et conflits passés » (Zornig, 2009).

Nous comprenons donc qu'il n'existe pas de parentalité aseptique, pure, exemplaire. Il y a toujours une transmission inconsciente et nous n'avons aucun contrôle sur ce qui lui est transmis. Ici, nous revenons à la phrase énoncée par Maria : « Je ne vois aucun avantage à être mère ! ». À partir de quelle place cette femme dit-elle cela ? Noire, élevée en périphérie d'une grande métropole, elle déménage dans une autre ville à la suite d'une proposition d'emploi (sans contrat de travail, donc sans droits de travail garantis). Vivant loin de sa famille d'origine, la jeune femme de 22 ans tombe enceinte « par accident » de son petit ami chômeur avec qui elle entretenait une relation récente. Maria sollicite un suivi psychologique, disant ne pas accepter la grossesse, et énumérant toutes les pertes personnelles et professionnelles qu'elle aurait supposément en devenant mère. Au-delà de cela, elle se sentait isolée dans une ville où elle ne connaissait quasiment personne, vivant en périphérie sans possibilités de loisirs, passant des heures par jour dans les transports publics sur le trajet domicile-travail-domicile. Durant ses séances, elle rapportait fréquemment ses souvenirs de sa ville d'origine, et des violences qu'elle subissait dans son quartier d'origine. Son accouchement, pendant la pandémie, fut vécu dans un profond abandon dans une maternité publique. Elle dit avoir été empêchée de faire entrer la doula et son compagnon pour l'accompagner lorsqu'elle est arrivée avec la poche rompue. Selon Maria, l'équipe hospitalière n'a pas tenu compte de son plan d'accouchement et n'a pas permis l'entrée du compagnon. La doula n'est entrée qu'après le début du travail. Tandis qu'elle souffrait seule sur un brancard, mouillée, ayant froid et faim, elle dit avoir eu des hallucinations de scènes de son enfance. C'est ce qui l'apaisait à ce moment-là : se souvenir d'une phase de sa vie où elle avait été prise en charge. Sur qui Maria peut-elle vraiment compter ?

Maria n'était pas considérée comme une génitrice « standard or » (Iaconelli, 2023, p. 26). Il existe une certaine hiérarchie quand il s'agit de qui s'occupe d'un enfant, étant au sommet : femme, cisgenre, hétérosexuelle, mariée, blanche, disposant de ressources financières, adulte. Au-delà de la hiérarchie déjà existante entre hommes et femmes, qui bénéficient de différentes « avantages » et privilèges dans notre société patriarcale, machiste, sexiste, raciste, la maternité reproduit aussi une hiérarchie entre femmes (de première ou de seconde classe). La responsabilisation des femmes pour le modèle anachronique du soin est source de nombreuses souffrances et maladies en clinique (Iaconelli, 2023).

Il est important de considérer qu'il existe un récit social idéalisé qui place la parentalité comme un destin naturel. Suivant le flux de ces récits socio-historiques, mères et pères finissent par reproduire et performer ce qui serait « attendu », ce qui finit par générer une inégalité dans la répartition des tâches. Dans le cas de la maternité, l'iniquité devient évidente lorsque l'on met d'un côté de la balance la reconnaissance sociale, et de l'autre l'énorme usure du travail requis. Le sentiment d'injustice déjà vécu par les femmes est amplifié lorsqu'elles sont confrontées aux inégalités en termes de rémunération, d'accès aux postes de décision et de pouvoir (Dunker, 2020). Lorsque la conjugalité se transforme en parentalité, il y a une transformation réelle, symbolique et imaginaire de l'économie libidinale (Dunker, 2020, p. 49). La façon dont chaque couple gère cela c'est unique. Chacun a la possibilité d'inventer sa propre parentalité, « à partir de la mythologie de sa famille, des récits de sa culture, ainsi que de la constellation spécifique qui préside à l'arrivée du nouvel être » (p. 52).

Maria n'a pas désiré consciemment la grossesse, cependant elle n'utilisait pas de méthode contraceptive. Pour la psychanalyse, sexualité et reproduction sont liées au champ des fantasmes inconscients. Au-delà de la transmission familiale et des fantasmes inconscients, l'ensemble des discriminations et des privilèges est hérité par le nouveau-né. « Le statut familial aura des effets indélébiles sur le psychisme infantile, révélant des identifications et des solutions propres à chaque sujet » (Iaconelli, 2023, p. 178). Il y a donc une responsabilité collective envers les prochaines générations, quant à ce qui, en tant que culture, se transmet. Avec Rehbein & Chatelard (2013), nous observons que :

> *La famille est l'espace privilégié pour la transmission transgénérationnelle, s'y articulent divers mécanismes d'identification. Les fonctions de contenance et d'élaboration du groupe familial, par exemple dans les situations de violence, sont compromises sur deux plans : sur le plan intrafamilial, avec les agressions de tous ordres, et sur le plan politico-social, avec les guerres, dictatures, génocides et misère.*

Il n'existe aucune forme d'organisation familiale capable de garantir les conditions nécessaires à la constitution du sujet. Ainsi, la psychanalyse ne préconise aucun type idéal de famille, ni aucune manière d'éduquer les enfants. Il n'y a pas de naturalisation de la logique patriarcale, pas plus qu'il n'existe de manière correcte d'exercer la parentalité. Ce qui est nécessaire, c'est qu'il y ait la transmission du manque, qui est structurante pour l'enfant. (Teperman, 2020). La famille, en tant que résidu, fait face aux discours normatifs et orthopédiques des spécialistes sur la parentalité. « La famille fait trou, décomplète la parentalité… troue la consistance du générique de la parentalité » (Teperman, 2014, pp. 204-205).

Dans « Note sur l'enfant », avec Lacan (1969/2003, p. 369) nous voyons que :

> *La fonction de résidu exercée (et, en même temps, maintenue) par la famille conjugale dans l'évolution des sociétés met en évidence l'irréductibilité d'une transmission – qui est d'un autre ordre que celui de la vie selon les satisfactions des besoins, mais relève d'une constitution subjective, impliquant*

> *la relation d'un désir qui ne soit pas anonyme. C'est selon cette nécessité que sont jugées les fonctions du père et de la mère. Celle de la mère, dans la mesure où ses soins portent la marque d'un intérêt particularisé, ne serait-ce qu'au travers de ses propres manques. Celle du père, dans la mesure où son nom est le vecteur d'une incarnation de la Loi dans le désir.*

Indépendamment de l'époque, la structure de la famille (ou des familles, au pluriel, y compris toute la diversité possible) résiste en tant que noyau responsable de cette transmission et de la constitution subjective. Dans la transmission familiale, les manques et imperfections de ceux qui assument les fonctions maternelle et paternelle sont nécessaires et bienvenus (Teperman, 2020, p. 102).

> *En 1938, Lacan misait déjà sur la puissance de la famille dans son caractère structurel et structurant. On peut donc dire que tend à continuer à se transmettre là où la parentalité voudrait l'exclure, non sans que de nouvelles nominations deviennent nécessaires dans le champ de la famille et aussi dans le champ de la psychanalyse, en réitérant l'appel à être à la hauteur du lien social de son époque. (Teperman, 2020, p. 104)*

Comment ne pas s'interroger sur la nouvelle place des femmes et leurs relations avec les hommes alors que, au cours du dernier demi-siècle, la condition féminine a davantage changé que durant tous les millénaires précédents ? (Lipovetsky, 2000, p. 11)

En 1950, « bien qu'encore imprégnée par la culture patriarcale consolidée sous le fascisme, l'Italie connaissait déjà une crise de genre, en partie causée par la guerre, mais aussi par les besoins de la réindustrialisation d'après-guerre » (Federici, 2019, p. 17). Des années et des années de travail féminin hors du foyer n'ont pas changé la façon de percevoir le travail domestique. Le second travail n'a jamais libéré les femmes du premier, mais a conduit à une augmentation de l'exploitation (p. 50). Malgré une tendance à la désexualisation du travail domestique, les femmes restent les principales responsables du travail domestique, même lorsqu'elles occupent un second emploi. « Même pour les couples qui établissent des relations plus égalitaires, la donne change à la naissance d'un enfant. La raison de ce changement réside dans les avantages salariaux que l'homme perd lorsqu'il prend un congé pour s'occuper des enfants » (p. 104).

> *Il est clair que le refus des femmes d'être des travailleuses non rémunérées au foyer a provoqué des changements importants dans l'organisation de la reproduction et dans les conditions du travail féminin. Ce à quoi nous sommes témoins, c'est à la crise de la traditionnelle division sexuelle du travail, qui confinait les femmes au travail reproductif (non salarié) et les hommes à la production (salariée) de marchandises. Toutes les relations de pouvoir entre hommes et femmes ont été construites sur cette « différence », puisque la majorité des femmes n'avait d'autre alternative que de dépendre des hommes pour leur survie économique et de se soumettre à la discipline qui accompagne cette dépendance... Alors que le travail des hommes a diminué au cours de la dernière décennie, les femmes travaillent aujourd'hui encore plus qu'autrefois. Cela se produit enparticulier chez les femmes chefs de famille et les femmes à bas salaires, qui sont souvent obligées de faire des petits boulots pour pouvoir payer les factures. Le fardeau que beaucoup de femmes portent encore se reflète dans leurs antécédents médicaux. (Federici, 2019, p. 110)*

Pour que les femmes aient la possibilité de créer et de lutter pour de meilleures conditions, elles doivent s'unir à d'autres femmes. En général, elles são tellement surchargées qu'elles n'arrivent pas à avoir le temps de prendre soin d'elles, ni à penser sous un nouvel angle. « Surmonter notre sentiment d'impuissance est indispensable à notre travail créatif. Il est vrai que vous ne pouvez rien produire qui en vaille la peine, à moins de parler de ce qui compte dans votre vie » (Federici, 2019, p. 126).

Psychanalyse, pandémie et genre

Le clinicien, lorsqu'il théorise et écrit sur sa clinique, accomplit un travail de recherche. Ce fut le cas de Freud lorsqu'il utilisa la méthode de l'association libre et de l'attention flottante, et a formalisé sa recherche à travers l'écriture. Sous transfert, en parlant librement, le sujet communique bien au-delà de ce qu'il souhaite consciemment. Et le psychanalyste, dans son travail d'écoute, doit être attentif à la singularité de chaque manifestation inconsciente – rêve, mot d'esprit, acte manqué ou symptôme, ainsi que se montrer à la hauteur de son temps, attentif à ce qui émerge de nouveau. Chaque époque a ses impasses et pour Lacan (1953/1998, p. 321), l'analyste « doit renoncer à la pratique de la psychanalyse tout analyste qui ne parvient pas à atteindre dans son horizon la subjectivité de son époque ». Le travail de recherche doit se servir du maître, mais il doit avancer en faisant place à un nouveau savoir, qui surgit à partir d'un mi-dire.[2] La clinique est un dispositif qui précède la psychanalyse. La psychanalyse et la méthode clinique psychanalytique émergent d'une subversion des éléments de sa structure (Dunker, 2008). Soutenant l'éthique du bien-dire, et le malaise dans la culture, la psychanalyse n'a pas la prétention de tout dire, mais bien de border, de contourner le vide, à travers le mi-dire dans les dites demeures de l'être – RSI – où s'hébergent les paroles, dans les coutures des mots de chaque sujet, en extrayant de là un dire qui lui soit propre. Après tout, « quelle que soit la vérité, quelle qu'elle soit, elle n' est accessible que

---

2 Selon Lacan (1969-1970/1992, p. 36), « la vérité ne peut jamais être dite qu'à moitié » et l'interprétation est souvent établie par une énigme, recueillie autant que possible à partir de l'intrigue du discours du psychanalyste (p. 38).

par le mensonge, la tromperie, l'invention et l'imagination de l'art … » comme nous l'indique Italo Calvino.

Pendant la pandémie, une grande partie de la population a présenté des altérations de l'humeur, avec des taux élevés d'anxiété et de dépression (Fiocruz, 2020). Les mères, en particulier celles ayant de jeunes enfants, ont présenté une plus grande probabilité de souffrance émotionnelle que les femmes sans enfants, ce qui ne s'est pas produit dans la comparaison entre les hommes qui sont pères et ceux qui ne le sont pas (Zamarro, 2021). Comprendre notre société capitaliste, patriarcale, raciste et sexiste, c'est comprendre que les iniquités n'ont pas émergé pendant la pandémie.

Une enquête menée par l'IBGE (2020) a démontré qu'au Brésil, en 2019 (avant la pandémie), les femmes consacraient aux soins aux personnes ou aux tâches domestiques presque deux fois plus de temps que les hommes (21,4 heures hebdomadaires contre 11 heures). Il est important de souligner la perspective intersectionnelle afin de révéler les différentes expériences des femmes pendant la pandémie. Une étude récente a révélé que la situation de pandémie et l'isolement social ont exacerbé les inégalités de genre qui traversent l'économie du soin domestique et familial (Zanello *et al.*, 2022). À travers une lentille de genre, il est possible d'analyser les effets de la pandémie de covid-19 de manière à saisir et à démontrer les inégalités, iniquités et vulnérabilités qui marquent l'espace social (Fiocruz, n.d.). L'isolement social a mis en évidence ce qui existait déjà (Barbosa *et al.*, 2021).

Cette partie du texte part de ce qui s'est passé pendant la pandémie de covid-19 et apporte des recherches récentes qui discutent des rôles de genre, notamment après avoir eu des enfants, dans notre société occidentale contemporaine. Il existe une différenciation entre reproduction des corps, relations de parenté (ceux nommés père et mère) et ceux responsables du soin. Dans notre société, celui/celle qui occupe les trois places et est marié(e), cis hétéro et blanc(he), se trouve dans une position de prestige. Les femmes (catégorie toujours traversée par la classe, la race et le genre) sont tombées malades en raison de l'idéologie maternalisante, qui leur attribue à elles seules la responsabilité du soin (Iaconelli, 2023).

Le genre est l'effet d'un acte performatif, qui le rend réel et produit ce qu'il nomme. Il n'existe pas en soi. Il s'agit de la production d'une réalité et vise toujours un autre. Il s'agit d'une mise en scène de significations comme des gestes et des paroles, toujours adressés à quelqu'un. C'est singulier et cela vient de la pulsion. Chaque corps a son propre mouvement et langage et c'est précisément pour cela qu'il y a une valeur de transformation, avec la possibilité de production du nouveau (Butler, 2022).

On peut aussi dire que le genre est un rôle social qui peut être compris selon la définition de "semblant" chez Lacan – c'est un qui ne se confond pas avec l'. Être homme ou femme sont des signifiants auxquels la personne s'identifie et, dans chaque société, ils auront des significations différentes. S'habiller, se comporter, penser et même ressentir sont dictés par l'identification au signifiant. "La notion de genre relève de l'ordre de la construction – du sujet lui-même et de la société – et n'implique aucun biologisme, aucun automatisme par rapport à l'anatomie et n'est absolument pas innée" (Quinet, 2020, p. 71).

La manière dont chacun se positionne dans le monde a beaucoup plus à voir avec la façon dont il a appris à performer et à s'aliéner qu'avec des aspects biologiques. Le genre ne désigne ni la position subjective, ni les préférences pulsionnelles, ni le choix d'objet, ni la position sexuée préférentielle, qui dépend du réel de l'économie des jouissances. "Il n'y a absolument aucune substantialité dans ce « être homme » et ce « être femme »" (Quinet, 2020, p. 71). Quinet (2020) est d'accord avec Butler pour dire que "le genre produit le sexe" en tant que forme de pouvoir et de contrôle d'une société et que celle-ci établit les rôles pour chaque sexe, mais il ajoute que le sujet du désir n'est pas une marionnette de la culture et que le "sujet de l'inconscient fait objection à la culture avec ses symptômes, ses fantasmes, ses rêves et sa vie sexuelle" (p. 73).

En parcourant l'histoire occidentale, nous pouvons percevoir les différents récits à propos du fait d'être femme et mère. Cependant, nous constatons que le pouvoir patriarcal traverse les générations avec peu de modifications, nous montrant la nécessité pour la culture de questionner et repenser ces rôles sociaux. « L'histoire a été racontée à partir de la perspective masculine de genre : histoire écrite par des hommes et sur les hommes » (Iaconelli, 2020, p. 38). Il est important d'étudier le parcours féminin dans l'histoire et de considérer que le biologique imprime une conséquence pour le destin social humain, en termes de valeur ou de pouvoir. Le corps de la femme et la reproduction ont toujours été surveillés et la fertilité a été soit valorisée soit dédaignée au fil de l'histoire (Iaconelli, 2020, p. 40).

Une étude récente a évalué près de huit mille examens d'IRM d'adultes de 29 pays et a conclu que l'inégalité de genre est associée à la production de différences entre les cerveaux d'hommes et de femmes. Dans les pays où les femmes font face à plus d'inégalités, les impacts sur le cerveau s'avèrent plus importants et sont liés à la diminution de l'épaisseur du cortex et à des modifications du système limbique, responsable de la régulation du comportement émotionnel. Ce qui génère une expérience accrue de souffrance émotionnelle et une dégradation de l'état de santé mentale des femmes. Les régions cérébrales des femmes qui s'avèrent les plus altérées sont précisément celles qui sont responsables du développement de la résilience à l'adversité et qui réagissent aux conditions sociales négatives (Zugman *et al.*, 2023).

En octobre 2023, le prix Nobel d'économie a été attribué à Claudia Goldin, une spécialiste des inégalités de genre. Selon la lauréate du Nobel, le désavantage salarial des femmes commence à augmenter d'un à deux ans après la naissance de leur premier enfant. Elle affirme également que les employés sans enfants et donc plus disponibles, finissent par être plus récompensés que les femmes qui n'ont pas cette flexibilité parce qu'elles doivent s'occuper de la famille (Infomoney, n.d.). « Nous n'atteindrons jamais l'égalité de genre tant qu'il n'y aura pas d'équité au sein des couples » affirme la Nobel d'économie 2023 (, avec des agences internationales.). L'iniquité de genre accentuée lorsqu'il y a des enfants a conduit au choix de retarder, réduire ou éviter la progéniture. Et, la même société qui ne crée pas de conditions favorables à l'exercice de la maternité, promeut des subterfuges pour contourner le déficit démographique par des moyens contestables, avec peu d'incitations ou même par la contrainte (Iaconelli, 2023, p. 214). À ce moment, nous revenons à la parole de Maria, et nous demandons : [Avoir un enfant] avantage pour qui ? Au service de quoi ?

Considérations finales

Faisant une critique de la construction historique qui place la femme dans la position de devoir choisir entre la maternité et l'érotisme, Birman (2001) fait une allusion à l'ambivalence entre l'enfant idéalisé (fortement investi) et le réel, qui représente un fardeau immense en disputant de l'espace avec le travail, le temps libre, la vie personnelle, conjugale et les réussites financières. Les femmes, qu'elles regrettent ou non la maternité, disent préférer être à la place du père, car elles aimeraient s'occuper des enfants sans avoir à renoncer à leur vie personnelle, aux loisirs et en pouvant s'absenter quand elles le souhaitent, comme cela est socialement permis aux hommes en tant que pères. Dans l'exclamation de Maria débordent des siècles d'un discours maternaliste et oppressant qui assigne aux femmes principalement la fonction première de créer les nouvelles générations, assumant seules les énormes coûts des soins. À la femme noire et pauvre, un poids encore plus grand est mis sur les épaules. Aller à l'encontre de ce modèle, c'est reconnaître que prendre soin du début de la vie, élever des enfants et assurer la continuité de l'espèce relèvent de l'ensemble de la société. Faire de la place à une nouvelle génération est la tâche de tous et de l'État, si l'on souhaite vraiment que la société persiste, croisse et se développe économiquement.

La pandémie de covid-19 a accentué pour les femmes le poids du temps périnatal et de l'exercice de la parentalité, d'où l'augmentation des souffrances psychiques (souvent traduites par des troubles psychiques) dans cette partie de la population. Prendre soin seule des enfants, des compagnons/compagnes, des membres de la famille, s'occuper des tâches domestiques, travailler, des inconvénients quotidiens qui laissent à la femme peu ou pas d'espace pour le soin de soi, pour laisser libre cours aux désirs et aux goûts personnels, le repos et la possibilité même, dans le temps libre, de créer sa propre vie au-delà du signifiant.

À l'analyste, il revient du désir et de la patience, comme nous le dit Neusa Santos Souza (2021) : « Désir qu'il y ait analyse, disposition à faire le pari et patience de supporter… Désir et patience de suivre, avec sa présence attentive, le fil des événements » (p. 151). Le psychanalyste avec une fonction de charnière, ayant la possibilité de faire un travail clinique d'écoute du singulier, non sans être attentif à ce qui se passe à son époque, et son effort de transmission à travers l'écriture. Il y a urgence à produire de nouveaux discours – qui se transforment en nouvelles pratiques – de soin, retirant aux femmes le poids des pertes dans l'exercice de la parentalité et attribuant à tout le corps social les joies et les peines de l'arrivée de nouveaux sujets au monde. Que les avantages et inconvénients de l'expérience parentale soient démocratiques, pour tous. Et que Maria et sa fille, un jour, puissent voir cela.

Références

Agência IBGE notícias (2020, 16 julho). *Em média, mulheres dedicam 10,4 horas por semana a mais que os homens aos afazeres domésticos ou ao cuidado de pessoas.* https://agenciadenoticias.ibge.gov.br/agencia-sala-de-imprensa/2013-agencia-de-noticias/releases/27877-em-media-mulheres-dedicam-10-4-horas-por-semana-a-mais-que-os-homens-aos-afazeres-domesticos-ou-ao-cuidado-de-pessoas

Barbosa, J. P. M., Lima, R. D. C. D., Santos, G. D. B. M., Lanna, S. D., & Andrade, M. A. C. (2021). Interseccionalidade e violência contra as mulheres em tempos de pandemia de covid-19: diálogos e possibilidades. *Saúde e Sociedade*, 30(2), 1-13. https://www.scielo.br/j/sausoc/a/qKZv8sc885rpsqDhwV5YJpF/?format=pdf&lang=pt

Birman, J. (2001). *Gramáticas do erotismo: a feminilidade e as suas formas de subjetivação em psicanálise.* Civilização Brasileira.

Butler, J. (2022). *Problemas de gênero: feminismo e subversão da identidade.* Civilização Brasileira.

Bydlowski, M. (2002). O olhar interior da mulher grávida: transparência psíquica e representação do objeto interno. In L. Corrêa Filho, M. E. G. Corrêa, & P. S. França (Orgs.), *Novos olhares sobre a gestação e a criança até 3 anos: Saúde Perinatal, Educação e Desenvolvimento do Bebê* (pp. 205-214). L.G.E.

Claudia Goldin: conheça a vencedora do Nobel de Economia de 2023. (n.d.). *Infomoney*. https://www.infomoney.com.br/perfil/claudia-goldin/?amp

Del Priore, M. (1994). *A mulher na história do Brasil*. Contexto.

Dunker, C. I. L., Voltolini, R., & Jerusalinsky, A. (2008). Metodologia da Pesquisa em Psicanálise. In R. Lerner, & M. C. Kupfer (Org.), *Psicanálise com Crianças: Clínica e pesquisa* (pp. 62-92). Escuta.

Dunker, C. I. L. (2020). Economia libidinal na parentalidade. In D. Teperman, T. Garrafa, & V. Iaconelli (Org.), *Parentalidade* (pp. 39-53). Autêntica.

Fundação Oswaldo Cruz (FIOCRUZ). (2020). *Resultados da ConVid Pesquisa de Comportamentos*. Disponível em: https://convid.fiocruz.br/index.php?pag=estado_animo

Fundação Oswaldo Cruz (FIOCRUZ). (n.d.). *Gênero e covid*. https://portal.fiocruz.br/genero-e-covid-19

Góes, E. F., Ferreira, A. J., & Ramos, D. (2023). Racismo antinegro e morte materna por covid-19: o que vimos na pandemia? *Ciência & Saúde Coletiva*, *28*, 2501-2510.

Houzel, D. (2004). As implicações da parentalidade. In L. Solis-Ponton (Org.), *Ser pai, ser mãe. Parentalidade: um desafio para o terceiro milênio. Uma homenagem internacional a Serge Lebovici*. Casa do Psicólogo.

Iaconelli, V. (2019, 4 novembro). Dossiê. Parentalidade e vulnerabilidades. *Revista CULT* (251ª ed.). https://revistacult.uol.com.br/home/dossie-parentalidade-e-vulnerabilidades/

Iaconelli, V. (2020). Sobre as origens: muito além da mãe. In D. Teperman, T. Garrafa, & V. Iaconelli (Org.), *Parentalidade* (pp. 11- 20). Autêntica.

Iaconelli, V. (2023). *Manifesto antimaternalista: psicanálise e políticas de reprodução*. Zahar.

Kehl, M.R. (2016). *Deslocamentos do feminino: a mulher freudiana na passagem para a modernidade.* Boitempo.

Lacan, J. (1969). Nota sobre a criança. In *Outros escritos* (pp. 369-370). Zahar.

Lacan, J. (1969-1970). *O seminário, livro 17: o avesso da psicanálise* (A. Roitman, Trad.). Jorge Zahar, 1992.

Lacan, J. (1998). Função e campo da fala e da linguagem em psicanálise. In *Escritos* (pp. 238-324). Zahar. (Trabalho original publicado em 1953).

Lacan, J. (1998). Função e campo da fala e da linguagem. In Vera Ribeiro (Trad.), *Escritos.* Zahar. (Trabalho original publicado em 1953).

Organização Pan-Americana da Saúde (OPAS). (2020). *Histórico da pandemia de covid-19.* https://www.paho.org/pt/covid19/historico-da-pandemia-covid-19

Organização Pan-americana da Saúde (OPAS). (2023, 5 maio). *OMS declara fim da Emergência de Saúde Pública de Importância Internacional referente à covid-19.* https://www.paho.org/pt/noticias/5-5-2023-oms-declara-fim-da-emergencia-saude-publica-importancia-internacional-referente

Lypovetsky, G. (2000). *A terceira mulher: a permanência e revolução do feminino* (M. L. Machado, Trad.). Companhia das Letras.

"Nunca teremos igualdade de gênero até que tenhamos equidade entre os casais", diz Nobel de Economia 2023. (2023, 9 outubro). *O Globo com agências internacionais.* https://oglobo.globo.com/google/amp/economia/noticia/2023/10/09/especialista-no-mercado-de-trabalho-da-mulher-ganha-premio-nobel-de-economia-2023.ghtml

Quinet, A. (2020). Entre o inconsciente e a cultura: o sujeito. In D. Teperman, T. Garrafa, &V. Iaconelli (Org.), *Gênero.* Autêntica.

Rehbein, M. P., & Chatelard, D. S. (2013). Transgeracionalidade psíquica: uma revisão de literatura. *Fractal: Revista de Psicologia,* 25, 563-583.

Roudinesco, E. (2003). *A família em desordem* (A. Telles, Trad). Zahar.

Roudinesco, E. & Plon, M. (1998). *Dicionário de psicanálise* (V. Ribeiro, & L. Magalhães). Zahar.

Solis-Ponton, L. (2004). A construção da parentalidade. In L. Solis-Ponton (Org.). *Ser pai, ser mãe. Parentalidade: um desafio para o terceiro milênio. Uma homenagem internacional a Serge Lebovici.* Casa do Psicólogo.

Souza, N. S. (2021). *Tornar-se negro ou As vicissitudes da identidade do negro brasileiro em ascensão social.* Zahar.

Takemoto, M. L., Menezes, M. D. O. Andreucci, C. B., Nakamura-Pereira, M., Amorim, M. M., Katz, L., & Knobel, R. (2020). The tragedy of covid-19 in Brazil: 124 maternal deaths and counting. *International Journal of Gynecology & Obstetrics, 151*(1), 154-156.

Teperman, D. (2014). *Família, parentalidade e época: um estudo psicanalítico.* Escuta/ Fapesp.

Teperman, D. (2020). Parentalidade para todos, não sem a família de cada um. In D. Teperman, T. Garrafa, & V. Iaconelli (Org.), *Parentalidade* (pp. 89-105). Autêntica.

Zamarro, G., & Prados, M. J. (2021). Gender Differences in Couples' Division of Childcare, Work and Mental Health During Covid-19. *Review of Economics of the Household, 19*(1), 11-40.

Zanello, V., Antloga, C., Pfeiffer-Flores, E., & Richwin, I. F. (2022). Maternidade e cuidado na pandemia entre brasileiras de classe média e média alta. *Revista Estudos Feministas, 30.*

Zornig, S. (2009). Transmissão psíquica: uma via de mão dupla? In T. Féres-Carneiro (Org.), *Casal e família: permanências e rupturas* (pp. 25-41). Casa do Psicólogo.

Zornig, S. (2010). Tornar-se pai. Tornar-se mãe: o processo de construção da parentalidade. *Tempo psicanalítico*, 42(2), 453-470. http://pepsic.bvsalud.org/scielo.php?script=sci_arttext&pid=S0101-48382010000200010&lng=pt&tlng=pt.

Zugman, A., Alliende, L. M., Medel, V., Bethlehem, R. A., Seidlitz, J., Ringlein, G., & Crossley, N. A. (2023). Country-level gender inequality is associated with structural differences in the brains of women and men. *Proceedings of the National Academy of Sciences, 120*(20), e2218782120.

6. La parentalité dans le contexte de la souffrance sévère dans l'enfance[1]

Aline Tarouquela Matias

« Je veux un câlin, je vais fuguer de chez moi, je peux dormir ici avec vous... j'ai peur, j'ai fait un cauchemar, je ne reviendrai qu'après trois heures. (...) ce sont des enfants comme toi, qu'est-ce que tu vas devenir quand tu seras grand ? »
« Pais e filhos », Legião Urbana

La discussion que nous proposons dans ce chapitre concerne l'importance du récit parental en tant qu'élément fondateur du psychisme des enfants. Gutfreind (2009) soutient que la base de la parentalité, c'est-à-dire le fait de devenir mère et père, consiste à revivre d'anciens conflits dans une crise d'identité similaire à celle de l'adolescence, et que, pour être capable d'élaborer une telle crise, il est nécessaire de disposer d'une certaine capacité narrative développée tout au long de la vie, mais en particulier dans les premiers temps de la vie.

Le fragment clinique présenté ici fait partie d'un mémoire de master qui part de l'hypothèse selon laquelle les souffrances caractérisées par des désorganisations du moi trouvent leurs racines dans le processus de

---

1 La révision de la traduction en langue française a été réalisée par Elen Carioca Zerbini.

subjectivation, comme conséquence des distorsions dans le processus de constitution du self, qui se réalise à travers la relation entre le bébé et son objet primordial, en général sa mère, qui va s'adapter à ses besoins et les soutenir jusqu'à ce qu'il puisse compléter la transition entre l'état psychologique de non-séparation vers le dualisme "moi-non-moi", qui selon Tustin (1972) constitue une tâche ardue pour le bébé, qu'il ne pourra accomplir, en fin de compte, que grâce au soutien de la relation mère-enfant.

Nous n'allons pas qualifier ce cas de tableau psychotique, en raison de la précocité de sa présentation et de l'absence de symptômes plus marquants, bien que pas toujours présents chez l'enfant, tels que les hallucinations et les délires. Nous nous référons, cependant, à une atteinte psychotique caractérisée par la scission inhérente aux cas graves d'altérations du moi, qui, par définition, dépassent le champ de la névrose (Figueiredo, 2017).

L'histoire d'Antônio cousue à celle de sa mère

Le garçon Antônio, âgé de 8 ans, a été suivi par mes soins pendant environ un an au Service de Psychologie Appliquée (SPA) d'une grande université. Lorsque j'ai commencé à le prendre en charge, il avait déjà été suivi par deux autres psychologues et, avant cela, il était passé par un Centre de soins psychosociaux pour enfants et adolescents (CAPSi). Sa mère, que nous appellerons ici Elaine, a cherché un suivi pour la première fois lorsque le garçon avait environ 4 ans, sur suggestion de l'enseignante de l'école, qui rapportait qu'il était stressé, éprouvait des difficultés de concentration, ne dormait pas, courait et se cachait tout le temps.

Elaine raconte initialement qu'Antônio était un bébé normal, ne présentant des problèmes que lorsqu'il est allé à l'école, alors âgé de 4 ans. Pourtant, au moment de l'entretien, en y repensant, elle se souvenait avoir entendu auparavant, d'autres personnes qui s'étaient aussi occupées de lui, à propos de comportements étranges depuis qu'il avait 2 ou 3 ans. Cela nous amène à considérer l'hypothèse qu'il lui était difficile d'assimiler ce qui se passait avec lui, puisqu'elle avait les souvenirs mais ne les avait pas organisés de manière à leur donner un sens linéaire, d'où l'importance de pouvoir compter sur l'autres adultes qui s'occupaient aussi d'Antônio pour la construction de ce récit.

La mère rapporte que la grossesse d'Antônio a été très difficile, elle était séparée, sans emploi, avait déjà un petit garçon et avait alors presque 50 ans. Elle raconte avoir pensé à avorter, mais qu'elle avait déjà fait plusieurs avortements et perdu autant d'enfants, ayant eu en tout neuf grossesses à ce moment-là, mais seulement un enfant vivant, Antônio serait le deuxième.

Concernant l'allaitement et la relation avec le bébé, elle explique que le lait n'est pas venu ni le premier, ni le deuxième jour, que le garçon pleurait nuit et jour et que, pour cette raison, elle lui donnait du lait de la banque, ajoutant encore qu'elle ne sentait rien, elle trouvait juste cela très ennuyeux. Au troisième jour, son lait a « coulé » et il a tété, ce n'est qu'alors, selon elle, qu'elle a pu comprendre ses pleurs et sa faim, se connectant ainsi à l'expérience de son fils et donc à lui-même. À partir de ce moment-là, selon ses mots, elle a commencé à ressentir pour lui l'amour qu'elle ressent encore aujourd'hui, en plus d'une grande inquiétude face aux difficultés actuelles de l'enfant et à celles qui sont encore à venir. Elle demande comment il va évoluer et s'il va s'améliorer, s'il pourra un jour s'occuper de lui-même quand elle ne sera plus là pour le faire. Dans l'abandon du fils qu'elle rapporte se dessine également son propre abandon, un état qui imprègne sa propre histoire depuis sa naissance, et qui semble se poursuivre à travers ses descendants.

La surcharge et la solitude qu'elle dit avoir vécues pendant la grossesse et le post-partum en raison de l'absence de tout autre adulte pour la soutenir, surviennent malgré la présence du père de l'enfant, qui n'apparaît jamais comme soignant, mais uniquement dans un passage bref et inutile à la compréhension du cas, montrant qu'il a effectivement vécu avec elle et son fils pendant un certain temps au cours des premières années du garçon.

Détresse et violence : la vie antérieure d'Antônio, la vie de sa mère avant lui

Chaque mère entretient une relation avec son bébé avec tout ce qu'elle est, pas seulement avec ce qu'elle souhaite partager avec son bébé. Toutefois, au-delà de tout l'amour et de tout le dévouement qu'elle peut offrir à son enfant, il y a toute une vie qui a été vécue avant lui, son propre processus de constitution, sa relation avec ses parents et d'autres aidants importants, qui ont fait d'elle ce qu'elle est à ce moment-là. Son bébé, donc, représente pour elle de nombreuses choses auxquelles elle n'a pas accès consciemment, et l'ambiguïté affective est un fait dans toute relation, en particulier dans la relation mère-bébé.

L'histoire de vie d'Elaine est très dure, n'ayant encore aujourd'hui que peu de réseau de soutien. En la mettant au premier plan, je cherche à comprendre de quelle manière certaines marques de l'histoire de la mère semblent résonner dans les symptômes d'Antônio, donnant un sens à certaines projections qu'elle fait sur lui, et mettant en perspective la dynamique qui, en partie, combat et en partie maintient les symptômes des deux.

Elaine est venue à Rio de Janeiro à l'âge de 26 ans avec ses parents pour résoudre un problème de son frère décédé, qui s'était déplacé dans cette ville, comme ses autres frères et sœurs, à la recherche de travail. Ses parents étaient assez âgés et les conditions de vie dans la région aride d'où ils venaient rendaient nécessaire l'aide de cette fille pour surmonter les défis du quotidien. Elle raconte, par exemple, qu'elle n'avait jamais vu d'eau courante avant d'arriver à Rio de Janeiro, ville qui l'a enchantée et lui a donné envie d'y rester. Elle n'avait jamais eu non plus le moindre niveau de proximité avec quelqu'un en dehors de sa famille, ni jamais eu de travail, d'études ou de petit ami, semblant donc avoir un rôle à remplir auprès de ses parents qui, selon elle, la traitaient comme un « bête de somme », selon ses propres mots. Nous parlons alors de désaide, d'impréparation, et possiblement de quelque chose qui marquait déjà cette unique place qui lui était réservée, celle d'aidante pour ses parents.

Le déménagement dans la ville de Rio de Janeiro semble avoir été marqué, d'une part, par l'émerveillement et, d'autre part, par la peur des représailles des parents et de la colère des frères et sœurs, qui ne l'ont pas soutenue. Sa vie ici commence sans soutien et sans aucune expérience qui l'aurait préparée à ce qui allait arriver, au milieu de nombreux récits de situations de violence et de précarité. Elaine affirme que ces expériences ont été importantes, parce que, au moins ainsi, elle a vu ce qu'était la vie. Ce passage marquant se révèle être un repère constant de ses futures déceptions.

Malgré tout, elle a réussi à commencer à travailler et, peu à peu, à se renforcer ; elle est tombée enceinte trois fois d'un homme marié qui ne lui apportait aucun soutien et a subi trois avortements. Elle exprime de la tristesse, de la honte et, surtout, beaucoup de culpabilité en parlant de cela. Lors de l'un des avortements provoqués par des médicaments, elle raconte qu'elle a été hospitalisée et a failli mourir. Sexe, grossesse, violence et mort sont des signifiants qui semblent de plus en plus mêlés.

Quelque temps après, elle s'est mariée et a commencé à désirer une grossesse, toutefois, elle a commencé à avoir des fausses couches spontanées, conséquence de malformations fœtales. En parlant de cela, elle dit que, dans sa famille, c'était très courant, et elle a toujours eu peur d'avoir un enfant malformé ou avec de graves problèmes. Son discours est parfois confus, elle se perd, confond les dates et il est nécessaire de lui demander de l'aide pour comprendre certains passages. Son récit est extrêmement subjectif, semblant être guidé par la façon dont elle se sent à ce moment-là, au prix de certains sacrifices de cohérence.

Cet étranger qui habite en moi : le patient et son processus thérapeutique

J'ai suivi Antônio pendant environ un an; quand nous avons commencé le processus d'analyse, il présentait un retard cognitif significatif par rapport à la moyenne attendue pour son âge et la classe qu'il suivait, il ne reconnaissait pas toutes les lettres de l'alphabet et avait des difficultés avec des opérations mathématiques simples. De plus, il n'arrivait pas à se repérer dans l'espace et le temps. Sa pensée semblait fragmentée et, parfois, surtout au début, lorsqu'il essayait de terminer une phrase, il répétait plusieurs fois le même mot ou les deux mêmes mots, comme s'il ne parvenait pas à dépasser ce point et tentait de reprendre le fil de sa pensée à partir de là. Il ne se montrait pas capable d'enchaîner des événements afin de raconter une histoire, et se laissait facilement distraire.

Selon Winnicott (1983) à propos de la théorie de la maturation, au cours du processus de subjectivation, diverses intégrations partielles se produisent, parmi lesquelles l'intégration dans le temps et dans l'espace est la plus fondamentale, puisque qu'aucun sens de la réalité n'est possible en dehors d'un espace et d'un temps, ce qui en fait la base de tout le processus intégratif. À ce sujet, Dias (2017) décrit que le sens du temps dans le monde subjectif du bébé s'instaure à travers l'expérience répétée de la présence maternelle et par la continuité des soins qui lui présentent le monde.

Au cours des premiers mois, le bébé n'arrive pas à retenir l'image ou la sensation de présence de la mère très longtemps quand elle s'absente, et quand cette absence dépasse sa capacité de se sentir lié à elle, ce qui surgit n'est pas encore son manque, mais un vide menaçant pour sa propre existence, une sensation d'anéantissement, une angoisse impensable qui efface le sens du réel. Puisque la sensation de continuité d'être est soutenue par la continuité de la présence maternelle, à ce moment où le moi est encore si embryonnaire, cet effacement de la mémoire de la présence est justement l'un des traumatismes qui figurent dans l'étiologie des atteintes psychotiques, mais à des degrés moindres génèrent des défenses plus subtiles et parfaitement intégrables à une personnalité névrosée commune.

Une fois que l'environnement permet au bébé de vivre sa continuité d'être sans heurts et sans avoir à consacrer une partie de son énergie à un état d'alerte contre une possible invasion environnementale, les expériences quotidiennes se répètent selon un certain type de schéma, imprimant ainsi chez le bébé une certaine connaissance corporelle basée sur la familiarité e liée aux sensations issues de ces routines, qui fondent en elles-mêmes la temporalisation subjective du bébé. De telles marques temporelles sont construites par les soins maternels, mais orientées par les rythmes physiologiques du bébé, et c'est seulement de cette façon que sa cohésion psychosomatique pourra se constituer peu à peu.

À mesure que les routines de soins s'ajustent à la satisfaction des besoins du bébé, il acquiert la capacité de « prévoir » ce qui va arriver, à partir de ses propres besoins, ce qui lui permet de s'inclure dans la ligne du temps qu'il commence déjà à reconnaître.

Concernant l'orientation temporelle d'Antônio, il est apparu clairement qu'il ne savait pas quel jour du mois ou de la semaine nous étions, il ne se rappelait pas la date de son anniversaire, si elle était déjà passée ou à venir, et il en allait de même pour d'autres dates commémoratives ou tout autre repère temporel. Il avait du mal à raconter quelque chose qui lui était arrivé, même si c'était la veille ou encore sur sa matinée à l'école.

Au fil du traitement, ces questions ont continué à être posées, proposant qu'il se pense dans une ligne temporelle, et bien qu'il ait continué à ne pas parvenir à se situer ainsi, sa capacité narrative, comme nous le verrons par la suite, s'est nettement améliorée, à condition qu'il reste dans le champ de la fantaisie. Sa localisation spatiale était également compromise, et où qu'il se trouve, il ne semblait pas prendre conscience de l'espace qu'il occupait. Presque toujours agité, il jouait parfois avec les objets et le mobilier de la réception et, s'il n'était pas empêché, il essayait d'entrer dans les salles et continuait de se comporter comme s'il croyait être dans un jeu ou dans un rêve.

Il est logique que la localisation spatiale présente autant de décalage que la temporelle, puisque ces deux acquisitions se font de manière articulée, soutenues par le même soin environnemental. La spatialisation du bébé se constitue à partir de l'expérience progressive, au fil du temps, un peu plus chaque jour, d'habiter son propre corps à travers le soutien des bras qui portent ce corps, puisque ce corps n'est pas lâché dans l'espace et que le bébé se perçoit à travers les relations de son corps avec l'environnement. « S'il est laissé longtemps sans être soutenu, le bébé perd le contact avec son propre corps, qui devient irréel, et c'est cela qui caractérise les états de dépersonnalisation qui sont à la base des troubles psychosomatiques » (Dias, 2017, p. 180).

En dépit des limitations d'Antônio, sa capacité à jouer était préservée, bien que parfois ce jeu surgisse de manière si hors contexte qu'il ressemble davantage à un état dissociatif. Pourtant, cela semblait être une ressource forte dans sa tentative d'autopréservation et de recherche de donner un sens à ses angoisses.

Winnicott (1971), dans son article *Rêver, fantasmer et vivre*, différencie le rêver, qui appartient au même ordre que le vivre, du fantasme en tant qu'échappatoire à la réalité de la manière suivante : alors que le rêve est ajustable aux objets du monde réel, préservant une relation complémentaire avec la réalité ; le fantasme, qu'il appelle aussi fantasmation, est un phénomène isolé qui, d'une certaine manière, semble entrer en concurrence avec la réalité, puisqu'il absorbe de l'énergie sans contribuer à la vie ni à l'activité onirique. Dans cet article, Winnicott (1971) relate un cas clinique dans lequel il décrit une dissociation primaire. Le cas présenté est celui d'une femme d'âge moyen qui, en fantasmant, entre dans des états dissociatifs dans lesquels elle s'imagine en train de faire des choses qu'elle ne fait pas. Beaucoup de choses se passent à l'intérieur d'elle et, précisément pour cette raison, peu peuvent se déplacer dans la réalité. Ses états dissociatifs aspirent du temps et de l'énergie, tandis qu'elle cherche du réconfort dans ces rêveries.

D'un autre côté, chez Freud (1908/2015), nous voyons le fantasme de façon un peu plus positive. Dans son texte *L'écrivain et la fantaisie*, l'auteur nous raconte le monde construit par l'écrivain créatif comme semblable à celui construit par l'enfant qui joue. Les mots en allemand nous aident encore à mieux comprendre ce passage, dans la mesure où drame et comédie sont traduisibles, respectivement, par jeu lié à la tristesse ou au deuil et jeu lié au plaisir.

Il est indéniable que c'est de cela qu'il s'agit dans les jeux thérapeutiques : une manière de donner un contour aux contenus émotionnels qui n'ont pas pu se lier clairement au psychisme de l'enfant, car ils représentent quelque chose de trop difficile pour lui.

Il en allait de même dans le cas clinique rapporté ici, où les angoisses d'Antônio se manifestaient toujours lors des séances à travers des jeux, dont les personnages étaient des monstres très violents, dont les victimes avaient été complètement mises en pièces, en général des enfants qui n'avaient pas pu se défendre. Dans tous les jeux jusqu'à la moitié de la période du traitement, soit environ six mois après le début, il ne semblait y avoir aucune possibilité de fuite, et nous embarquions ensemble dans ces représentations visuelles qui semblaient donner un certain contour psychique à ses sentiments.

L'horreur comme pont entre le traumatisme et la capacité de l'intégrer

Lorsque Antônio est arrivé sous mes soins, le sujet dont il parlait le plus concernait un jeu appelé *Five nights at Freddy's*. Dans ce jeu, le personnage principal est un gardien de nuit qui doit survivre pendant cinq nuits dans un restaurant hanté par des personnages mécaniques enfantins qui essaieront de le tuer. Le fait qu'il s'agisse de personnages enfantins rend la situation encore plus effrayante. On y retrouve certains des ressorts couramment utilisés pour faire peur : l'élément de l'univers enfantin corrompu, quelque chose qui devrait apporter de la joie et du réconfort se présente comme menaçant ; en second lieu, l'utilisation de l'automate, quelque chose qui mime un être vivant sans en être un, exposant ainsi peut-être quelque chose en nous qui craint aussi de ne pas être vivant, ou de ne pas être réel.

Comme nous le voyons chez Freud (1919/1996), en citant Jentsch (1906) dans son étude sur la thématique de l'inquiétante étrangeté, il affirme que l'un des artifices les plus sûrs pour produire des effets inquiétants lors de la narration d'une histoire réside dans le fait de laisser le lecteur dans l'incertitude quant à savoir si telle figure est une personne ou un automate. À cet égard, Freud nous dit que :

> *Jentsch a pris comme excellent exemple « les doutes quant à savoir si un être apparemment animé est réellement vivant; ou, inversement, si un objet inanimé ne pourrait pas en réalité être animé » ; et il se réfère, à cet égard, à l'impression provoquée par des figures de cire, des poupées et des automates ingénieusement construits. À ceux-ci, il ajoute l'effet étrange des accès épileptiques et des manifestations de folie, car ils suscitent chez le spectateur l'impression de processus automatiques et mécaniques opérant derrière l'apparence habituelle de l'activité mentale. (Freud, 1919/1996, p. 144)*

Dans le passage ci-dessus, la référence freudienne à l'apparence mécanique de la folie nous amène à réfléchir sur la déconnexion affective et cognitive qui rend certaines expressions si contre-nature chez certains patients, comme dans l'exemple relaté d'Antônio, qui, en se perdant dans son flux de pensée, luttait pour le reprendre, répétant des mots qui se dépouillaient de leur sens et de leur spontanéité, tout en perdant le contact visuel avec son interlocuteur, fixant son regard sur quelque chose qui n'était pas là.

Quelque chose, dans des scènes comme celle-ci, nous touche profondément, suscitant une sensation diffuse entre reconnaissance et étrangeté. Il est possible que l'un des meilleurs textes jamais écrits sur ce thème demeure encore aujourd'hui L'inquiétante étrangeté, de Freud (1919/1996). Dans cet ouvrage, l'auteur compare diverses traductions possibles pour le mot allemand Unheimlich (inconnu, nouveau) et son opposé, Heimlich (domestique, familier), dans leurs multiples applications. Ayant recherché, sans être exhaustif, la question à la recherche de ce que serait le noyau commun linguistique justifiant l'utilisation du terme « étrange » en fonction de quelque chose d'effrayant, l'auteur soutient que, bien qu'il soit compréhensible que certaines choses inconnues puissent devenir effrayantes, toutes ne le sont pas. Il est nécessaire que quelque chose s'y ajoute pour devenir étrange, et il cherche à comprendre pourquoi le mot est finalement indubitablement associé à des choses qui provoquent la peur, arrivant à la conclusion que c'est justement par son noyau, signification originelle dont le mot dérive, que le sentiment de peur se rattache au terme Unheimlich. Selon ses propres mots : « l'étrange est cette catégorie de l'effrayant qui renvoie à ce qui est connu, ancien, et de longue date familier » (Freud, 1919/1996, p. 139).

Une phrase de Schelling, citée par Freud (1919/1996), illustre bien cette question : « Unheimlich, on nomme tout ce qui devrait rester secret, caché, mais qui est apparu » (p. 152). Je crois que, non par hasard, les terreurs primitives, les angoisses indicibles, tout ce qui demeure très actuel chez l'enfant, mais qui n'a pas pu être élaboré psychiquement, prend la forme de symboles d'horreur, tels que des fantômes, des zombies et autres monstres.

Dans le cas d'Antônio, à chaque fois qu'un jeu l'impressionnait énormément, il faisait des recherches sur internet pour en savoir plus à ce sujet. À propos du jeu *Five nights at Freddy's*, en particulier, il m'a raconté qu'il aurait été basé sur des faits réels, mais il m'a demandé, à plusieurs reprises, de confirmer si c'était bien le cas. Les informations complémentaires que nous avons trouvées sur YouTube étaient encore plus effrayantes. Il m'a dit, à sa manière, que les automates agissaient de la sorte, de façon maléfique, parce qu'ils étaient possédés par les esprits d'enfants qui avaient disparu dans le restaurant bien des années auparavant – ces enfants, en réalité, auraient été tués et leurs corps cachés à l'intérieur des automates. Chacun des personnages enfantins, qui maintenant se réveillaient la nuit pour poursuivre et assassiner, était le réceptacle d'un enfant qui avait été victime d'une violence impensable et dont le destin n'avait jamais été découvert. Le coupable n'avait pas été puni. D'une certaine manière, peut-être, ce qui maintenait la violence en cours était ce manque de dénouement de la situation.

De même, mon patient poursuivait une quête de dénouement pour ses angoisses. La demande, maintes fois formulée par Antônio à mon égard – de l'aider à chercher sur internet plus d'informations à propos du jeu, des faits qu'il n'aurait peut-être pas encore découverts – semblait une demande de partenariat dans la quête de vérité. Mais quelle vérité voulait-il donc découvrir?

De nombreux éléments intéressants sont présents dans cet univers qui le fascinait. Les automates, par exemple, des robots habités par les corps et âmes d'enfants, une interprétation possible, par exemple, serait que ces automates, pour Antônio, seraient porteurs des contenus négatifs dont il tentait de se débarrasser. Peut-être, l'allégorie d'un cadavre, d'un traumatisme, qui habite et contrôle un corps automate et effrayant, errant sans but ou connexion, dépossédé de sa fonction infantile originelle, lui offre des indices sur lui-même. Nous ne pouvons l'affirmer, mais peut-être quelque chose en lui se connectait-il à la thématique du jeu et lui faisait-il sentir que cela lui parlait d'une expérience presque personnelle, mais inconnue, inaccessible à sa mémoire et à sa conscience. Nous pensons que les contenus qu'Antônio essayait d'élaborer à travers ce jeu relevaient de son incertitude à propos de lui-même, qu'il s'agisse d'automate ou d'humain, de vivant ou de mort (Dias, 2017), tout autant que de la peur de ceux qui nuisent aux enfants, et de ce qui arrive à ces enfants sans dénouement, dont la souffrance n'est pas révélée, échos de violence contre des vulnérables, de détresse et d'impunité.

En revenant à l'étrange de Freud (1919/1996), un affect, en tant que partie d'une poussée émotionnelle, lorsqu'il est refoulé, se transforme en anxiété, c'est-à-dire : un affect refoulé revient comme une sorte de peur et, finalement, c'est de cela que traite l'étrange chez Freud, quelque chose de connu qui surgit sous une forme méconnaissable. Selon ses mots, « quelque chose qui est familier et de longue date établi dans l'esprit, et qui ne s'en est aliéné que par le processus du refoulement » (p. 152), c'est pour cela qu'il effraie.

Ces réflexions nous permettent un nouveau regard sur l'anxiété du patient, toujours présente comme carburant de son comportement jugé inadéquat. Son élan à fuir et à se cacher ou à s'horrifier dans les situations auxquelles il a été exposé, n'a pas trouvé dans l'environnement d'accueil ou d'empathie; au contraire, étant le plus jeune dans une famille qui avait dû supporter tant de choses, rien de tout cela ne pouvait être perçu chez lui parce que les plus âgés ne pouvaient donner libre cours à leurs propres horreurs. En fin de compte, comme l'affirmait la matriarche, la vie serait ainsi, depuis qu'elle avait subi un viol et n'avait trouvé aucune aide, ou même avant, tout au long de sa vie, qui, selon son propre récit, avait été marquée par son objectivation. Il est possible, ainsi, que le garçon n'ait eu aucun appui pour reconnaître comme légitimes ses propres sentiments, devant donc les réprimer.

Cette horreur, réprimée, ne peut surgir en lien avec ces souvenirs, mais elle est présente et revient, soutenue par les éléments représentatifs de ses sources d'horreur originelles, qu'il trouve à cette fin, afin de pouvoir enfin les exprimer.

La reconstruction du récit

Golse (2003) affirme que la narrativité est le produit des interactions précoces, et que son bon développement ou ses perturbations durant l'enfance dépendent de l'interface entre des facteurs endogènes et exogènes. Les facteurs exogènes seraient les produits de la rencontre de l'enfant avec son environnement, partie fondamentale de la construction de son histoire relationnelle. C'est à partir de ce matériau que vont germer les histoires que les bébés vont se raconter à eux-mêmes, et ils vont apprendre à le faire, à leur manière, dans la rencontre avec des adultes qui ont déjà instauré leurs propres narrativités.

L'espace narratif, par conséquent, se constitue dans la rencontre entre un adulte et le bébé dont il s'occupe. Dans ces moments partagés, un modèle interactif exclusif à ce duo s'instaure. L'adulte apporte son propre style, résultant de son histoire personnelle, du bébé qu'il a lui-même été, de ses interactions précoces, de la personne qu'il est aujourd'hui et de ce que la rencontre avec ce bébé provoque chez lui, avec ses propres caractéristiques interactives. Il le fait ainsi, pas nécessairement à travers des mots, mais à travers les interactions avec le bébé. En parallèle, à sa manière, le bébé raconte à l'adulte comment se passent ses premières rencontres.

En d'autres termes, l'adulte essaierait de faire en sorte que le bébé fonctionne à l'image de ses propres représentations de l'enfance, induisant chez le bébé des réponses identificatoires ou contre-identificatoires; tandis que le bébé tente de faire fonctionner l'adulte selon ses premières imagos interactives. De ces deux histoires naît une troisième, qui se construit au fur et à mesure qu'elle est vécue par le duo.

La narrativité de l'enfant commence de manière préverbale, mais se construit dans la forme verbale, et a une fonction antitraumatique, de lien, en permettant que ce qui a été vécu soit élaboré. Golse (2003) souligne la fonction défensive que la narrativité exerce en ordonnant les processus de liaison : ne pas pouvoir raconter un traumatisme, ne pas pouvoir en parler, non seulement s'ajoute au traumatisme, mais est un traumatisme en soi.

Antônio, en arrivant au cabinet, ne me racontait pas grand-chose – nos interactions se faisaient à travers de courtes actions, comme la compétition qu'il créait depuis la première séance avec la pâte à modeler, pour voir lequel de nous pourrait faire la figure la plus fidèle au thème qu'il allait lui-même choisir. Tous les thèmes étaient d'horreur, et nous essayions tous deux de les représenter en pâte à modeler. Il regardait ce que j'avais fait et comparait avec sa propre représentation. Ensuite, il déclarait qu'il avait gagné, et nous passions à la prochaine figure à représenter.

Il y avait là une première tentative de représenter l'horreur qu'il ressentait comme l'habitant, et ma participation avait son importance, de sorte que je ressentais avec lui cette horreur – parfois, j'étais répugnée par le cadavre, le monstre ou la scène de meurtre que la pâte à modeler représentait. La pâte à modeler elle-même était toujours d'une couleur grisâtre, car elle était le produit de tous les morceaux de pâte à modeler qu'il mélangeait pour faire une grande masse unique à partager entre nous. Il projetait dans la pâte à modeler ses horreurs et je ressentais aussi ces horreurs dans mes propres représentations, ces sensations pouvaient alors habiter en moi et m'obligeaient à tenter d'élaborer ce contenu issu de nos rencontres. Grâce à cette disponibilité, il a été possible de recevoir de lui des contenus psychiques pas encore complètement digérés, et de l'aider à les digérer et les transformer, d'abord en représentation-chose, puis en histoires, en récits complets.

Dans un moment ultérieur, il a été possible d'établir entre nous un jeu où chacun avait un personnage pour interagir avec l'autre, je vois dans ce changement un signe de subjectivation possible à partir des élaborations réalisées précédemment où mon patient utilisait mon psychisme comme contenant.

Klein (1946) utilisait la métaphore de l'esprit comme système digestif, dans laquelle elle suggérait que les bébés, dès le début, absorbaient des expériences, mais pouvaient aussi se défendre, déchargeant des contenus émotionnels et mentaux par des cris et des pleurs, par exemple. Bion (1962) a repris la métaphore kleinienne, ajoutant que la mère ferait la digestion des contenus que le bébé ne pouvait pas traiter, grâce à la fonction alpha, et que, d'une certaine manière, c'est ce que fait aussi l'analyste avec ses patients.

Au fur et à mesure qu'il continuait, dans le cadre de la thérapie, ces élaborations par l'exploration des éléments d'horreur, sa capacité narrative s'est améliorée et il a réussi à être plus présent aux séances, de façon plus sereine, moins anxieux et plus conscient de lui-même et de son environnement, malgré ses autres limitations.

Dans la seconde moitié du suivi, il y a eu un changement important : il a commencé à créer des histoires, les divisant en chapitres, avec début, milieu et fin, et, ensemble, nous avons réussi, à chaque chapitre, à vaincre les monstres, même si ce n'était que jusqu'à la prochaine histoire. À ce moment de la thérapie Antônio manifestait une nouvelle capacité à organiser temporellement et continuellement son processus.

À la fin de la période d'un an, il avait un peu amélioré ses symptômes de désorganisation du moi, il pouvait se concentrer un peu mieux, il avait l'accompagnement d'un médiateur à l'école et faisait ses devoirs à la maison. Sa mère ne connaissait pas le nom de l'école, et beaucoup d'autres détails étaient confus lors des séances avec elle, son discours, tout comme sa pensée, bien que beaucoup plus fonctionnels, restaient fragmentés.

Le suivi de l'équipe du SPA et les échanges avec l'école se sont révélés bénéfiques pour tous les professionnels qui accompagnaient Antônio, ainsi que pour lui et sa famille. Grâce à ce soutien mutuel, il a été possible, par exemple, d'obtenir des cours de soutien spécialisé en dehors du temps scolaire. On remarquait que, malgré les efforts maternels, la demande de la situation dépassait largement ses possibilités à bien des égards. À tout moment, on remarquait l'ambiguïté entre soin et déréliction, reflet de la désorganisation et de la déréliction de la mère elle-même, qui faisait tout ce qu'elle pouvait pour l'aider, sans toutefois avoir reçu ni intériorisé des soins lorsqu'elle grandissait elle-même.

Considérations finales

Pour Gutfreind (2009), baigner le bébé dans des histoires et le situer dans la sienne propre, c'est le préparer aux difficultés de la vie. Cette réflexion peut nous amener à nous demander : comment se transmet cette capacité narrative aux enfants lorsque les parents ne l'ont pas acquise? Comment raconter aux enfants qui ils sont, ce qu'est le monde et ce qu'ils sont en train de vivre, s'il est difficile pour eux de mettre leur vie en mots, ces mots en phrases, et ces phrases en histoires? Pour le sujet en formation, avant même de comprendre sa position dans le fil de son histoire familiale et de s'approprier la part qui le traverse, sa propre capacité à se penser dans le monde dépend de la clarté narrative de ceux qui s'occupent de lui.

La capacité de traiter les expériences vécues et de les transformer en souvenirs, expériences, apprentissage ainsi que d'élaborer les émotions qui en découlent, est très similaire au processus digestif, mais dans ce cas c'est la capacité narrative qui permet à l'expérience d'être digérée, et dépend de la capacité élaborative de la mère. À ce propos, Zornig (2018) souligne que l'indisponibilité maternelle à servir de contenant aux contenus psychiques non élaborés du bébé, et de les rêver, les lui renvoie dépourvus de sens, provoquant chez lui une angoisse innommable qui aboutit à une attaque contre sa propre capacité de penser.

Il nous semble, face à l'expérience du fragment clinique rapporté et aux réflexions qu'il suscite, qu'en dépit des préjudices dans son développement, le patient parvient à une amélioration de sa capacité à traiter les expériences vécues à partir du soutien d'un adulte qui offre son psychisme comme contenant à ses tentatives d'élaboration. Ainsi que le soutien fourni par la thérapeute aux processus d'élaboration des traumatismes qui empêchaient sa mère de l'aider et d'avancer en surmontant les obstacles dans le développement de son psychisme.

Références

Bion, W.R. (1962/2007). A theory of thinking. In *Second Thoughts* (pp 110-119). Karnac Books.

Dias, E. O. (2017). *A teoria do amadurecimento de D. W. Winnicott* (4ª ed.). DWW Editorial.

Figueiredo, L. C. (2017). O projeto de pesquisa de Ivanise Fontes: por uma psicanálise do sensível. In: I. Fontes, *A descoberta de si mesmo: na visão da psicanálise do sensível.* Ideias & Letras.

Freud, S. (1996). O estranho. In S. Freud, *Uma neurose infantil e outros trabalhos (1917-1918)* (Edição *standard* brasileira das obras psicológicas completas de Sigmund Freud, v. 17). Imago. (Trabalho original publicado em 1919).

Freud, S. (2015). O escritor e a fantasia. In S. Freud, *O delírio e os sonhos na* Gradiva, *análise da fobia de um garoto de cinco anos e outros textos (1906-1909)* (Obras completas, P. C. Souza, trad., v. 8). Companhia das Letras. (Trabalho original publicado em 1908).

Golse, B. (2003). As interações precoces como espaço de narração: o bebê e os processos de ligação para além da teoria do apego e da psicanálise. In: B. Golse, *Sobre a psicoterapia pais-bebê: narratividade, filiação e transmissão*Casa do Psicólogo.

Gutfreind, Celso (1963). *Narrar, ser mãe, ser pai & outros ensaios sobre parentalidade*. Bertrand Brasil Ltda.

Klein, M. (1946). Notas sobre alguns mecanismos esquizoides. In M. Klein, *Inveja e gratidão e outros trabalhos* (pp. 20-43). Imago.

Tustin, F. (1972). *Autism and childhood psychosis*. Karnac Books.

Winnicott, D. W. (1971). Sonhar, Fantasias e Viver: Uma história clínica que descreve uma dissociação primária. In: D.W. Winnicott, *O brincar e a realidade*. Imago.

Winnicott, D. W. (1983). A integração do ego no desenvolvimento da criança. In D. W. Winnicott, *O ambiente e os processos de maturação* (pp. 55-61). Artes Médicas. (Trabalho original publicado em 1962).

Zornig, Silvia (2018). Continuidades e descontinuidades no exercício da parentalidade. In Regina Orth de Aragão, Silvia Maria Abu-Jamra Zornig (Orgs.), *Continuidade e descontinuidade no processo de subjetivação do bebê*. Escuta.

PARTIE III

CONTEXTES FAMILIAUX, LIENS SOCIAUX ET SOUFFRANCE PSYCHIQUE

7. Détresse dans la parentalité en situation sociale critique : des droits de l'enfant à la destitution du droit à l'enfant[1]

Ana Paula Rosa Jacinto Conceição Pena
Márcia Cristina Maesso

> *on comprend que les besoins de ce groupe de frères et sœurs sont pris en charge de manière précaire et que leurs droits sont insuffisamment respectés. Ils disposent d'un logement et de nourriture parce que le père les fournit, mais le suivi et l'assistance en matière de santé/scolarité, dans ce qui dépend des actions de la mère, restent précaires et insuffisants, de sorte que l'exposition chronique à la négligence met en danger le développement de ce groupe de frères et sœurs, raison pour laquelle, en l'absence d'un réseau familial étendu, nous recommandons l'accueil institutionnel...*
> (Extrait d'un rapport psychosocial figurant dans les dossiers du ministère public pour la défense de l'enfance et de la jeunesse, 2022[2])

Ce chapitre vise à problématiser la détresse dans l'exercice de la fonction parentale de sujets en situation sociale critique, mettant en lumière les droits des enfants et la déchéance de l'autorité parentale, c'est-à-dire

1 La révision de la traduction en langue française a été réalisée par Regina Orth de Aragão.

2 Il existe une autorisation de publication de l'extrait du rapport psychosocial, la confidentialité étant assurée par l'omission des informations permettant d'identifier les sujets.

que, pour garantir les droits des enfants, dans des cas spécifiques, l'autorité judiciaire prononce la suspension ou la déchéance de l'autorité parentale à l'encontre de ces sujets, de façon coercitive. En épigraphe, nous présentons un fragment d'un rapport psychosocial, dans le but d'élucider une situation qui, malheureusement, est récurrente, et qui expose la condition de désaide de certains sujets en situation sociale critique, face à l'impératif de l'exercice de la fonction parentale.

En outre, nous souhaitons réfléchir à la psychologie juridique à la lumière de la psychanalyse, dans sa fonction de réaliser des études psychosociales pour étayer les décisions judiciaires et également, en ce qui concerne les questions : Comment soutenir une position éthique dans l'écoute d'une mère en situation sociale critique, avec des antécédents de dépendance aux substances psychoactives, sans tomber dans des positions imaginaires, telles que désirer changer l'autre, rechercher le bien-être et donner de bons conseils ? Comment soutenir une position éthique face à l'enfant séparé de force de ses parents, sans son assentiment, dont la demande est de retourner à la maison et de maintenir les liens avec les figures parentales qui violent ses droits ?

Détresse dans la parentalité

La notion de détresse [*Hilflosigkeit*] chez Freud (1932-1936/1996), présente dans la *Conférence XXXII*, est entrelacée avec l'angoisse, avec la dimension du traumatique et liée à la condition du bébé. Face à son immaturité organique et psychique, le bébé est entièrement dépendant des soins de l'autre et incapable de survivre seul. Freud (1926-1929/2014) a également discuté de la détresse dans *Inhibition, symptôme et angoisse*, soulignant qu'une perte ou une séparation provoquent une augmentation progressive de la tension, face à laquelle le sujet se trouve incapable de maîtriser les excitations et finit par en être submergé, ce qui déclenche l'état générateur du sentiment de détresse.

Dans le *Projet pour une psychologie scientifique*, Freud (1950 [1895]/1996) a souligné que le nouveau-né a besoin de l'aide d'autrui pour parvenir à l'action spécifique qui garantit sa survie. Ladite action nécessaire sera accomplie par un Autre expérimenté qui commencera à répondre aux signaux du bébé. L'état d'impuissance initial des êtres humains apparaît immédiatement dans les premiers moments de la vie, mettant en évidence le pas-tout de l'organisme humain et son besoin vital d'établir des liens. Toutefois, la fonction de l'Autre dans la constitution du sujet est cruciale, surtout, cet Autre qui, depuis les liens avec les figures parentales primordiales, se prolonge, par la suite, dans les autres liens établis au cours de la vie.

Le texte *Note sur l'enfant* (Lacan, 1969/2003) aborde le thème de la constitution subjective en articulation avec les fonctions de la famille dans la conception de la psychanalyse, considérant que, malgré les transformations sociales, la famille exerce et maintient une fonction de transmission qui ne correspond pas seulement à l'héritage génétique ou au soin de la satisfaction des besoins tels que la faim et la soif, c'est-à-dire, elle ne se situe pas seulement dans le champ du lien biologique, mais dans la relation avec un désir non anonyme. Les deux fonctions qui intéressent la psychanalyse sont celles « de la mère, dans la mesure où ses soins portent la marque d'un intérêt particularisé » et « du père, dans la mesure où son nom est le vecteur d'une incarnation de la Loi dans le désir » (p. 369).

La fonction paternelle, en tant que fonction de médiation entre la mère et le bébé, aide la mère à reconnaître le bébé dans sa dimension de sujet et d'altérité. Dans la mesure où le bébé n'est pas un réservoir passif des soins parentaux, ses réponses peuvent modeler le type de parentalité qui lui est offerte, permettant de nouvelles formes d'interaction qui vont au-delà des modèles identificatoires que les parents apportent de leurs histoires individuelles (Zornig, 2010).

Se nommer mère ou père de quelqu'un a la propriété de modifier la composition familiale et d'inaugurer de nouvelles relations de parenté. Contrairement aux cas où la fonction maternelle est assurée par quelqu'un qui n'a pas ce type d'ascendance sur l'enfant, à l'exemple des soignants des services d'accueil et des familles d'accueil, la parentalité implique d'insérer l'enfant dans une chaîne familiale et d'y occuper une place de « charnière » entre les générations, point d'articulation de ce qui sera ou non transmis avec un nom de famille (Garrafa, 2022).

Houzel (2004) expose que le terme parentalité a été initialement utilisé par Paul-Claude Racamier, au début des années 1960, pour souligner le caractère processuel impliqué dans l'exercice des fonctions des parents à l'égard des enfants. Selon l'auteur, la parentalité est composée de trois axes qui s'articulent et définissent le processus de constitution d'une place parentale. Le premier se réfère à l'exercice de la parentalité, dans la perspective d'une fonction qui définit et organise les liens de parenté, la transmission des règles et des valeurs d'un certain groupe social, impliquant les aspects juridiques de la parenté et de la filiation. Le deuxième axe est lié à l'expérience de la parentalité, qui comprend les changements psychiques qui se produisent chez les parents. Le troisième axe est désigné comme pratique de la parentalité, englobant tout le champ des soins parentaux, le champ des interactions affectives et fantasmatiques entre les parents et leur enfant.

Zornig (2010) souligne que les éléments fondamentaux de la construction de la parentalité impliquent de questionner l'idée d'un modèle familial idéal et cherche à indiquer comment le processus de devenir mère et de devenir père est un long parcours qui commence bien avant la naissance d'un enfant. Il commence dans l'enfance de chacun des parents et la naissance d'un enfant produit un changement irréversible dans le psychisme parental, pouvant même aider à la rectification de son histoire infantile.

En ce sens, nous nous interrogeons sur une possible dissonance entre le temps établi par le pouvoir judiciaire et le temps du sujet de devenir père ou mère. Et, comme prolongement de cette question, si les politiques publiques ont considéré des moyens qui tiennent compte de la singularité de chaque sujet, de manière à soutenir l'exercice de la fonction parentale.

Devenir mère et père est un processus vaste qui impacte l'identité du sujet et peut réactiver l'expérience initiale d'impuissance éprouvée au début de la vie. De cette manière, il est nécessaire d'être attentif au fait que l'exercice de la parentalité peut provoquer une situation de crise et désorganisation subjective, nécessitant soin et soutien, car les parents sont appelés à trouver de nouvelles manières d'être au monde.

Nous citerons un autre extrait du rapport psychosocial présent dans les dossiers d'un Parquet de la Défense de l'Enfance et de la Jeunesse, concernant la mère, qui a été éloignée de ses enfants de façon forcée en raison de l'évaluation de sa fonction parentale comme précaire et insuffisante : « la génitrice a révélé être une fille adoptive et avoir des traumatismes liés à l'abandon par sa mère biologique. Elle a dit ne pas vouloir abandonner ses enfants comme sa mère l'a fait... ». L'extrait susmentionné révèle des signes que devenir mère va au-delà de la gestation et de la mise au monde d'un bébé, car il ouvre un espace à l'opportunité de réfléchir à la descendance, de sorte que la parentalité se constituerait à partir de l'acceptation de ce que l'on hérite de ses parents et qui peut être transformé.

Selon Rosa (2016), en psychanalyse, Freud a souligné la répétition de ce qui n'a pas été élaboré par le sujet, cependant, ce qu'il reste à fonder, ce sont les cas où la répétition se produit chez l'enfant et non chez le sujet lui-même. Pour la construction théorique de ce phénomène, l'auteure a eu recours à la théorie lacanienne de l'inconscient comme discours de l'Autre, notamment à propos de la notion de transmission de valeurs, du désir, de la jouissance et du symptôme entre les générations. Elle a expliqué que le non-dit se réfère à la dimension de pouvoir qui va tisser des articulations avec le silence, avec la parole, l'aliénation, l'idéologie, l'histoire et le mal-dit. Le centre d'intérêt passe de la parole au signifiant, qui traverse, circule, traverse les générations, traverse l'individuel, le groupal et le social. Toutefois, certains signifiants peuvent être effacés du discours, ce qui peut conduire à leur retour sous forme de répétitions qui mettent en scène les signifiants exclus, principalement ceux relatifs aux énigmes de la filiation, de la sexualité et de la mort. Il y a des effets dans la constitution du sujet lorsqu'il y a distorsion, destitution, suppression ou interdiction de signifiants fondamentaux, car cela empêche l'articulation signifiante et la production de sens, favorisant l'inhibition et le symptôme.

Teperman (2014) réitère que le malaise et la dysharmonie sont à la base de la relation du sujet avec la culture, qui exige une guérison pour son malaise et son impuissance. L'illusion de l'harmonie, et même la demande qu'elle génère, est légitime. Cependant, nous ne pourrions pas renoncer aux illusions, puisqu'elles sont nécessaires pour supporter la vie. Pour fonctionner, le discours social compte sur l'illusion, voilant la vérité de la dysharmonie qui nous est structurelle et rendant, de cette manière, la vie supportable.

Aspects historiques, sociaux et politiques et parentalité

L'historien français Philippe Ariès (1978) a mis en évidence que, de l'Antiquité jusqu'au XIIe siècle, les femmes et les enfants étaient considérés comme des êtres inférieurs, sans place, négligés par l'art médiéval. Au Moyen Âge, l'éducation des enfants était assurée par l'apprentissage, au moyen des tâches réalisées avec les adultes. Les signes de développement et les sentiments à l'égard de l'enfance sont devenus plus expressifs à partir de la fin du XVIe siècle et au cours du XVIIe siècle, période où est apparu un nouveau concept concernant le comportement et la littérature pédagogique destinée aux enfants et, principalement, aux parents et aux éducateurs, ainsi que la séparation des enfants de classes sociales différentes. Au nom d'un modèle civilisé, l'éducation était différenciée selon les classes sociales et les jeunes enfants étaient considérés comme incapables et faibles, en particulier ceux appartenant aux classes basses, ce qui justifiait leur entrée tardive à l'école. Ariès a souligné que le développement accéléré du capitalisme a contribué à accroître les inégalités entre classes sociales.

Les études d'Ariès ont éclairci qu'au cours de l'histoire, il y a eu des changements dans la façon dont la société concevait et traitait les enfants, notamment en ce qui concerne leur éducation, leur valorisation et leur différenciation sociale. Ces changements ont également affecté la parentalité, car les parents ont commencé à avoir de nouvelles attentes, responsabilités et défis par rapport à l'éducation de leurs enfants.

Au sujet de la phase de développement accéléré du capitalisme (XVIIe et XVIIIe siècles), Foucault (2015b) a souligné que la discipline devient l'une des technologies du pouvoir et est mise en pratique au sein des institutions : hôpitaux, écoles, usines, prisons, avec l'utilisation de tactiques de contrôle, de docilisation des corps et de dressage des personnes. Une autre technologie, selon Foucault (2015a), est le biopouvoir, défini par l'auteur à partir de deux références importantes : la première est le contrôle des corps par une anatomopolitique et la seconde est le contrôle de la population, des rapports intitulés biopolitique. Plus précisément, la biopolitique agit avec pour objectif de réguler les masses par la gestion des taux de natalité, des flux migratoires, du contrôle des épidémies et des technologies capables d'augmenter la longévité. Comme son nom l'indique, la biopolitique a rapport au contrôle sur la vie, et concerne le fait de faire vivre et de laisser mourir.

Nous comprenons que les implications du biopouvoir sur la parentalité de personnes en situation de vulnérabilité sociale, économique et politique peuvent être : I) l'anatomopolitique du corps qui peut imposer aux parents et aux enfants des normes et des standards de comportement, santé, hygiène, éducation, travail, entre autres, qui ne respectent pas toujours leurs singularités, besoins et désirs. De telles normes et standards imposés peuvent générer souffrance, culpabilité, frustration, conflits, résistance, insécurité et difficulté dans l'exercice de la parentalité. II) La biopolitique de la population peut interférer avec la capacité des parents à décider sur des questions reproductives, comme le nombre d'enfants, la méthode contraceptive, l'avortement, entre autres. Lesdites questions peuvent être influencées par des politiques publiques qui visent à contrôler la natalité, la mortalité, la distribution démographique, selon des intérêts économiques, politiques et religieux. III) La biopolitique de la population peut aussi limiter l'accès des parents et des enfants aux services et ressources garantissant santé, sécurité, protection sociale, éducation, loisirs et culture. Ces services et ressources peuvent être insuffisants, inadéquats, précaires et exclusifs, aggravant les inégalités sociales et les difficultés dans l'exercice de la parentalité.

Hilário (2016) affirme que le biopouvoir, ou encore le pouvoir de faire vivre et de laisser mourir, se modifie au fil du temps. Et, lorsqu'une crise prévaut dans le contexte capitaliste où l'automatisation des forces productives les rend dispensables ou moins importantes, l'action consiste à expulser des masses humaines, à jeter des sujets dans le chômage structurel, à les pousser vers les périphéries des villes, vers les prisons ou simplement à les annihiler par des forces policières, officielles ou non.

La parentalité est influencée par divers facteurs, tels que les caractéristiques transgénérationnelles des parents et des enfants, le contexte familial, communautaire, social et les politiques publiques de soutien à la famille. La parentalité de sujets en situation sociale critique, en vulnérabilité sociale, économique et politique, concerne les sujets qui souffrent du manque d'accès aux droits et services, de la pauvreté, de l'exclusion sociale, de la discrimination, de la violence, d'une faible participation aux décisions qui affectent leur vie. En ce sens, ces sujets peuvent faire face à des risques et des difficultés accrus pour exercer la parentalité avec autonomie, liberté et dignité en tant que parents et citoyens.

En ce qui concerne les inégalités sociales, Safatle (2022) souligne qu'il est nécessaire d'analyser les articulations entre les inégalités économiques, régionales, raciales, de genre et épistémiques. Par ailleurs, l'inégalité économique révèle une urgence proprement biopolitique, car elle définit les rythmes de vie et de mort qui séparent les groupes sociaux.

Selon Boaventura Santos (2007), dans son étude sur l'écologie des savoirs, la colonialité met en évidence de multiples répercussions telles que la destruction de connaissances considérées comme inférieures, la destitution du non-masculin, la destitution du non-blanc et, dans ce contexte, l'infériorité épistémique subit l'inflexion du racisme-sexisme-classisme.

Il convient de relever deux concepts importants pour comprendre la relation entre les inégalités sociales et la parentalité : la colonialité et l'écologie des savoirs. La colonialité est l'ensemble des standards de pouvoir, savoir et être qui ont été imposés par la colonisation européenne aux peuples non européens, et qui persistent aujourd'hui sous la forme de domination, d'exploitation, de discrimination et d'exclusion. La colonialité affecte la façon dont les personnes se reconnaissent, se relient et produisent des connaissances, en privilégiant une vision euro-centrique, raciste, sexiste et classiste de la réalité. Tandis que l'écologie des savoirs est une proposition de Boaventura Santos (2007) pour dépasser la colonialité du savoir, en reconnaissant la diversité, la pluralité et l'interaction des différents types de connaissances qui existent dans le monde, particulièrement celles qui ont été marginalisées, réduites au silence ou disqualifiées par la modernité occidentale.

Nous soulignons que la colonialité du savoir peut imposer aux parents et aux enfants une perception du monde et du savoir qui nie, dévalorise ou invisibilise leurs propres savoirs, leurs expériences, leurs traditions, leurs significations et signifiants, leurs croyances, pouvant générer aliénation, soumission, conformisme et dépendance dans les rapports sociaux.

Nous remarquons que la colonialité du pouvoir et de l'être peut imposer aux parents et aux enfants une hiérarchie sociale et une identité collective qui les place dans une position d'infériorité, de subalternité, de vulnérabilité, de marginalité. Une telle position peut générer oppression, cruauté, exploitation, discrimination, inégalité et violence dans les liens sociaux.

Les études de Silva (2022) nous inspirent à penser que l'écologie des savoirs peut permettre aux parents et aux enfants une vision du monde et de la connaissance qui reconnaît, valorise et établit un dialogue avec les savoirs, expériences, traditions, singularités, croyances, subjectivités et désirs spécifiques, pouvant évoquer autonomie, créativité, participation, émancipation, empowerment, ce qui permet de placer les sujets dans une position de dignité, de protagonisme et de citoyenneté.

Pour Broide (2010), l'impact du processus de mondialisation est très fort dans le quotidien du territoire des périphéries. Il aiguise la situation de pauvreté dans la mesure où il dérèglemente les relations de travail, rend difficile l'incorporation des nouvelles technologies dans le territoire, réduit les possibilités de qualification professionnelle et pousse la population vers le travail informel. Un espace urbain se délimite comme un lieu sans accès aux biens sociaux et aux bénéfices de la culture, dans lequel le retrait de l'État de la vie des périphéries dans le processus du néolibéralisme a eu des conséquences brutales. Selon l'auteur, dans des conditions de grande pression sociale comme celle qui prévaut en périphérie, il est difficile pour l'enfant de trouver quelqu'un qui la le protège et l'aime, et que, en même temps, l'enfant respecte et craigne de perdre son amour, car celui qui se propose d'exercer la fonction paternelle, doit réaliser un effort extraordinaire pour l'exercer face à tant de difficultés concrètes.

La parentalité est affectée par tous ces facteurs, qui compliquent la capacité des parents ou des responsables à pourvoir, protéger, éduquer, soigner et aimer leurs enfants, car les figures parentales affrontent de nombreux défis et facteurs de stress, tels que le manque de revenus, d'habitat, de santé, de sécurité, de soutien, qui peuvent compromettre leur santé physique et mentale, l'estime de soi et la qualité de la relation entre parents et enfants.

Dans ce contexte, dans notre réalité brésilienne, comment pouvons-nous penser la destitution du pouvoir familial et, en même temps, la destitution de l'exercice de la fonction parentale imposée par le pouvoir judiciaire, dirigée vers les mères résidentes des périphéries en situation sociale critique ?

Statut de l'Enfant et de l'Adolescent et la déchéance de l'autorité parentale

Nous revenons au fragment du cas de l'épigraphe, qui a présenté une situation relative à l'éloignement forcé de la mère de ses enfants, en raison de la précarité et de l'insuffisance dans l'exercice de la fonction parentale. Nous soulignons qu'après environ deux ans de tentatives de l'équipe pluridisciplinaire de l'institution d'accueil pour orienter la mère vers des services publics, une décision de justice a prononcé la déchéance de l'autorité parentale, de sorte que la mère a été interdite de rendre visite à ses enfants, lesquels seraient préparés à l'adoption. Nous signalons que la mère s'est adressée au Ministère public de l'Enfance et de la Jeunesse, dans la perspective de pouvoir continuer à rendre visite à ses enfants et à maintenir les liens affectifs.

Alors nous nous demandons : que dire face à la possibilité de destitution de l'autorité parentale d'une personne qui se montre assurée de sa position comme mère et de son lien affectif avec les enfants, mais sans progrès dans les accords avec l'institution d'accueil pour l'amélioration de la fonction parentale ? Dans quelle mesure est-il possible de maintenir ces liens et de les renforcer, ou, au contraire, de les interdire ? Dans quelles conditions le maintien de ces liens est-il favorable au développement psychique de l'enfant, ou, au contraire, lui est-il préjudiciable ?

Il Statut de l'Enfant et de l'Adolescent (ECA), Loi n° 8.069, du 13 juin 1990, souligne que « l'accueil institutionnel et l'accueil familial sont des mesures provisoires et exceptionnelles, utilisables comme forme de transition pour la réintégration dans la famille, à défaut de celle-ci, pour le placement dans une famille substitutive, sans impliquer la privation de liberté » (Brésil, 1990). Il est précisé que l'éloignement de l'enfant ou de l'adolescent du sein familial doit avoir pour objectif de permettre un retour à la vie familiale, après avoir surmonté les violations ayant motivé l'accueil institutionnel ou familial. Si ce retour s'avère impossible, l'enfant ou l'adolescent est inscrit sur la liste d'adoption et attendra une famille intéressée à l'adopter.

Dans les cas spécifiques, avant que l'enfant ou l'adolescent ne soit orienté vers l'adoption, il est procédé à la destitution de l'autorité parentale et, simultanément, à la destitution de la fonction parentale. Selon le Code civil de 2002 (Brésil, 2002), la terminologie « Puissance paternelle » a été remplacée par « Autorité parentale », dans le but de s'actualiser de concert avec la société, qui a changé quant aux paradigmes familiaux, modifiant les demandes et réclamant des droits. Selon Lôbo (2018), l'évolution progressive de la « Puissance paternelle » à « l'Autorité parentale » s'est opérée dans le sens du déclin de la notion de l'exercice du pouvoir parental, fondée sur l'idée d'une position d'autorité naturelle sur les enfants, désormais considérés comme dotés de dignité et de droits.

Lien parental et développement de l'enfant

Freud (1905/2016) a inauguré, dans le texte *Trois essais sur la théorie de la sexualité*, un nouveau regard sur l'enfance en considérant que, à cette étape de la vie, s'inscrivent des expériences, des marques de plaisir et de déplaisir, de satisfaction et d'insatisfaction, formant un corps pulsionnel et un psychisme traversé par l'Autre de la culture. Il convient de souligner que la constitution psychique implique des processus complexes et singuliers. Les coutumes sociales, l'exercice des fonctions parentales, les arrangements familiaux, les mythes et les tabous culturels sont fondamentaux pour comprendre les processus de subjectivation des figures parentales et des enfants.

Nous soulignons que la constitution du sujet implique le contexte des opérations psychiques qui définissent sa structuration à partir des fonctions parentales. Le temps mesurable est une variable prise en compte pour prévenir les risques dans la constitution psychique, car sans l'intervention de l'agent qui incarne l'Autre, l'avènement du sujet se trouve rendu impossible.

Freud (1921/2011) a élucidé l'importance, pour l'enfant, de trouver quelqu'un qui le protège et l'aime, en mentionnant l'idée que la première forme d'amour est l'identification, ancrée dans le besoin de protection face à l'état d'abandon. Dans le *Projet pour une psychologie scientifique*, Freud (1950[1895]/1996) a attribué aux expériences infantiles une valeur déterminante et fondatrice du psychisme, en soulignant que le corps du bébé impose des nécessités auxquelles il ne peut pas répondre, marquant ainsi sa condition d'abandon et de dépendance, qui font surgir des éléments constitutifs de la subjectivité.

Dans les *Trois essais sur la théorie de la sexualité*, Freud (1905/2016) a averti que l'adulte portera pour toujours l'infantile qui l'a constitué. Au moment où la fantaisie de séduction trouve son support dans les vicissitudes de la pulsion, l'infantile apparaît associé à la sexualité pervers-polymorphe et aux phases du développement pulsionnel. Freud a souligné la marque de la superposition qui se constituera comme caractéristique du processus de subjectivation, dans lequel les modes les plus archaïques du développement demeurent présents dans la sexualité de l'adulte.

Les interventions durant l'enfance considèrent la complexité impliquée dans le développement, compris comme la séquence des différentes acquisitions instrumentales du langage, de la psychomotricité, des habitudes et de l'apprentissage qui ne se produisent pas par un déclenchement autonome, comme simple conséquence d'atteindre une certaine maturation organique ou un âge chronologique (Jerusalinsky, 1990). Outre la régulation des processus maturationnels neuro-génétiques qui influencent le développement, il faut prendre en compte que les acquisitions instrumentales en relation avec la structuration psychique du petit enfant sont soutenues dans le lien social, dans la relation à l'Autre (Jerusalinsky, 1999). C'est pourquoi il est important d'accompagner ceux qui exercent les fonctions parentales, en veillant à ce que l'exercice de cette fonction vise à convoquer pulsionnellement l'enfant au lien social.

Politiques publiques et certains services de soutien à l'exercice de la parentalité

Le soutien à l'exercice de la fonction parentale constitue un élément structurant dans les réflexions et interventions dans le champ de la justice, de la santé, du social et du familial, et implique essentiellement des initiatives visant à établir et à renforcer les liens entre les parents et leurs enfants, constituant un outil d'émancipation des sujets. Cependant, dans la pratique, nous percevons une grande lacune et une précarité dans l'offre de services. Il est rare de trouver des dispositifs d'accueil visant à établir et à renforcer les liens sociaux, qui soient séparés des mécanismes d'évaluation et de catégorisation, ou encore des perspectives d'insuffisance et d'incompétence parentale.

Dans le contexte du District fédéral, par exemple, la Politique d'assistance sociale (SUAS) propose des services et des programmes qui offrent un soutien à l'exercice des fonctions parentales, à savoir :

a) Vingt-neuf Centres de Référence de l'Assistance Sociale (CRAS) par le biais de la Protection et de l'Assistance Intégrale à la Famille (PAIF), qui consiste en un travail social avec les familles, de caractère continu, visant à renforcer la fonction protectrice des familles, à prévenir la rupture de leurs liens, à promouvoir leur accès et la jouissance de leurs droits et à contribuer à l'amélioration de leur qualité de vie ;
b) Douze Centres de référence spécialisés d'assistance sociale (CREAS) avec le programme de protection et de prise en charge spécialisée des familles (PAIFE), qui, selon la typologie nationale des services socio-assistanciels, est le service de soutien, d'orientation et de suivi

des familles dont un ou plusieurs membres sont en situation de menace ou de violation des droits. Les CREAS accueillent et orientent les familles en mettant l'accent sur la promotion des droits, la préservation et le renforcement des liens familiaux, communautaires et sociaux, et visent également à renforcer la fonction de protection des familles face à l'ensemble des conditions qui les vulnérabilisent et/ou les soumettent à des situations de risque personnel et social.

En ce qui concerne le Système unique de santé (SUS), nous mettons en avant les programmes suivants : Stratégie de santé de la famille (ESF) et les noyaux d'appui à la santé de la famille, anciens NASFs, actuellement nommés Équipes Multidisciplinaires (E-Multi), qui ont pour objectif de soutenir la consolidation des soins de santé primaires au Brésil, en élargissant l'offre de soins dans le réseau de services.

Il convient de souligner que tant lesdits services du SUAS que du SUS présentent de longues listes d'attente et un taux élevé de demande non satisfaite, de sorte que ceux qui ont besoin du service de manière urgente peuvent se retrouver sans assistance.

Considérations finales

Considérant que devenir mère ou père est un processus vaste qui impacte l'identité du sujet, pouvant réactiver l'expérience initiale de détresse, des situations de crise et de désorganisation psychique, il est indispensable de renforcer et d'élargir les programmes et services qui accueillent les parents et offrent un soutien à l'exercice des fonctions parentales, en particulier pour les sujets en situation sociale critique.

Dans ce contexte, nous avons besoin de dispositifs qui favorisent les espaces d'écoute et la (co)construction de l'exercice de la fonction parentale. Nous pouvons nous inspirer du format de prise en charge offert à la *Maison Verte*, élaboré par Françoise Dolto, qui, selon Muguerza (2022), consiste en le maintien d'un espace d'accueil et d'écoute ouvert, flexible aux flux quotidiens, familiaux, de la vie communautaire. Les participants peuvent aller et venir selon leur volonté, sans nécessité de rendez-vous ou de prise de consultation. Ouvert tous les après-midis du lundi au samedi, l'espace est soutenu par cinq trios fixes d'accueillants issus de formations diverses. Il s'agit d'un espace libre pour le jeu et l'exploration, lieu « intermédiaire » entre l'intimité du noyau familial et les premières socialisations infantiles, où sont accueillis les paroles et gestes, les hésitations et inquiétudes, les angoisses et craintes, les questions, les sentiments et les histoires des bébés, des enfants, de leurs parents et de leurs familles.

De plus, nous pouvons nous inspirer de la riche œuvre de Danto (2020), *Les cliniques publiques de Freud : psychanalyse et justice sociale*, qui fournit un contexte historique et social pour l'application de la psychanalyse hors du cabinet privé, dans un environnement plus accessible et orienté vers le bien-être public. La création de cliniques publiques a démocratisé l'accès à la psychanalyse et élargi l'idée que la psychanalyse devait être accessible à tous, indépendamment de la classe sociale, pouvant entraîner des implications sociales et politiques significatives.

Au Brésil, pouvons-nous envisager des centres publics d'accueil et de convivialité à la lumière de la psychanalyse, afin de travailler la construction des fonctions parentales ? Mettre en œuvre cette capacité nous paraît une tâche urgente et précieuse tant pour les agents de soins que pour toutes les personnes, surtout si elle est conçue dans l'intention d'interdire les actes violents et inhumains liés aux négligences dans les liens parentaux et aux éloignements et ruptures forcés des liens affectifs prononcés par le pouvoir judiciaire.

Si la Constitution Fédérale (Brésil, 1988), à l'article 227, prévoit la protection de l'enfant et de l'adolescent avec une priorité absolue et la promotion du droit à la vie, à la santé, à l'alimentation, à l'éducation, aux loisirs, à la professionnalisation, à la culture, à la dignité, au respect, à la liberté et à la convivialité familiale et communautaire, ainsi que souligne qu'il s'agit d'une responsabilité de TOUS, nous nous demandons si l'absence de politiques publiques de soin et de soutien à l'exercice de la fonction parentale ne renforce pas les pratiques d'éloignement et de dépossession forcée par le pouvoir judiciaire.

Nous nous interrogeons si le pouvoir judiciaire et le pouvoir exécutif pourraient contribuer à faire appliquer la Constitution de la République Fédérative du Brésil, qui marque cette place centrale de la famille en affirmant, à l'article 226, que « la famille, base de la société, bénéficie d'une protection spéciale de l'État ». Ainsi que garantir l'application de la Loi n° 8.069/1990 (ECA), qui établit une série de droits fondamentaux destinés à assurer le bien-être des enfants et adolescents, y compris des dispositions relatives au soutien aux familles, articles 4, 23, 24, 87, 100, 101, entre autres. Ces articles définissent un cadre de soutien qui doit être fourni aux familles, afin de garantir le soin et la protection intégrale des enfants et adolescents. Il est opportun de mentionner la Loi n° 14.721, promulguée le 8 novembre 2023, qui introduit des modifications aux articles 8 et 10 du Statut de l'Enfant et de l'Adolescent. Ces modifications visent à élargir les soins et à offrir une assistance psychologique à la femme enceinte et à la mère pendant la période de grossesse, de suivi prénatal et de puerpéralité.

Nous considérons que la destitution de l'autorité parentale des mères et des pères, en situation sociale critique, et, simultanément, la destitution de la position de responsable pour l'exercice de la fonction parentale, peut impacter fortement la position sociale et politique de ces sujets, répercutant sur les enfants, en plus d'intensifier l'abandon, comme dans le cas de l'épigraphe, dont les soins prodigués par la mère ont été jugés précaires et insuffisants, la culpabilisant et la punissant pour sa condition sociale et de santé. Ainsi, une question surgit : quelle est la part de responsabilité de l'État pour garantir les conditions de protection de la famille afin de favoriser l'exercice de la fonction parentale, avant que survienne l'éloignement ou la destitution forcée entre les figures parentales et les enfants ?

En ce qui concerne les questions initiales sur la psychologie juridique à la lumière de la psychanalyse, notamment vis-à-vis de l'éthique au moment de soutenir les décisions judiciaires, nous nous souvenons des propositions de Lacan (1959-1960/2008) dans le *Séminaire, livre 7 : L'éthique de la psychanalyse*, qui suppose une écoute par le sujet de sa propre demande, trouvée dans son désir qui apparaît en analyse, médiée par l'analyste. L'éthique de la psychanalyse consiste en l'éthique du désir de l'être parlant. L'engagement éthique de la psychanalyse est de permettre que le désir du sujet se révèle et, aussi, d'interroger les dynamiques inconscientes qui soutiennent les liens sociaux.

Nous considérons que la mesure de protection liée à l'éloignement de l'enfant et de l'adolescent des figures parentales requiert éthique, prudence et précaution afin d'éviter de prendre des décisions ancrées dans des moments de crise dans l'exercice de la fonction parentale, qui peuvent être travaillées avec des politiques publiques de soutien et d'accompagnement efficaces, efficientes et effectives. Ainsi, l'éthique de la psychanalyse peut se manifester dans la psychologie juridique à la lumière de la psychanalyse, à travers le maniement actif, avec l'écoute, l'attention flottante, l'association libre, afin d'offrir au sujet la rencontre avec son propre désir inconscient. Nous comprenons que dans la dynamique de l'étude psychosociale et de la (co)construction de l'histoire du cas, il est éthique de dévoiler la place des figures parentales dans l'histoire de l'enfant, en particulier la manière dont un désir singularisé s'est inscrit et comment, face aux investissements, l'enfant a répondu en se positionnant comme fils/fille et en nommant son père et sa mère.

Enfin, rappelons que le Code de déontologie professionnelle des psychologues établit des lignes directrices fondamentales pour la pratique éthique des professionnels de ce domaine. Dans le contexte de la lutte contre les pratiques préjudiciables, le code met en avant l'élimination de toute forme de négligence, discrimination, exploitation, violence, cruauté et oppression. Ainsi, le psychologue doit agir avec responsabilité sociale, en analysant de façon critique la réalité politique, économique, sociale et culturelle. Nous comprenons l'intersection de la psychanalyse avec la justice sociale et l'assistance publique comme un instrument permettant d'interroger les phénomènes sociaux et politiques, comme un outil critique pour dévoiler les dynamiques inconscientes qui sous-tendent les relations sociales.

Références

Ariès, P. (1978). *História social da infância e da família*. LCT.

Brasil (2002). *Código Civil*. http://www.planalto.gov.br/ccivil_03/leis/2002/L10406compilada.htm

Brasil (1988). *Constituição da República Federativa do Brasil*. http://www.planalto.gov.br/ccivil_03/constituicao/constituicaocompilado.htm

Brasil (1990). Presidência da República. *Lei n. 8069, de 13 de julho de 1990*. Dispõe sobre o Estatuto da Criança e do Adolescente e dá outras providências. https://www.planalto.gov.br/ccivil_03/leis/l8069.htm

Broide, J. (2010). Adolescência e violência: criação de dispositivos clínicos no território conflagrado das periferias. *Psicologia Política, 10*(19), 95-106. http://pepsic.bvsalud.org/scielo.php?script=sci_arttext&pid=S1519-549X2010000100008

Danto, E. A. (2020). *As clínicas públicas de Freud: psicanálise e justiça social*. Perspectiva.

Foucault, M. (2015a). *História da sexualidade: a vontade de saber*. Paz e Terra.

Foucault, M. (2015b). *Vigiar e punir: nascimento da prisão*. Vozes.

Freud, S. (1996). Novas conferências introdutórias sobre a psicanálise e outros trabalhos. In J. Strachey (Trad.), *Edição standard brasileira das obras psicológicas completas de Sigmund Freud* (Vol. XXII, pp. 13-155). Imago. (Trabalho original publicado em 1932/1936)

Freud, S. (1996). Projeto para uma psicologia científica. In J. Salomão (Trad.), *Edição standard brasileira das obras psicológicas completas de Sigmund Freud* (Vol. I, pp. 335-397). Imago. (Trabalho original publicado em 1950[1895]).

Freud, S. (2011). Psicologia das massas e análise do eu. In P. C. Souza (Trad.), *Sigmund Freud: obras completas* (Vol. 15, pp. 13-113). Companhia das Letras. (Trabalho original publicado em 1921)

Freud, S. (2014). Inibição, sintoma e angústia. In P. C. Souza (Trad.), *Sigmund Freud: obras completas* (Vol. 17, pp. 13-123). Companhia das Letras. (Trabalho original publicado em 1926-1929)

Freud, S. (2016). Três ensaios sobre a teoria da sexualidade. In P. C. Souza (Trad.), *Sigmund Freud: obras completas* (Vol. 6, pp. 13-172). Companhia das Letras. (Trabalho original publicado em 1905)

Garrafa, T. (2022). Os primeiros tempos da parentalidade. In Teperman, D., Garrafa, T., Iaconelli, V. (Orgs.), *Parentalidade* (pp. 55-70). Autêntica.

Hilário, L. C. (2016). Da biopolítica à necropolítica: Variações foucaultianas na periferia do capitalismo. *Sapere Aude*, *7*(12), 194-210. https://doi.org/10.5752/P.2177-6342.2016v7n13p194

Houzel, D. (2004). As implicações da parentalidade. In Solis-Ponton, L. (Org.). *Ser pai, ser mãe. Parentalidade: um desafio para o terceiro milênio.* Casa do Psicólogo.

Jerusalinsky, A. (1999). *Psicanálise e desenvolvimento infantil.* Artes e Ofícios.

Jerusalinsky, A. (1990). A formação da imagem corporal (psicanálise e psicomotricidade). In *Psicomotricidade, escritos da criança* (Vol. 3). Centro Lydia Coriat.

Lacan J. (2008). *O seminário, livro 7: A ética da psicanálise.* Zahar. (Trabalho original publicado em 1959-1960/1960)

Lacan J. (2003). Nota sobre a criança. In V. Ribeiro (Trad.), *Outros escritos* (pp. 369-370). Zahar. (Trabalho original publicado em 1969)

Lôbo, P. (2018). *Direito* civil – vol 5: Famílias (8ª ed.). Saraiva.

Muguerza, V. H. (2022). Maison Verte 40 anos depois: Lugar de vida, lugar da palavra. *Revista Latinoamericana de Psicopatologia Fundamental*, 25(2), 480-484. http://dx.doi.org/10.1590/1415-4714.2022v25n2p480.12

Rosa, M. D. (2016). *A clínica psicanalítica em face a dimensão sociopolítica do sofrimento*. Escuta/Fapesp.

Safatle, V. (2022). *A desigualdade como bloqueio estrutural*. https://aterraeredonda.com.br/2022/12/30/

Santos, B. S. (2007). Para além do pensamento abissal: das linhas globais a uma ecologia de saberes. *Revista Crítica de Ciências Sociais*, (78), 3-46. https://doi.org/10.4000/rccs.753

Teperman, D. W. (2014). *Família, parentalidade e época: um estudo psicanalítico*. Escuta/Fapesp.

Zornig, S. M. A-J. (2010). Tornar-se pai, tornar-se mãe: o processo de construção da parentalidade. *Tempo Psicanalítico*, 42(2), 453-470. http://pepsic.bvsalud.org/scielo.php?pid=S0101483820100002000010&script=sci_abstract

8. Les vulnérabilités aujourd'hui dans le faire famille et devenir parents : enjeux et perspectives d'aide

Didier Drieu
Elif Eyuboğlu
Noémie Pankratoff
Teresa Rebelo

1) Les principales mutations dans l'organisation des familles et des parentalités aujourd'hui

D'un modèle hégémonique de vie en famille[1]…

Le modèle de la « famille conjugale », voire patriarcale s'est progressivement imposé dans la plupart des pays occidentaux au début du XX ème siècle. Inaugurant la vie en couple, le *mariage était alors le seul cadre légitime* pour avoir des relations sexuelles et établir sa descendance. La *famille nucléaire des années 50* ne paraissait alors *pas pouvoir être remise en cause.* Pourtant, le fait familial contemporain allait connaître, en France comme dans d'autres pays occidentaux, de *nombreux bouleversements.*

---

1 Nous tenons à remercier Didier Le Gall, professeur de sociologie à l'université de Caen pour cette réflexion spécifique sur l'évolution en sociologie de la famille des modèles d'organisation familiale qui a donné lieu à une intervention, un symposium au1er Congrès Européen EFPP, Section PCFP de Psychothérapie Psychanalytique Familiale et de Couple (Intitulé *Familles en transformation : un challenge pour la psychothérapie psychanalytique), 20-22 mai 2010, à Florence.*

Jusqu'en 1973, la *mise en couple* dans le *cadre du mariage* constituait la norme (9/10) puis, la *courbe de la nuptialité a décroché*. De même on a enregistré un *accroissement du nombre des célibataires*, la plupart pouvant avoir des *relations amoureuses et sexuelles* dans le *cadre d'une simple cohabitation*. Un *nouveau modèle* a commencé à se répandre alors : de *plus en plus de jeunes couples ayant des enfants hors mariage*. De *l'union libre*, on est passé à la *parenté libre* et cette évolution a été très rapide : *50% d'enfants nés hors mariage en 2007*[2]. Le nombre de reconnaissances de paternité ne cesse alors de s'accroître.

On l'aura compris, *se marier a, en France, cessé d'être l'acte fondateur du couple*. C'est *l'union libre* ou organisée en contrats ou quasi-contrats qui est devenue le mode principal d'entrée dans la vie à deux, plus de *9 couples sur 10* commençant ainsi leur vie commune. Dans ce cadre, il naît désormais autant d'enfants qu'au sein des couples mariés. Dans le même temps, les *mariages sont devenus de plus en plus précaires*. Le *lien d'alliance s'est trouvé fragilisé* (divortialité multipliée par plus de 4 entre 1960 et 2004). L'instabilité conjugale croissante a pour conséquence directe *d'augmenter le nombre des familles monoparentales et/ou recomposées*. En 2006, *2,7 millions d'enfants de moins de 25 ans vivaient dans une famille monoparentale, 1,6 million étaient concernés par la recomposition familiale*). Dès lors, la filiation comme les liens fraternels peuvent se trouver fragilisés et, en tous les cas,

---

2 Juste afin d'avoir une vue plus européenne, précisons que, concernant la part des naissances hors mariage, la France se situait au 4ème rang européen en 2005 derrière l'Estonie, la Suède et la Bulgarie. Chez la plupart de nos voisins, les naissances hors mariage restent encore minoritaires : elles représentent seulement 14 % des naissances en Italie, 27 % en Espagne et 30 % en Allemagne, Chypre et la Grèce apparaissant ainsi comme les derniers bastions de la famille traditionnelle avec 5 % de naissances hors mariage.

désynchronicisés, les mémoires familiales, les souvenirs se trouvant davantage cloisonnées.

Enfin, autre changement majeur, la *chute de la fécondité*, même si la France représente un cas particulier. Parallèlement, la fécondité a progressé aux âges relativement élevés entre 30 et 40 ans. Phénomène qui s'explique en grande partie par la *maîtrise du calendrier des naissances*, liée à la diffusion de la contraception, et à la politique de conciliation entre vie familiale et vie professionnelle. La parentalité va s'en trouver organisée différemment, l'arrivée de l'enfant va se trouver programmée dans des quasi- contrats. Nous pourrions parler aujourd'hui de « *parents auto-entrepreneurs* »[3], ce qui renvoie encore une fois à une forme de désynchronicisation des liens organisés plutôt dans des quasi-contrats dans le couple et au-delà et risque de provoquer des fonctionnements quasi auto-engendrés qui ont tendance à nier les phénomènes de transmission en héritage.

… au pluralisme familial et à la pluriparentalité

D'un modèle unique de famille, dominant entre les années 20 à 1960, nous sommes donc passés à une *diversification des modes de vie en famille*. Pourtant, ce *pluralisme familial actuel* pourrait être une sorte de « *retour à la normale* » comme avant les années 20 où – « la diversité familiale a toujours été la norme »[4].

---

3 Rappelons ici le titre d'un numéro de la revue Dialogue, n° 199, 1er trimestre 2013, « la nouvelle solitude des parents auto-entrepreneurs ». Dans ce numéro, Denis Mellier et Ouriel Rosenblum discutent de la difficulté des parents à grandir dans leur expérience de parentalité lorsque cette dernière tend à devenir une entreprise « individuelle » avec l'investissement volontaire d'individus condamnés à réussir ou sinon à échouer très souvent dans un éloignement avec leur famille d'origine.

4 Déchaux J.-H., « Dynamique de la famille : entre individualisme et appartenance », *La nouvelle société française. Trente années de mutation*, Galland O. et Lemel Y. (dirs.), A. Colin, Paris, 1998, p. 64.

Cependant, du fait de la prédominance de cette représentation commune, certains parlent du *« dépérissement » de la famille, de sa « mort »*[5], d'autres éprouvent encore une certaine nostalgie à l'égard de la famille des années 50. Certes, l'avènement d'un nouvel *individualisme généralisé*, la *forte scolarisation des jeunes*, la *dissociation entre sexualité et fécondité*, les *nouvelles techniques de procréation*, la *consommation de masse* et les mouvements sociaux des décennies 60 et 70, notamment celui porté par les femmes, ont participé à *ébranler le modèle de la famille conjugale.*

Aujourd'hui, à côté de la vie en couple marié, la vie en solitaire, la vie en union libre et la vie en couple pacsé se sont fortement développées comme le nombre des familles monoparentales qui, elles-mêmes, ont favorisé l'essor des familles recomposées. Nous pourrions ajouter l'augmentation du nombre de familles qui se forment en ayant recours à l'adoption, ou aux aides médicales à la procréation, ainsi désormais que les familles homoparentales[6]. Autant de modalités d'être en famille qui vont progressivement faire advenir l'idée de *pluriparentalité*[7] qui renvoie à un désir de plus en plus de liberté, démocratie mais aussi à de nouvelles insécurités (par exemple comme les questions de la transmission des mémoires familiales rendues plus difficile du fait déjà de l'éclatement des repères, des fonctions parentales dans des univers de co-éducation marqués toujours par la différenciation des statuts, places, etc).

---

5 *Cf.* Cooper D., *Mort de la famille*, Paris, Seuil, 1972 ; *Autrement*, « Finie la famille », numéro spécial, Paris, 1975.

6 Notion qui a été forgée en 1997 au sein de *l'Association des Parents Gays et Lesbiens. Cf.* Gross M., « Quand et comment l'homoparentalité est-elle devenue un objet 'légitime' de recherche en sciences humaines et sociales ? », *Socio-logos*, revue en ligne publiée par l'association française de sociologie, N 2, http ://socio-logos.revues.org/document803.html

7 *Cf.* Le Gall D., Bettahar Y. (dirs.), *La pluriparentalité*, Paris, PUF, Coll. « Sociologie d'aujourd'hui », 2001.

Atouts et fragilités des familles et parentalités

La famille contemporaine est donc l'objet de *discours très contrastés*[8]. Prédomine de ce fait un discours quelque peu *alarmiste (la perte des repères, l'affaiblissement de l'autorité paternelle et son corrélat, « l'enfant roi », l'homoparentalité qui serait plus fragile* mais dans quel ordre). Règne l'idée d'un *vacillement de l'ordre symbolique fondé sur la différence des sexes et des générations, les modes de filiation verticaux.* Pourtant, certaines facettes du père sont loin de décliner, *exit seulement Monsieur Paterfamilias*... Il est vrai que la famille est moins hiérarchisée avec des *relations plus relationnelles que statutaires*, des *rapports homme/femme plus égalitaires.* Les *rapports parents/enfants sont également moins autoritaires, l'accroissement de l'espérance de vie a favorisé l'essor des familles tri, voire quadrigénérationnelles* et une plus grande permissivité ambiante permet d'entrevoir son devenir conjugal et familial autrement que dans le cadre du mariage. Enfin, les *familles monoparentales sont moins l'objet de réprobation sociale* et, surinvestis affectivement, les *enfants ne sont guère pressés de quitter le « cocon familial » (phénomène Tanguy)*[9], etc. Pourtant, la famille contemporaine n'est toutefois pas exempte de toute critique. Illustrons quelques-unes de ces permanences et nouveautés.

Du côté *des permanences* s'il existe aujourd'hui une plus grande égalité entre hommes et femmes au sein de la famille, nombre d'études attestent avec constance que la *division sexuelle du travail domestique reste stable*[10]. Ainsi la coparentalité est-elle loin d'être effective, ce qui peut participer à redoubler des conflits dans les fonctionnements de transmission (ex. du mouvement des pères divorcés et non reconnus,...). Ce sont toujours les mères qui assurent la majorité des tâches

---

8 *Cf.* Mehl D., *La bonne parole. Quand les psys plaident dans les médias*, La Martinière, Paris, 2003.

9 Phénomène encore plus prononcé en Italie et en Espagne.

10 Brousse C., *La répartition du travail domestique entre conjoints : permanences et évolution de 1986 à 1999*, Paris, Insee, 2000.

et interactions quotidiennes liées à l'enfant. Cela pousse à reproduire *les institutions de socialisation de la petite enfance en survalorisant le rôle des mères*[11]. Si par ailleurs, la vitalité des solidarités entre générations subsiste, ce sont toujours les femmes les plus impliquées dans la vie familiale et ce, dans la limite de leurs moyens, ce qui redoublent pour les plus vulnérables les mécanismes d'exclusion, de déracinement. Ce qui veut dire qu'aujourd'hui comme hier, les *solidarités familiales ne sauraient être un rempart contre la montée de la précarité et de l'exclusion.*

Côté « nouveautés », l'engagement librement consenti, réciproque et égalitaire, avec plusieurs formes, s'est substitué au mariage comme seule forme quasi incontournable et nécessaire de reconnaissance du couple. Toutefois, cette évolution se paie d'une *instabilité conjugale* beaucoup plus grande et, par voie de conséquence, d'un nombre plus élevé de familles monoparentales. Les parents seuls sont aujourd'hui un peu plus jeunes et plus souvent encore que par le passé des femmes (plus de 8 sur 10). Or ces *foyers monoparentaux* féminins résultant d'une séparation ou d'un divorce sont susceptibles de connaître une certaine *vulnérabilité* [12]. La perte de liens souvent le lien à la paternité va agir sur la différenciation de l'enfant avec le monde maternel, la prise de l'autonomie et les modes de filiation, le tricotage des mémoires familiales.

La *dissociation conjugale* est aussi un important facteur de modification du tissu relationnel. Ainsi, *près de la moitié des enfants ne voient plus ou très peu leur père*[13]. Si l'autorité parentale conjointe est reconnue, le *principe de co-parentalité n'est pas toujours appliqué car*

11 *Cf.* Blöss Th., Odena S., « Idéologies et pratiques sexuées des rôles parentaux. Quand les institutions de garde des jeunes enfants en confortent le partage inégal », *Recherches et prévisions*, Paris, Cnaf, n° 80, 2005, pp. 77-91.

12 Lefaucheur N.,« Les familles monoparentales n'existent pas, je les ai rencontrées », Genève, *Les Cahiers médico-sociaux*, n° 2, 1987, p. 84.

13 *Cf.* Léridon H., Villeneuve-Gokalp C., *Constance et inconstance dans la famille*, Paris, Ined, travaux et documents, 1994.

peu réaliste. Elle relève certes d'une représentation moderne de la famille, c'est-à-dire, égalitaire, élective et associative mais dans les faits, imposer la coparentalité à tous les parents, c'est risquer de faire violence à beaucoup d'entre eux en 'forçant' une solution qui n'a aucun ancrage dans les relations familiales préexistant à la rupture. Quand la vulnérabilité relationnelle s'ajoute à la vulnérabilité économique, se profile alors le *risque de désinsertion sociale, processus qui mène de l'intégration à l'exclusion*.

Bien d'autres fragilités liés à l'évolution récente du fait familial pourraient être encore inventoriées, telles les *recompositions familiales*, rendant ainsi *complexes les relations entre adultes* (les « ex » et les nouveaux partenaires), *entre adultes et enfants* (rapports beau-parent/bel enfant), mais aussi parfois *entre enfants de la fratrie recomposée* (relations entre germains, demis et quasi frère et sœurs)[14], ou bien encore *toutes les autres situations de pluriparentalité* que notre société contribue à promouvoir (familles d'accueil, familles adoptives, familles recourant aux aides médicalisées à la procréation et familles homoparentales). Le fait que nous dénions souvent leur réalité sociale afin de se conformer à la norme de l'exclusivité de notre système de filiation occidental *laisse en silence des problématiques nouvelles* pouvant se poser dans la *régulation des modes d'alliance, les rapports aux mémoires familiales*. Une famille, c'est un ou deux parents et un ou plusieurs enfants, l'au-delà du « deux parents » ne semblent pas avoir droit de citer, ce qui entraîne, dans les familles où famille et couple ne coïncident pas, des incertitudes, des non-dits et donc des souffrances[15] parce que se trouve entravée la clarification des places et contributions de chacun.

---

14 Martial A., *S'apparenter, ethnologie des familles recomposées*, Paris, Mission du Patrimoine ethnologique, en coédition avec la Maison des Sciences de l'Homme, 2003.

15 *Cf.* Le Gall D., « Discours et vécus de femmes en situation pluriparentale », *Familles en mouvances : quels enjeux éthiques ?*, Ouellette R.-O., Joyal R. et Hurtubise R.

2) Les vulnérabilités induites par ces mutations et les conséquences négatives sur les processus du devenir parents

Face à la famille qui devient davantage le creuset des « identités » plutôt que des « transmissions, que pouvons-nous dire alors des vulnérabilités dans la parentification ? Que dire de leurs évolutions face à ces mutations décrites précédemment liées à l'univers de la postmodernité et les impacts dans les modes de liens et de refondations d'alliances, dans les constructions identitaires de chacun des membres de la famille?

Nous ne pouvons pas nous intéresser aux formes nouvelles de « malêtre » dans la fondation ou refondation de la parentification (être, devenir et rester parents sur un plan psychique) sans tenter d'en rendre compte dans ses différents registres (trans/inter et intrapsychique).

Dans le registre transubjectif, les précarités sociales (pauvreté, stigmatisation sociale, insécurité, isolement, stress…) et psychiques (honte, survivance, filiation traumatique, secrets de famille,…) vont impacter les ressources psychiques des futurs parents, ce qui ne sera pas sans provoquer des situations de stress, d'angoisses amenant un processus d'escalade dans les stratégies défensives ou en impasse (ruptures, déconnection entre grossesse et maternité, …) dans les attentes des futurs parents par rapport la construction de la famille. Au-delà des familles ou des couples confrontés aux précarités, nous avons vu précédemment comment les mutations liées à la postmodernité et à l'univers capitaliste (logiques de concurrence et/ou paradoxales dans les références, urgences, défiance) provoquaient un démaillage des métacadres dans les institutions, familles et couples compris. C'est

(dirs.), Les Presses de l'Université Laval,, Sainte-Foix, Québec, Canada, Institut québécois de recherche sur la culture, 2005, pp. 69-87 ; Poittevin A., *Enfants de familles recomposées. Sociologie des nouveaux liens fraternels*, Rennes, PUR, Coll. « Le sens social », 2006.

pourquoi l'entrée dans la vie de couple aujourd'hui est non seulement désynchronisée de l'entrée dans la vie familiale mais aussi parfois très souvent, le désir d'enfant n'est plus synonyme du « faire famille », les différentes intimités des conjoints étant davantage privilégiées. Dans la même perspective, beaucoup de jeunes couples s'interrogent par rapport à leurs désirs d'enfants face aux nombreuses incertitudes auxquelles ils doivent faire face, tant dans leur horizon sociétal, professionnel et intime[16].

La question de la refondation des alliances familiales au moment de l'adolescence des enfants peut aussi amener de nombreuses problématiques nouvelles. Dans des familles devenues des « creusets identitaires », comment s'opèrent les modes de régulation, la négociation des intimités, les repères du « vivre ensemble » quand la famille elle-même s'est recomposée ? Les ados ont encore besoin des parents qui peuvent fournir des modèles et des manières d'être et de vivre pour grandir. Ils ont besoin des repères solides et cohérents alors que leurs modes de vie, souvent la garde alternée, mettent en difficulté la continuité du cadre et parfois même les références même du « devenir adulte » lorsque les figures parentales vacillent dans leurs fonctions ou statuts. Le fonctionnement de la famille dans le foyer de chacun des parents de l'adolescent est parfois différent voire contradictoire au vu des règles, recommandations que l'adolescent reçoit. Ainsi, l'adolescent s'adapte à ces deux fonctionnements mais cette opposition peut poser des problèmes quand l'une de ses familles est plus stricte dans l'application des règles et des routines quotidiennes (ex de l'usage des écrans et des difficultés de sommeil des adolescents)[17]. De plus, il peut y avoir des

16 Nous voulons souligner ici une étude de thèse en cours (Noémie Pankratoff, CRFDP, Université de Rouen Normandie) qui tendra à analyser les différents registres psychiques impliqués dans le désir ou non désir d'enfant.

17 Nous évoquons ici une recherche toujours en cours (Elif Eyuboglu, recherche famille, adolescence et sommeil avec la fondation Vinci) sur les facteurs sociaux, psychosociaux et psychiques qui influencent le sommeil à l'adolescence.

questions de légitimité dans le ressenti des beaux-parents qui n'oseront pas donner des conseils et encore moins poser des règles à l'enfant du conjoint, ce qui peut exacerber les sentiments d'isolement, de rupture, l'incertitude chez les adolescents concernés. De même, la fratrie ne sera plus un espace de partage quand les liens se trouvent désynchronisés à la fois par les changements de l'adolescence et par les modes de garde.

Dans le registre intersubjectif, les logiques de fondation et de refondation des liens et des alliances entre parents et enfants qui sont les « amortisseurs » des crises subjectales de chacun des membres de la famille dépendent beaucoup, non seulement des antécédents familiaux (les douleurs des aieux, les logiques de filiation, …) mais aussi beaucoup du contexte social (ressources des réseaux sociaux, de proches, des logiques d'inclusion,…) dans lequel vit ces familles ou couples. Les jeunes couples face aux charges familiales et professionnelles par exemple sont confrontés à de nouvelles précarités (nouvelles formes d'isolement face aux aléas identitaires des conjoints confrontés aux changements de statuts, nouvelles formes de responsabilités dans le soin parental ou maternel). Celles-ci impactent négativement les conditions de l'établissement des liens, tant dans le registre imaginaire (projections, attentes narcissiques, logiques et attentes de réparation) que dans le registre de la réalité (désaccordage entre expérience de la grossesse et de la maternité, désaccordage entre les besoins des jeunes parents et leurs enfants). Ainsi, peut on comprendre la manière dont de jeunes parents confrontés pourtant à des vies ordinaires se retrouvent dans l'attente ou l'arrivée de leurs bébés dans des situations d'impasses, les amenant souvent dans des problématiques de désaccordage sensoriel et psychique avec des conséquences dans l'établissement de la nidification et du lien primaire ? Bien sûr, il préexiste souvent dans ces situations des impasses dans leurs modes de filiation (retour de dissociation familiale, ruptures,...), dans leurs liens aux générations précédentes (deuils difficiles, secrets de famille et honte), ce qui ne sera pas sans provoquer des logiques de filiation traumatique avec des enfants accueillis dans un contexte d'insécurité narcissique[18]. Ces situations seront souvent à l'origine de problématiques de comportement, de troubles d'attachement, voire identitaire chez l'enfant provoquées par les conséquences d'un traumatisme relationnel précoce (attachement insécure, violence, abus sexuel, exposition à la violence conjugale, implication dans la folie parentale ou dans des relations perverses, séduction narcissique pathologique).

Dans une dimension intrasubjective, en situation de stress, l'enfant se trouve débordé régulièrement dans ses capacités de régulation émotionnelle faute de s'être senti étayé à la fois dans l'exploration de son monde interne et externe ainsi que dans son besoin d'attachement et de contenance. Il va de ce fait se trouver limité dans sa croissance psychique, ses capacités à mentaliser, de symbolisation, dans ses capacités défensives et donc dans ses potentialités de transformation des excitations. Il n'est alors plus possible pour lui de faire face à l'afflux d'excitations désorganisatrices, tant dans son vécu interne que dans son rapport à l'environnement insécurisant[19].Il est donc amené à rigidifier son système de défenses pour mobiliser des défenses archaïques telles que le clivage du Moi et la dissociation. Son développement est mis à mal, d'autant plus qu'il est plongé dans un milieu où règne l'imprévisibilité des interactions et des fonctionnements incestuels et sans limite. Les Traumatismes Relationnels Précoces impactent également les capacités cognitives de l'enfant qui présente des retards et des difficultés à se concentrer et à entrer dans les apprentissages. Les modalités relationnelles sont elles aussi fragilisées : le fait d'entrer en

18 Drieu D., Marty F. (dir.), Traumatisme et filiation, *Dialogue*, n°168, juin 2005 ; Drieu D., Dossier Souffrance dans le lien parents/enfants (Partenariat avec la revue Escilos de la Clinica et l'institut de Psychologie de l'université de Sao Paulo, avril 2015.

19 Bonneville-Baruchel, E. (2015). *Les traumatismes relationnels précoces : Clinique de l'enfant placé*. Toulouse : Érès.

interaction avec autrui réveille chez l'enfant d'importantes angoisses et excitations (ibid).

Les traumas vécus pendant l'enfance auraient donc des impacts majeurs sur le développement de l'enfant et de l'adolescent. Au final, ces traumas se retrouvent associés à diverses manifestations symptomatiques externalisées et internalisées qui peuvent susciter des pathologies limites en émergence. Pour Terradas et Achim (2016, p. 172), – « la sévérité et la diversité des impacts observés chez les jeunes ayant vécu de tels traumas s'expliqueraient par le fait qu'ils s'inscrivent au sein de la relation d'attachement entre l'enfant et ses parents. Le parent n'aurait pas été en mesure d'assumer ses fonctions de sécurité et de protection de son enfant. Les carences et traumatismes vécus au sein de cette relation engendreraient une importante détresse chez l'enfant tout en compromettant le développement de ses capacités mentales et interpersonnelles, lesquelles s'avèrent essentielles pour réguler une telle détresse ». Lorsque les parents dans leurs rapports à leurs enfants face à un héritage traumatique établissent un mode de régulation émotionnelle négative, voire même vont rentrer dans des rapports de disqualification narcissique, il risque de s'installer des conflits de dépendance, de loyauté, voire d'incestualité et au final, des modes d'alliance pervertis par les propres besoins identitaires des parents.

3) Du sujet singulier à l'écoute de la famille, des parentalités : un changement très récent

Ainsi, tous ces propos qui précèdent montrent bien que les familles et les parentalités sont restées longtemps peu appréhendées dans leurs divers enjeux (groupalité, liens, alliances, …), ce qui a pu amener des impasses dans les accompagnements et soins psychothérapeutiques. Nous pouvons rendre hommage ici aux pionniers qui ont dû lutter fermement souvent contre leurs propres collègues pour penser la complexité des liens, seul moyen d'appréhender des démarches de soins adaptées à la famille, le couple, les parents puis pour inventer des dispositifs au sein des institutions prenant en compte la pluralité des rapports familiaux. Pendant longtemps, l'hégémonie de la famille nucléaire et du patriarcat a amené certains collègues, les psychanalystes par exemple, à concevoir la famille comme le lieu de l'aliénation. Cette conception en vogue chez certains psys s'est alliée pendant longtemps en France avec une forme d'idéologie anti-familiariste, luttant contre les spasmes du pétainisme d'après-guerre et pour l'émancipation individuelle : les droits des femmes, des homosexuels, etc…

Grâce à l'apport de la psychosociologie, des théories socio-anthropologiques et systémiques, le travail psychothérapeutique avec les familles, les couples n'ont pu se constituer que très récemment dans l'espace de deux générations de psychologues, psychanalystes[20]. C'est d'abord Bateson après la guerre qui rompt ainsi avec l'idée que le sujet puisse être un "en-soi". Selon lui, la personne doit être pensée dans un système de relations, des plus immédiates aux plus larges. Dans les années 60, Paul Watzlawick met au point le dispositif de thérapie familiale systémique : cette approche postule que lorsqu'un individu est considéré comme malade dans une famille, il est en fait souvent le témoin contraint (cf .la victime) d'un système familial troublé. Les psychanalystes vont utiliser ces travaux pour revisiter la théorie et la pratique analytique centrée au départ sur le sujet singulier.

Nous pensons là surtout aux travaux sur le transgénérationnel et plus récemment sur le fraternel. Concernant les travaux sur le transgénérationnel, nous sommes passés de travaux pionniers d'analystes pensant les phénomènes transgénérationnels comme une répétition de troubles de l'identification[21] à une réflexion plus ouverte souvent portée

---

20 Plusieurs associations de formation aux thérapies de groupe, de couple ont été créées à partir des années 1960, plutôt 1980 pour les psychothérapies familiales.

21 Cf. Abraham N., Torok M. (1978). L'écorce et le noyau, Paris, Flammarion, 1987 ; De Mijolla A. (1981). Les visiteurs du Moi, Paris, Les belles lettres.

par des psychanalystes du groupe vers les dynamiques processuelles[22] avec les notions de filiation[23], puis finalement de transmission[24]. Ces derniers travaux tentent de développer à partir de l'héritage de Freud, une réflexion sur les diverses alliances fondatrices du psychisme, posant également la question des liens familiaux, d'une « topique réalitaire » (l'attachement, etc.) comme aux origines de la transmission de la vie psychique[25]. Qu'est-ce qui a pu engendrer cette difficulté que nous avons à penser la dynamique de la transmission hors d'une théorie trop causaliste ou hors des chemins classiques du modèle familial généalogique ? Faut-il y voir un problème de confiscation de l'héritage freudien par les institutions analytiques ? N'y a-t-il pas plutôt un enjeu de demande sociale? En effet, jusque dans les années 80, l'enseignement de la psychanalyse était porté dans le milieu universitaire et par une pratique libérale, peu intéressée aux dynamiques institutionnelles. L'ouverture s'est faite très progressivement vers une écoute plus ouverte des liens entre parents et enfants, puis d'entretiens familiaux[26] questionnant alors les dispositifs préétablis existants dans l'univers de la pédopsychiatrie par exemple. Cette expérience est restée quasiment lettre morte dans l'univers de la psychiatrie adulte.

Dans une autre perspective, d'autres collègues en référence à leur expérience des groupes ont réfléchi à l'importance de la dimension

22 Ruffiot A. (1981). La thérapie familiale psychanalytique, Paris, Dunod; Ruffiot A.(1985). Le groupe familial en analyse, l'appareil psychique groupal. In Ruffiot *et al.* La thérapie familiale psychanalytique, Paris, Dunod.

23 Guyotat J. (1980). Mort, naissance et filiation – Etude de la psychopathologie sur le lien de filiation, Paris, Masson.

24 Kaës R. *et al.*(1993). Transmission de la vie psychique entre générations, Paris, Dunod ; Tisseron S. *et al.* (1995). Le psychisme à l'épreuve des générations – Clinique du fantôme, Paris, Dunod.

25 Baranes J.J.(1993). « Devenir soi même, avatars et statuts du transgénérationnel » In Transmission de la vie psychique entre générations, Paris, Dunod : 170-190.

26 Berger M..(1986). Entretiens familiaux et champ transitionnel, Paris, PUF, Le Fil Rouge.

des liens tant de filiation que d'affiliation comme l'implication les liens fraternels et du processus fraternel[27] dans la socialisation et la construction psychique de chacun (la subjectivation). Longtemps, la fratrie et les relations fraternelles sont restées des processus peu étudiés dans les soins et même dans l'univers des psychothérapies familiales. Les premières études se sont davantage intéressées au négatif du côté fraternel, les psychanalystes situant le positif du côté paternel, oubliant que les logiques de filiation et d'affiliation dans le creuset familial interagissent mutuellement et que le complexe fraternel est aussi à l'origine de la différenciation. Avec le modèle généalogique, la pensée dominante était que l'ordre paternel était porteur de l'accès à la symbolisation, l'ordre fraternel sollicitant la régression dans l'imaginaire, dans le fratricide, dans l'autarcie. Nous retrouvons cet aspect- là dès que nous initions un projet de groupe dans une institution, l'idée même d'un nouveau groupe relançant tout le procès des origines. Ainsi, longtemps la fratrie est restée un point aveugle en sociologie de la famille ou dans les travaux des psychologues et de psychanalystes[28]. Ce n'est que très récemment qu'on s'intéresse aux liens et au processus fraternel, les pensant comme des organisateurs psychiques. Je pense aux travaux de René Kaes mais aussi des recherches menées par le SCHILLA (Scelles *et al.*) sur les fratries avec un enfant porteur de handicap, les fratries dans le placement

27 Anzieu D. *et al.* (1987).Les signifiants formels et le Moi peau In. *Les enveloppes psychiques*, Dunod, 1-22 ; Kaës R. (1978). Le complexe fraternel. Aspects de sa spécificité, *Topique*, n°51 : 5-42 ; Kaës R. (1993). Le groupe et le sujet du groupe – Eléments pour une théorie psychanalytique du groupe, Dunod, Psychismes ; Kaës R. (2003a). *Le complexe et le lien fraternel*, Divan familial, n°10 : 12-17 ; Kaës R. (2008). *Le complexe fraternel*, Paris, Dunod, Coll. Psychismes.

28 Citons entre autre en dehors de R. Kaës, Soulé M. (1981) *Frères et sœurs*, Paris, Editions sociales françaises ; Brusset B. (1987) « *Le lien fraternel et la psychanalyse* », Psychanalyse à l'université, 12 : 5-43 ; Bourguignon O. *et al.* (1999) *Le fraternel*, Paris Dunod ; Scelles R.(1997) Fratrie et handicap, Paris, L'Harmattan.

des enfants,..., le travail de soin avec les fratries permettant des remaillages de mémoires.

De même, les enjeux de parentalités, les processus de parentification, tout particulièrement dans les situations les plus vulnérables, ont commencé à être étudiés très tardivement. Si F Dolto en France a initié les principes du soutien à la parentalité dans la logique des maisons vertes, il faudra attendre les travaux de collectifs comme le groupe de recherche coordonné par D. Houzel[29] (1999) pour mieux appréhender les problématiques d'alliances, d'enveloppe dans les processus de parentification dans les situations les plus vulnérables.

4) Conséquences sur les modalités d'accueil en institution, d'accompagnement et de travail thérapeutique

Alors que les familles et les parents présentent des vulnérabilités nouvelles mettant en jeu des précarités sociales et psychiques, alors que nos institutions dites de la « mésinscription »[30] sont en crises, nous commençons à tirer aujourd'hui un enseignement de ces travaux en s'intéressant à nouveau aux enjeux institutionnels de l'accueil des familles et des parents les plus vulnérables, aux enjeux transubjectifs dans la prévention en périnatalité ou dans le soin face aux multiples conséquences des précarités.

Rappelons que dans l'approche de la psychothérapie institutionnelle, courant ayant initié les soins psychiques dans le cadre de la sectorisation psychiatrique, la fonction de l'accueil est un processus permanent partagé et incarné par tous ceux qui prennent soin du sujet souffrant, quel

29 Houzel *et al* (1999), *Les enjeux de la parentalité,* Ramonville-Saint Agne, Érès.

30 Le terme vient de Alain Noel Henri (2004) pour décrire le travail des équipes éducatives et de soins face aux sujets accueillis qui doivent contenir, transformer des éprouvés psychiques extrêmes s'actualisant dans des scènes de violence en institution.

que soit leurs statuts. Ce processus permanent incarné par la posture du soignant permet ainsi d'être au plus proche des manifestations du sujet, dans ce qui constitue pour lui « sa » vie quotidienne quel que soit le lieu où il se trouve, les modalités du soin. Dans cette perspective, la formation du professionnel et l'analyse de son implication au sein du dispositif de soin prennent toute leur importance. Qu'en est-il de cette conception du soin lorsque nous évoquons la fonction d'accueil des éducateurs dans un établissement médico-social, ou des familles d'accueil mandatées par les services de la protection de l'enfance ? Face aux besoins spécifiques d'attachement et spéciaux de modalités de régulation émotionnelle (réflexivité), ces enfants vont confronter très vite, après une courte lune de miel, les équipes et les familles d'accueil à des sentiments d'impuissance et à des contre attitudes à forte valence émotionnelle. Comme dans la psychothérapie institutionnelle, les équipes sont en attente d'un processus de co-formation mettant en lien à la fois, les besoins spécifiques de ces enfants, des modèles conceptuels cliniques d'observations partagées (ex. l'impact du TRP sur l'attachement et la mentalisation) mais aussi d'expérience collective de supervision, co-vision afin de rester malgré les résistances qui surgiront, dans une co-construction du dispositif d'accueil et d'accompagnement.

Concernant l'accueil des familles et des parents dans un contexte de placement par exemple, il est difficile de s'accorder avec l'environnement de l'enfant (sa famille, ses parents, les figures de soins) à propos des besoins de l'enfant et c'est souvent l'objectif de travail des visites médiatisées. Toutefois, malgré les tensions et les violences intrafamiliales, les problèmes de dysparentalité, les enjeux traumatiques, parents et enfants vont vivre souvent le placement comme une nouvelle blessure, susceptible de réactiver toutes les autres. Autrement dit, tout en évaluant l'intérêt et les risques des rencontres avec l'environnement, le projet autour du placement doit pouvoir se construire avec les parents, la famille en prenant en compte leurs projections négatives par rapport aux intervenants, leurs approches antinomiques, voire paradoxales par rapport au placement.

C'est pourquoi il est parfois difficile de co-construire les modalités d'une rencontre, un premier accueil dans les lieux mêmes de vie de l'enfant où tout rappelle les conditions même du placement. Dans les mêmes perspectives que le soin en santé mentale, des équipes ont pu travailler sur le besoin de ré-initier des pratiques d'accueil avec les familles dans des environnements plus neutres, entre espace privé et espace public (centres de vacances, lieux associatifs) offrant des modalités de rencontres plus ouvertes autour d'une activité du quotidien (repas, ballades,…). Nous retrouvons l'idée forte de la psychothérapie institutionnelle, celle qu'il faut pouvoir se décaler de nos positions statutaires (psychologue, éducateur) pour privilégier avec la famille le « faire ensemble », cette expérience permettant à la fois les possibilités d'une rencontre et de lectures croisées multiréférentielles des situations.

De même, les conflits de loyauté, les problématiques d'alliances negatives se trouvent accentués : l'enfant cherchant en général à protéger ses parents met les professionnels en échec tout en disqualifiant ses parents par les troubles qu'il développe. – « L'objectif est de réduire ce processus en agissant dès le départ de l'accueil de l'enfant en Maison d'enfants en organisant des entretiens familiaux dans lesquels nous leur reconnaissons du pouvoir, des compétences et leur désaccord avec le mandat. Le fait de reconnaître leur désaccord permettra de rendre possible le travail avec eux. Les entretiens familiaux réuniront le professionnel porteur de l'allégation, l'enfant porteur du symptôme, et la famille ; cette organisation montrera combien tous sont soumis à la décision judiciaire et permettra une véritable régulation dans un temps fixé pour que les interactions puissent se réaliser et l'affiliation indispensable à la construction d'un espace de confiance s'installer » (Gabet, Oulidi, Thomas, p. 30-31). Dans le cadre d'ateliers ou de visites médiatisées, des médiations par le jeu se trouvent utilisées pour mobiliser les émotions à travers le plaisir à jouer, à créer un espace de partage (champ transitionnel) susceptible d'ouvrir à des ressources, à des formes de métaphorisation.

« Le recours au groupe est une manière subtile de rappeler à chacun des parents de notre monde que la famille, le couple parental, les parents ne sont, d'un point de vue anthropologique, que le plus petit dénominateur commun de la société, ou du groupe social auquel ils appartiennent, auprès de leur enfant. Ce faisant, cette proposition du travail en groupe restaure le lien entre les parents et leur groupe d'appartenance. Il n'y a pas que les jeunes parents éloignés de leurs propres parents qui sont fragilisés par l'arrivée d'un bébé, toutes les situations rapportées ici montrent à l'envi que c'est le lien entre les parents en difficulté et leur entourage porteur qui est brisé, rompu, mis à mal par diverses circonstances. Le groupe assure une fonction phorique auprès de ses membres, sur laquelle plusieurs auteurs ont insisté et qui me semble très « efficace » dans ces témoignages. Nous sommes là bien loin d'une culpabilité parentale objet de réprobation. Nous sommes plus proches d'un signe de souffrance parentale qui nous incite à trouver avec les parents un processus de jeu pour renouer avec la responsabilité parentale. Que ce soit dans ses dimensions de prévention, de soin, politique, l'aide à la parentalité passe nécessairement non seulement par une réflexion des psychistes sur les liens intrapsychiques, mais également par une avancée sur les moyens de soutenir une « intersubjectivité bien tempérée »» (Drieu, Delion, 2018, p. 9).

Ces espaces thérapeutiques comme les groupes parents/enfants en institution se sont trouvés créés tout d'abord en référence aux observations tirées des groupes thérapeutiques d'enfants quand les thérapeutes se trouvés confrontés à des situations extrêmes de désaccordage sensoriel, psychique entre parents et enfants, à des ruptures et à des conduites d'escalades émotives, des angoisses de séparation chez les parents. Au-delà d'un soutien à la parentalité, le respect du fonctionnement des parents, la prise en compte dans les rencontres de chaque situation dans sa singularité et surtout les propositions de médiations (ou d'objets médiateurs) favorisent le jeu et la construction d'un processus de scénarisation (interfantasmatisation) qui ouvrent à l'historicisation des parcours et des « trous noirs traumatiques » dans la vie des familles.

La méthode de la thérapie multifamiliale (TMF) combine la thérapie familiale et groupale. A la différence de la thérapie de famille proprement dite, la TMF confronte un système familial à d'autres systèmes familiaux en présence des thérapeutes. De nombreuses équipes utilisent cette méthode en Amérique Latine, en Espagne et de plus en plus en France (Cook-Darzens, 2007). L'intérêt de la TMF s'est trouvé démontré dans le traitement de nombreuses problématiques (situations de migrations, de handicap,...)et/ou pathologies (psychoses, addictions, Troubles du Comportement alimentaire, maladies chroniques). Si les TMF utilisent plusieurs modèles thérapeutiques, les repères théoriques viennent des thérapies de groupe et de famille mais aussi du cadre plus large des communautés multi-familles (travail sur les ressources des réseaux). Les programmes utilisent des médiations et /ou des exercices identifiés à partir des problématiques posées, ce qui permet aux familles d'expérimenter des difficultés mais aussi des ressources et de partager des idées, perspectives de changements.

Dans un contexte d'insécurité généralisée (le malêtre), les familles ou, parents les plus vulnérables risquent de se replier dans des fonctionnements de survivance, amenant de nombreuses ruptures dans les parcours d'aide et de soins. En réinstaurant des accueils ouvert à la co-construction, à du partage, en développant des espaces thérapeutiques groupaux pour plusieurs familles, nous pouvons alors mieux lutter contre l'isolement social en créant un climat de soutien mutuel et, en conséquence, des sentiments d'appartenance qui aident les parents à sortir de la défiance. Au-delà, ces groupes redonne patience et espoir aux aidants, ce qui permet aux familles de trouver le bon rythme et la bonne distance face parfois à une maladie ou à des problématiques qui évoluent souvent dans la durée et engendrent des distorsions relationnelles importantes. Et surtout, ces groupes créent un contexte thérapeutique tissé de perspectives multiples favorables au changement.

Références

Abraham, N., & Torok, M. (1978). L'écorce et le noyau. Flammarion, 1987.

Anzieu, D. et al. (1987). Les signifiants formels et le Moi peau In. *Les enveloppes psychiques*, Dunod, 1-22.

Baranes, J. J. (1993). "Devenir soi même, avatars et statuts du transgénérationnel". In Transmission de la vie psychique entre générations, Dunod, pp. 170-190.

Berger, M. (1986). Entretiens familiaux et champ transitionnel. PUF, Le Fil Rouge.

Blöss, Th., & Odena, S. (2005). "Idéologies et pratiques sexuées des rôles parentaux. Quand les institutions de garde des jeunes enfants en confortent le partage inégal", *Recherches et prévisions*, Paris, Cnaf, n. 80, pp. 77-91.

Bonneville-Baruchel, E. (2015). *Les traumatismes relationnels précoces: clinique de l'enfant placé*. Erès.

Bourguignon, O. et al. (1999). *Le fraternel*. Dunod.

Brousse, C. (2000). *La répartition du travail domestique entre conjoints: permanences et* évolution *de 1986 à 1999*, Insee.

Brusset, B. (1987). "Le lien fraternel et la psychanalyse", *Psychanalyse à l'université*, 12: 5-43.

Cook-Darzens, S. (2007). *Thérapies multifamiliales*. Erès.

Cooper D. (1972). *Mort de la famille*; *Autrement*, "Finie la famille", numéro spécial. Seuil.

Déchaux, J.-H. (1998). "Dynamique de la famille: entre individualisme et appartenance", *La nouvelle société française. Trente années de mutation*, Galland O. et Lemel Y. (dirs.), A. Colin, Paris, p. 64.

De Mijolla, A. (1981). Les visiteurs du Moi. Les belles lettres.

Drieu, D., & Delion, P. (2018), Editorial, In "Parents-enfants-soins psychiques en groupe", Dialogue, Erès, Toulouse, pp. 7-10.

Drieu D., Marty F. (dir.), Traumatisme et filiation, *Dialogue*, n. 168, juin 2005; Drieu D., Dossier Souffrance dans le lien parents/enfants (Partenariat avec la revue Escilos de la Clinica et l'institut de Psychologie de l'université de Sao Paulo, avril 2015).

Gabet, B., Oulidi, J.-J., & Thomas, M. (2018). Etre parent, tout un cheminement, Dialogue, Erès, n. 230, pp. 25-36.

Martine, G. (2007). "Quand et comment l'homoparentalité est-elle devenue un objet "légitime" de recherche en sciences humaines et sociales?", *Socio-logos* [En ligne], 2 | 2007, mis en ligne le 16 octobre 2007, consulté le 7 mars 2024. https://doi.org/10.4000/socio-logos.803

Guyotat, J. (1980). *Mort, naissance et filiation: étude de la psychopathologie sur le lien de filiation*. Masson.

Henri, A.-N. (2004). "Le secret de famille et l'enfant improbable", dans P. Mercader, A.-N. Henri (sous la direction de). La formation en psychologie: filiation bâtarde, transmission troublée, Lyon, pul, pp. 193-303.

Houzel et al. (1999). *Les enjeux de la parentalité,* Ramonville-Saint Agne, Érès.

Kaës, R. (1978). Le complexe fraternel. Aspects de sa spécificité, *Topique*, n. 51: 5-42

Kaës, R., & Soulé, M. (1981). *Frères et sœurs*. Editions sociales françaises.

Kaës, R. et al. (1993). Transmission de la vie psychique entre générations. Dunod.

Kaës, R. (1993). Le groupe et le sujet du groupe: eléments pour une théorie psychanalytique du groupe, Dunod, Psychismes.

Kaës, R. (2003a). *Le complexe et le lien fraternel,* Divan familial, n. 10: 12-17.

Kaës, R. (2008). *Le complexe fraternel.* Dunod, Coll. Psychismes. Le Gall D., Bettahar Y. (dirs.) (2001). *La pluriparentalité*, Paris, PUF, Coll. "Sociologie d'aujourd'hui".

Le Gall, D. (2006). "Discours et vécus de femmes en situation pluri-parentale", *Familles en mouvances: quels enjeux* éthiques?, Ouellette R.-O., Joyal R. et Hurtubise R. (dirs.), Les Presses de l'Université Laval, Sainte-Foix, Québec, Canada, Institut québécois de recherche sur la culture, 2005, pp. 69-87; Poittevin A., *Enfants de familles recomposées. Sociologie des nouveaux liens fraternels*, Rennes, PUR, Coll. "Le sens social".

Lefaucheur, N. (1987). "Les familles monoparentales n'existent pas, je les ai rencontrées", Genève, *Les Cahiers médico-sociaux*, n. 2, p. 84.

Léridon, H., & Villeneuve-Gokalp, C. (1994). *Constance et inconstance dans la famille*. Ined, travaux et documents.

Martial, A. (2003). *S'apparenter, ethnologie des familles recomposées*. Mission du Patrimoine ethnologique, en coédition avec la Maison des Sciences de l'Homme.

Mehl, D. (2003). *La bonne parole. Quand les psys plaident dans les* médias. La Martinière.

Papon, S. (2023). Bilan démographique 2023. En 2023, la fécondité chute, l'espérance de vie se redresse. https://www.insee.fr/fr/statistiques/7750004

Ruffiot, A. (1981). *La thérapie familiale psychanalytique*. Dunod.

Ruffiot, A. (1985). Le groupe familial en analyse, l'appareil psychique groupal. In Ruffiot et al., *La thérapie familiale psychanalytique*, Dunod.

Scelles, R. (1997). *Fratrie et handicap*. L'Harmattan.

Tisseron, S. et al. (1995). *Le psychisme à l'épreuve des générations: clinique du fantôme*. Dunod.

9. La grand-parentalité : défis contemporains[1]

Ingrid Fernandes dos Santos
Katia Tarouquella Brasil

La parentalité exercée par les grands-parents présente des défis particuliers, comme le paradoxe d'assumer un rôle attribué à l'origine aux parents, et, généralement, ce rôle est assumé dans des circonstances défavorables. Mainetti & Wanderbroocke (2013) ont bien repérés des situations dans lesquelles les grands-mères assument la prise en charge intégrale de leurs petits-enfants. Ces situations sont souvent liées au fait que les parents sont adolescents, usagers de drogues, porteurs de maladies mentales, à des cas de maltraitance infantile et/ou à un abandon, ou en cas de décès des deux parents.

Ce chapitre vise à discuter, à travers une étude de cas, des défis de la fonction parentale d'une grand-mère auprès de sa petite-fille en conséquence de l'abandon de l'enfant par les parents.

La grand-parentalité

L'augmentation de l'espérance de vie, alliée aux difficultés financières des familles, a contribué à ce que les pensions de retraite des personnes

---

1 La révision de la traduction en langue française a été réalisée par Katia Tarouquella Brasil.

âgées deviennent un complément important du revenu familial, voire la seule source de ressources de certaines familles (Areosa, 2015). Au-delà de leur contribution financière, les grands-parents, sont un soutien psychique, affectif et social auprès des enfants et des petits-enfants (Bragato *et al.*, 2023).

Face à des situations imprévues, telles que l'absence de conditions physiques, psychiques, émotionnelles ou économiques des géniteurs (Figueiredo, Araújo & Amante, 2022 ; Gomes & Zanetti, 2009), les grands-parents peuvent être sollicités pour assumer la fonction parentale. Les grands-parents apparaissent comme la première option pour exercer les soins envers les petits-enfants lorsque les parents, pour une raison quelconque, seraient empêchés d'assumer et de soutenir la fonction parentale, en raison de circonstances défavorables.

Scremin et Bottoli (2016) définissent la parentalité comme l'ensemble des soins, des responsabilités et des interactions visant à soutenir le développement d'un enfant, traversant des questions transgénérationnelles et qui n'est pas nécessairement exercée par des personnes partageant un lien de parenté biologique. En fait, la parentalité est importante dans la structuration psychique et le développement de l'enfant.

Houzel (2004) présente trois axes qui constituent les aspects liés à la parentalité, à savoir : exercice de la parentalité, expérience parentale et pratique parentale. L'exercice de la parentalité fait référence à la légalité du terme du point de vue d'un exercice de droit, établissant les règles et valeurs du groupe social. L'expérience de la parentalité se réfère à une expérience subjective, manifestée tant au niveau conscient qu'inconscient. L'auteur souligne qu'il y a un processus de transition vers la parentalité, c'est-à-dire qu'il faut devenir père et mère à travers un processus qu'il nomme « *processus de parentification* ». Le troisième et dernier axe correspond aux pratiques de la parentalité. Celui-ci correspond à tous les soins fondamentaux pour le développement psychique de l'enfant, incluant ici les interactions affectives entre parents et enfants.

Il convient de souligner que, lorsqu'il s'agit d'assumer les soins parentaux des petits-enfants, cette tâche revient, dans la plupart des cas, aux grands-mères, reflet du fait que la fonction de soin a été historiquement attribuée aux femmes dans la société. Ainsi, face aux situations où les parents sont empêchés d'assumer la parentalité, cette place est, en général, occupée par les grands-mères, renforçant une question de genre qui traverse la grand-parentalité (Mainetti, & Wanderbroocke, 2013 ; Ramos, 2017).

Différente de la parentalité exercée par les parents, la fonction parentale dans la grand-parentalité présente certaines caractéristiques particulières. Jorge et Lind (2015) soulignent que certains grands-parents qui assument la fonction parentale trouvent une nouvelle opportunité de réparation de la fonction parentale exercée avec leurs enfants, comme la possibilité de restaurer des sentiments de culpabilité et de frustration. La grand-parentalité ne résulte pas toujours d'un choix, de sorte que cette fonction peut être traversée d'ambivalences, car d'une part il y a le sentiment de pouvoir offrir affection et sécurité au petit-enfant en lui assurant le maintien dans le noyau familial, d'autre part, il y a des surcharges et de la fatigue physique et émotionnelle (Lacerda, 2020). La grand-parentalité peut contribuer à ce que ces sujets assument des fonctions sociales et psychiques significatives dans la famille. Il y a une sorte de resignification de l'identité, puisque chez les personnes âgées, l'identité peut être traversée par la solitude, les pertes des rôles et des fonctions sociales (Silva & Moreira, 2016).

Ainsi, les discussions sur la fonction de la grand-parentalité sont importantes pour comprendre comment ces grands-parents se confrontent à de nombreux défis. La différence générationnelle entre grands-parents et petits-enfants peut être un défi important qui se manifeste dans un contexte social et culturel contemporain et peut créer un fossé dans la communication entre les générations. A cela s'ajoutent les fragilités physiques et émotionnelles qui accompagnent le vieillissement et qui peuvent affecter leur capacité à apporter soins et soutien aux petits-enfants (Lacerda, 2020). En ce sens, une pression pèse sur leur santé et bien-être en raison des exigences imposées par la fonction de la grand-parentalité.

Il convient de souligner que les grands-parents, en tant qu'acteurs importants dans les transmissions entre générations de savoirs, traditions, solidarité et valeurs, favorisent les liens intergénérationnels et identitaires et ceux-ci permettent l'établissement de liens affectifs (Ramos, 2017). Ainsi, face à la défaillance parentale des géniteurs, la fonction de la grand-parentalité maintien l'enfant dans sa famille d'origine, ce qui assure la continuité des liens et des processus de transmission intergénérationnelle.

En effet, la transmission psychique traverse les générations, les héritages familiaux sont transmis, modifiés et actualisés pour les générations suivantes, transmettant aussi le traumatisme, caractérisant une psychopathologie de la transmission (Scorsolini-Comin & Santos, 2016). Face à un paradoxe d'exercer la parentalité dans des situations imprévues et généralement négatives, les grands-parents peuvent transmettre des contenu psychiques non élaborés et marqués par des non-dits. Ces transmissions constituées par des non-dits et par ce qui n'a pas été symbolisé apparaissent dans les liens familiaux inscrits dans une chaîne transgénérationnelle, étant présentes tant dans l'espace transubjectif que dans l'espace intersubjectif (Rehbein & Chatelard, 2013). Ainsi, la grand-parentalité s'inscrit dans un contexte de transmission psychique qui lient les générations et génèrent le sentiment d'appartenance.

Un autre défi de la fonction de la grand-parentalité apparaît dans le conflit mis en évidence par les différences entre les générations de grands-parents et de petits-enfants, étant donné qu'entre les grands-parents et les petits-enfants il existe l'espace pour la génération des parents, qui atténue les disparités générationnelles. Puisque, dans la parentalité exercée par les grands-parents, les parents ne sont pas disponibles pour occuper cet espace dans la chaîne générationnelle, la différence entre les générations se révèle de façon plus claire au sein de la vie familiale et met à l'épreuve les grands-parents dans la fonction parentale qu'ils assument.

Étude clinique

La présente étude prend sa source dans la prise en charge psychothérapeutique d'une grand-mère et de sa petite-fille qui ont été orientées par le Conseil tutélaire (service de protection à l'enfance) de la ville où elles résidaient. La prise en charge a eu lieu dans une institution au cours du premier semestre de l'année 2023.

La vignette clinique présentée ici, concerne un suivi psychothérapeutique d'orientation psychanalytique dans le cadre du Centre de Référence de l'Assistance Sociale (CRAS) au Brésil. avec Ana une grand-mère qui s'en occupe de sa petite fille de 11 ans qui on va l'appeler Luana. On a choisi de diviser le matériel enregistré lors des séances en deux blocs : 1) bloc narratif – présentation d'un fragment du cas et 2) bloc interprétatif – analyse interprétative du cas (Dunker & Zanetti (2017).

Bloc narratif – Présentation du fragment du cas

Ana, femme de ménage, noire, 65 ans, et sa petite-fille Luana, étudiante, 11 ans, sont orientées vers une prise en charge psychologique à la demande du Conseil tutélaire (Service de Protection à l'enfance) de la ville où elles vivent. Le motif de la consultation était que la petite-fille avait créé un compte sur un réseau social et avait des échanges à caractère sexuel avec des hommes plus âgés, la fillette partageait des photos intimes en échange de l'argent. Luana vit avec sa grand-mère depuis l'âge de six mois, lorsque sa mère, consommatrice de drogues illicites, négligeait les soins envers sa fille et a fini par l'abandonner. Ana a dû aller chercher sa petite-fille chez sa fille dans une situation de négligence. Depuis cette période, elle assure les soins de sa petite-fille sans toutefois disposer de la garde légale. Il est parfois nécessaire de faire appel au père de Luana, qui vit dans une autre ville, pour accomplir des démarches administratives courantes. Le père de Luana ne maintient pas de contact avec sa fille, le contact se faisant presque exclusivement par l'intermédiaire de la grand-mère lorsqu'il a besoin de quelque chose. Luana n'a pas non plus de contact avec sa mère.

Ana est arrivée à la consultation avec des difficultés à comprendre pourquoi elle devrait voir un psychologue comme a était suggéré par le Service de Protection a L'enfance. Elle précise qu'elle est analphabète et que rencontre des difficultés à comprendre le fonctionnement des réseaux sociaux. Elle raconte que Luana présente un comportement difficile et inattendu pour son âge. Au cours des séances, il est possible de constater qu'Ana n'arrive pas à parler avec sa petite-fille de la sexualité, de la puberté et du cycle menstruel. Un exemple en est donné lors de la séance où Ana rapporte avoir entendu sa petite-fille dire à des amies du même âge, qu'elle n'était plus vierge, cependant, même préoccupé, elle n'a pas réussi à aborder le sujet avec sa petite-fille. En effet, pour les femmes de sa génération, il n'était pas aisé d'aborder la question de la sexualité.

Ana explique qu'elle a toujours rencontré des difficultés à s'occuper de la mère de Luana, que celle-ci était une personne difficile et qu'elle a commencé à présenter un comportement sexuel dès son plus jeune âge, quittant le domicile familial à 15 ans, enceinte de sa première fille, la grande sœur de Luana. La mère de Luana a eu quatre enfants, les deux plus jeunes vivent avec elle, Luana vit avec Ana, sa grand-mère et la fille aînée, est mariée et habite dans une autre ville. La relation de Ana avec la mère de Luana, a toujours été conflictuelle, que sa fille l'écoutait rarement et la contrariait constamment. Ana dit avoir le sentiment de perdre le contrôle sur sa petite-fille, de la même manière que cela s'était produit avec sa propre fille. Elle affirme avoir souhaité que sa petite-fille fasse des études et obtienne un bon emploi, contrairement à ce qui s'est passé pour sa mère et pour elle-même. Ana a indiqué se sentir perdue concernant l'éducation et les soins à apporter à sa petite-fille, et malheureusement, n'arrive pas à se communiquer avec elle.

Bloc interprétatif – Analyse interprétative du cas

L'accueil dans un cadre thérapeutique a permis à Ana de s'exprimer et de comprendre les raisons pour lesquelles elle a été orientée vers un psychologue. « *Bon, je suis venue parce qu'elle (la petite fille) fait des choses terribles, je ne sais même pas expliquer, mais elle a ces photos sur internet, c'est laid, vraiment laid, je ne sais pas quoi faire.* » Ana se trouve face à un défi suscité par la fonction parentale qui traverse les enjeux contemporains, comme par exemple, l'expression d'une sexualité et de l'exploration sexuel sur les réseaux sociaux et l'influence des technologies que laisse les jeunes déprotégé.

Le contexte contemporain apporte divers défis à ceux qui exercent la fonction parentale. L'un de ces défis est que les grands-parents sont confrontés aux différences générationnelles et celles-ci impliquent des transmissions psychiques qui sont liées aux expériences concrètes, réelles, sociales et culturelles qui ne sont pas toujours conscientes. Cette transmission psychique est nécessaire à la constitution du sujet et a lieu dès l'enfance, survenant à travers le langage et les signifiants transmis par la famille et la culture, établissant un ordre symbolique qui accompagnera le sujet tout au long de sa vie (Santos & Ghazzi, 2012). Ainsi, toute cette chaîne de signifiants, issue du langage, de la famille et de la culture, influence la manière dont les grands-parents exercent la fonction parentale et perçoivent les défis soulevés devant la parentalité.

L'histoire d'Ana et Luana est traversée par une transmission psychique transgénérationnelle qui traverse les générations et qui interfère directement dans les subjectivités et les processus de symbolisation des deux comme le fantasme de la répétition, une adhérence a une idée de non-changement et aussi d'impuissance. Ana, à un certain moment, exprime une préoccupation à propos de ce que Luana fait en répétition est en lien à l'histoire familiale : « *je lui ai déjà dit d'apprendre des erreurs de sa mère, ne fais pas pareil, notre famille est comme ça* ». Ana semble comprendre qu'un mécanisme familial, transmis d'une génération à l'autre, se rejoue d'une certaine manière. À un autre moment,

Ana verbalise : « *on dirait qu'elle a appris à faire cela avec sa mère, elle est en train de sortir de la maison sans me le dire* », le texte de Freud Introduction au narcissisme (1914/2010) dans lequel il aborde certains éléments narcissiques transmis entre les générations, Freud souligne « L'amour des parents, émouvant et au fond si enfantin, n'est rien d'autre que le narcissisme des parents renaissant, qui dans sa transformation en amour d'objet révèle inconfondiblement sa nature d'antan » (1914/2010, p. 37). En ce sens, les parents transfèrent au bébé leur propre narcissisme infantile, projetant des rêves et le plaçant dans un lieu idéal. De cette façon, il y a une transmission d'aspects narcissiques et inconscients qui se produit dans le champ de la parentalité, étant importante pour la construction même de la fonction parentale de ceux qui prennent soin et pour la constitution du sujet en développement. Dans le cas de Luana et de sa grand-mère Ana, il semble qu'il y ait une blessure narcissique de cette grand-mère, du fait de ne pas parvenir à faire en sorte que sa petite-fille investisse dans une place sociale différente de celle de sa mère, signalant un échec, pour la seconde fois, dans le rôle parental.

Dans le contexte générationnel, il existe des transmissions au cours desquelles des matériaux et contenus psychiques sont transférés aux générations suivantes. Rehbein et Chatelard (2013) soulignent que les signifiants qui traversent les générations se réfléchissent dans la transmission symbolique et du langage, où des marques sont inscrites dans le sujet de l'inconscient, le plaçant dans un discours à partir d'une relation à l'autre. Ces signifiants laissent des marques dans le psychisme, traumatiques ou non, qui peuvent être transmises d'une génération à une autre, se répétant au fil du temps. En ce sens, Pereira et Freitas (2020, p. 105) soulignent que « ce qui a été transmis à chaque sujet résulte de la combinaison entre ce qui a été entendu, perçu, et ce qui a été vécu par d'autres générations, ce qui se caractérise dans la trame fantasmatique familiale ». Ces transmissions constituées aussi par des aspects non symbolisés apparaissent dans la transmission transgénérationnelle et prédisposent à la répétition qui traverse l'espace psychique familial (Rehbein et Chatelard, 2013). C'est pourquoi, parmi les contenus transmis, la répétition est souvent également présente.

Dans le cas présenté, les aspects transgénérationnels apparaissent aussi dans la relation de la grand-mère et de la petite-fille à travers la répétition de l'histoire familiale, étant soulignée dans les récits de la grand-mère, de la mère et de la petite-fille. Ana indique : « *On dirait qu'elle veut faire la même chose que la mère !* » La répétition confronte la grand-mère car, en voyant chez sa petite-fille une réplication de l'histoire de la mère mais aussi de sa propre histoire, à savoir, des femmes seules, prises dans une situation d'exclusion sociale et psychique. Cela amène à questionner le rôle des institutions, envisagées comme une forme de parentalité élargie pouvant soutenir la grand-parentalité, mais aussi accompagner Luana, qui s'engage dans une exploration sexuelle. En considérant l'aspect de la contemporanéité dans cette relation, la répétition continue à se produire, mais utilise des dispositifs et contextes actuels de la société. La sexualité de la petite-fille, mise en évidence par la grand-mère comme une sexualité précoce, se sert du réseau social pour se manifester, sans espace pour parler de sa sexualité pubertaire avec sa grand-mère. Différemment de la sexualité de la mère, où les réseaux sociaux n'étaient pas disponibles, Luana é dans une situation de risque plus précocement. Lors d'une séance, Ana verbalise : « Elle est le portrait de sa mère, aussi têtue qu'on peut l'être", signalant un malaise devant le fait que la petite-fille ressemble à la fille.

Interrompre la répétition constitue un défi pour la parentalité exercée par la grand-mère, car même si elle ne le souhaite pas, il semble que Luana suive un chemin qui a été reçu transgénérationnellement et intergénérationnellement par la famille à travers une transmission familiale, mais c'est aussi une façon de se rapprocher de sa mère qui l'abandonné. En pensant aux récits compromis par la répétition et par le refoulement, il est important de réfléchir jusqu'à quel point les grands-parents répètent les difficultés qu'ils ont eues dans la maternité/paternité ou tentent de rompre avec cette répétition. En ce sens, Robert

(2009) présente également le traumatisme, représenté comme un deuil, qui, une fois non élaboré, fait qu'il est transmis à la génération suivante étant reproduit de façon identique, comme une sorte de clonage. Ainsi, comme le soulignent Pereira et Freitas (2020, p. 106) : « On entend que ce qui se transmet est ce qui se répète, et, encore, l'acte de répéter représente ce qui n'a pas été symbolisé »

La fonction parentale exercée par la grand-mère est marquée par des dimensions psychiques liées aux transmissions psychiques intergénérationnelles qui ont lieu dans le contact direct avec la petite-fille et promeuvent un lien générationnel. Cependant, Ana se retrouve devant une possibilité de ne pas savoir que faire et de ne pas pouvoir gérer des questions de la parentalité qui traversent par elle-même et nécessitent de trouver symbolisation. Il y a un sentiment de culpabilité de ne pas avoir réussi à contenir la fille et maintenant, dans cette nouvelle opportunité, elle se sent en train de perdre le contrôle et de ne pas réussir à contenir la petite-fille. Lors d'un des entretiens Ana dit : « *je ne sais plus quoi faire, j'ai déjà perdu tout contrôle, je pensais bien faire* ». Ainsi, dans la relation avec la petite-fille, la grand-mère tente de produire de nouveaux signifiants qui permettent de gérer le sentiment d'échec par rapport à la fille, cependant Ana lance un appel à l'institution de protection à l'enfance, car toute seule elle ne va pas arriver à protéger sa petite fille comme elle n'a pas réussi à protéger sa fille. Dans ce sens, l'institution a un rôle à jouer dans une parentalité élargie, avec la responsabilité de protéger l'enfant et de soutenir la grand-mère. Jorge et Lind (2015) soulignent le sentiment de culpabilité et le ressentiment vécu par les grands-parents lorsqu'ils se sentent incompétent dans la fonction parentale. De cette façon, assumer la parentalité des petits-enfants peut être une possibilité d'exercer la parentalité à nouveau, de créer un nouveau rôle, avec de nouvelles significations, fonctions et identités nouvelles.

Dans le cas présenté, la grand-mère projette des attentes et des désirs narcissiques sur la petite-fille, des attentes concernant le désir que la petite-fille fasse des études, étant donné que la grand-mère n'a pas eu accès à l'école. En outre, il y a la volonté exprimée dans la fantaisie que la petite-fille se distingue de la mère, motivée par le désir également de confirmer sa propre capacité à exercer à nouveau la parentalité et de réparer, à travers un processus de transformation, la parentalité précédente.

Dans l'histoire d'Ana et Luana, il existe une difficulté de communication ainsi que de compréhension, marquée par un illettrisme technologique qui imprègne le lien et le dialogue entre la grand-mère et la petite-fille. La situation de Luana et de sa grand-mère met en lumière les risques inhérents à l'usage des réseaux sociaux en l'absence de supervision adulte, à propos de cette situation, Ana dit : « *Ce truc d'internet, je ne sais même pas expliquer, mais il y a des photos d'elle que d'autres personnes peuvent voir* ». Ana saisit bien les risques que comporte Internet, même si elle en a une faible familiarité.

Les réseaux sociaux se caractérisent comme un obstacle dans la communication avec la petite-fille et s'imposent comme une troisième pièce, comme l'illustre Daró (2018), dans le triangle relationnel entre la grand-mère et la petite-fille, interférant directement dans cette relation. À l'époque contemporaine, les *gadgets* et les dispositifs technologiques ont pris la caractéristique de représenter le réel, puisque l'amélioration de la technologie prend la tournure d'animer la vie du sujet (Santos, 2019). Ces *gadgets* représentent un corps parlant, également marqué par un corps symbolique qui, selon l'auteure, possède des éléments signifiants qui existent sur le réseau (*internet*). Ces éléments signifiants se réfléchissent sur le propre corps, s'associant au réel qui atteint aussi le corps de l'autre dans une jouissance de consommer et d'être consommé par l'autre. La petite-fille confronte la grand-mère en trouvant sur le réseau social une extension de son propre corps et qui manifeste sa propre sexualité et cherche une jouissance dans le corps de l'autre. Ce comportement dépasse la possibilité de compréhension de la grand-mère, tant en ce qui concerne le fonctionnement d'Internet qu'en ce qui concerne l'exposition du corps.

L'incompréhension de l'internet est marquée par l'exclusion numérique et par l'analphabétisme de la grand-mère, c'est-à-dire, le maigre accès de la grand-mère aux connaissances technologiques relève aussi d'une exclusion sociale et de genre qui a eu un impact direct sur l'accès à l'éducation au Brésil au XXe siècle. La difficulté pour les femmes noires d'accéder à l'école traverse des questions imposées par des relations de travail qui contenaient des caractéristiques esclavagistes. Ces relations de travail peuvent être considérées comme le fruit de la période coloniale, au cours de laquelle à la femme noire était réservé le rôle de domestique, conduisant à ce que ces femmes soient exclues des institutions formelles, pour cette raison elle fait appel aux instituions pour réussir à changer la situation de sa petite fille (Almeida & Alves, 2011; Silva Henriques, 2017).

Pendant les entretiens, on peut percevoir qu'il y a un conflit qui traverse la grand-mère, à la fois du fait d'une exclusion numérique par rapport aux réseaux sociaux, et du fait de ne pas savoir lire et écrire, ce qui la place dans une position éloignée de la petite-fille et également dans une position d'impuissance : « *Ce serait plus facile si je savais lire et écrire, j'écris seulement mon nom.* » L'analphabétisme se caractérise comme une forme marquante d'exclusion éducative et sociale qui touche souvent les grands-mères issues des couches sociales les plus pauvres de la population, traversées par des aspects raciaux et de genre (Peres, 2011). L'analphabétisme de la grand-mère est le reflet d'une population fortement touchée par une exclusion sociale et, bien que l'enfance et la jeunesse soient traditionnellement destinées à l'éducation et à l'alphabétisation, la scolarisation n'est pas parvenue à ces personnes, surtout aux femmes, de telle sorte que la démocratisation de l'éducation et l'accès à l'école n'ont pas atteint un certain groupe de population.

Ce phénomène d'analphabétisme découle de l'exclusion sociale et ne permet pas de transformation au niveau culturel et politique de la société (Castro, 2019). En ce sens, Rosa (2022) souligne que l'exclusion sociale marque une souffrance sociopolitique où le sujet perd sa place de parole dans la société. Cette souffrance prend de plus grandes proportions à partir de l'angoisse, de la culpabilité et de la honte de ne pas appartenir à un groupe, alimentées par une politique marquée par le contrôle et l'exploitation. La grand-mère rapporte une honte lorsqu'elle dit qu'elle ne sait écrire que son nom. En ce sens, Rosa (2022) insiste aussi sur la détresse discursive vécue par ces personnes, à qui l'on retire une place de parole et dont l'absence de cette place entraîne une atteinte narcissique et traumatique. Ce manque d'accès à l'éducation, mis en évidence par l'analphabétisme et l'exclusion numérique, confronte la grand-mère dans la tentative d'assumer la fonction de s'occuper et de prendre soin d'une personne d'une autre génération.

La perception de la sexualité et du corps propre constitue une autre différence significative entre la génération de la grand-mère et celle de la petite-fille, qui traverse le cas. La petite-fille et la grand-mère éprouvent des difficultés à discuter de la sexualité et des formes d'exploration sexuelle auxquelles les adolescents en situation de vulnérabilité peuvent être exposés par le réseaux social. Ana a rapporté la situation : *« Je l'ai entendue dire à ses copines qu'elle n'était plus, vous savez, vierge, j'ai pensé : est-ce possible ? Elle est si jeune pour ça ! »*. À la suite de ce récit, j'ai demandé si Ana avait interrogé Luana sur le fait de ne plus être vierge, et elle a répondu : *« Je n'ai pas réussi à lui demander ça, j'avais honte, ce n'est pas possible, trop jeune ! »*. On perçoit qu'Ana n'arrive pas à parler des aspects de la sexualité avec sa petite-fille. Aborder les aspects de la sexualité confronte la grand-mère qui, au premier abord, devrait n'assumer que des fonctions relatives à la grand-parentalité. Ainsi, la fonction parentale bute contre la fonction de grand-parentalité, étant donné que les grands-parents peuvent vouloir exercer le rôle qui leur est attribué culturellement et non les responsabilités parentales, ce qui fait qu'assumer une parentalité entraîne aussi un aspect conflictuel et ambivalent (Scremin & Bottoli, 2016). Lorsqu'il s'agit des grands-parents, le savoir intergénérationnel apparaît comme une voie pour comprendre des modèles sexuels et de possibles représentations du passé qui surgissent dans le présent dans la relation avec les petits-enfants. En ce sens, la contemporanéité apporte un dialogue autour de la sexualité beaucoup plus ouvert et explicite par rapport à l'époque des grands-parents (Lima *et al.* 2022), ce qui rend difficile la compréhension et le dialogue sur la sexualité avec les petits-enfants, l'une des responsabilités qui implique également la fonction parentale.

Considérations finales

L'écoute de la dynamique relationnelle entre une grand-mère et sa petite-fille a mis en évidence que la cohabitation entre les générations peut être conflictuelle, car elle est traversée par des questions telles que les différences générationnelles, les comparaisons entre la petite-fille et la fille, la peur d'échouer avec la petite-fille face à un sentiment d'échec avec la fille, parmi d'autres questions. Lorsqu'il s'agit de grands-parents exerçant la parentalité, les conflits générationnels entrent en jeu dans cette trame relationnelle, mettant en évidence révélant aussi L'importance du soutien institutionnel afin de permettre à cette grand-mère de faire face aux défis de la parentalité.

Dans la parentalité de la grand-mère présentée dans cette étude, les aspects des transmissions générationnelles et les répétitions familiales apparaissent comme des protagonistes dans la trame familiale, évoquant chez la grand-mère un désir de réparation de la parentalité assumée auparavant avec sa fille. Ana a le sentiment d'avoir échoué avec sa fille et s'efforce de restaurer sa propre fonction parentale à travers la relation avec la petite-fille avec le soutien de l'institution de protection à l'enfance. Ce désir est également traversé par une tentative narcissique de prouver sa propre compétence dans la fonction parentale.

La compréhension du corps et de la sexualité a constitué l'un des défis de la parentalité exercée par cette grand-mère. Les différentes conceptions du corps, de la sexualité et de l'exposition mettent en scène les changements générationnels et contemporains et la dificulté de Ana de parler avec sa petite fille sur la sexualité. La génération des grands-parents signale qu'il existait une relation différente avec le corps, avec la sexualité et maintenant, ces grands-parents sont confrontés à une génération qui a une autre manière de gérer le corps, le genre, la sexualité.

Les transmissions psychiques qui traversent ces deux générations sont marquées par des expériences concrètes, réelles, sociales, culturelles, conscientes mais aussi inconscientes. Il convient de souligner qu'il existe un repère dans la relation grand-mère et petite-fille par la voie des transmissions psychiques et des répétitions qui traversent l'histoire familiale dans laquelle elles sont toutes deux insérées.

Références

Almeida, G. E. S., & Alves, C. M. C. (2011). Educação escolar de mulheres negras: interdições históricas. *Revista Educação em Questão, 41*(27), 81-106.

Areosa, S. V. C. (2015). Idosos provedores: a importância dos recursos da aposentadoria para as famílias brasileiras. *Barbarói*, (45), 173.

Bragato, A. G. C., Garcia, L. A. A., Camargo, F. C., de Paula, F. F. S., Malaquias, B. S. S., Elias, H. C., & Santos, Á. S. (2023). Avós cuidadores de netos: análise do perfil e intensidade dos cuidados. *Cogitare Enfermagem*, *28*, e79812.

Cappelli, T. F. & Oliveira, L. R. F. (2015). Psicoterapia psicanalítica de uma criança que está sob a guarda da avó: estudo de caso. *Aletheia*, 47-48, pp. 91-105.

Castro, L. (2019). Por uma psicanálise da alteridade em um Brasil de intolerâncias. *Revista Reverie, 12*(1), p. 81-95.

Daró, B. R. (2018). *A influência da tecnologia da informação e da comunicação sobre o vínculo avós e netos na contemporaneidade: uma contribuição da psicanálise vincular* [Dissertação de Mestrado,

Universidade de São Paulo]. Biblioteca Digital da Universidade de São Paulo.

Dunker, C. I. L., & Zanetti, C. E. (2017). Construção e formalização de casos clínicos. In C. Dunker, H. H. A Ramirez & T. C. Assadi (Orgs.), *A construção de casos clínicos em psicanálise: método clínico e formalização discursiva* (pp. 23-45). Annablume.

Figueiredo, R., Araújo, L., & Amante, M. J. (2022). Quando os avós são, e têm de ser, pais dos netos – revisão da literatura. In C. Magalhães, M. J. Amante, P. Xavier & S. Fonseca (Orgs.), *Políticas e respostas para crianças e jovens em risco III: da prevenção à promoção da autonomia* (pp. 50-84). Escola Superior de Educação do Instituto Politécnico de Viseu.

Freud, S. (1914/2010). Introdução ao narcisismo. In Sigmund Freud, *Edição Standard Brasileira das Obras Completas de Sigmund Freud*, Vol. 12 (Trad. Paulo César de Souza). Companhia das Letras.

Gomes, I. C. & Zanetti, S.A. (2009). Transmissão psíquica transgeracional e construção de subjetividade: relato de uma psicoterapia psicanalítica vincular, *Psicologia USP*, 20(1), 93-108.

Houzel, D. (2004). As implicações da parentalidade. In L. Solis-Ponton (Org.), *Ser pai, ser mãe. Parentalidade: um desafio para o terceiro milênio*. Casa do Psicólogo.

Jorge, H., & Lind, W. (2015). Segurar a família pelas pontas: os dilemas dos avós cuidadores a tempo inteiro. *Psychologica, 58*(1), 7-22.

Lacerda, C. B. S. (2020). *O papel das avós no sistema de relações familiares: estudo qualitativo transcultural Portugal – Brasil* [Dissertação de Mestrado, Universidade Beira Interior]. Repositório digital da Universidade Beira Interior. https://ubibliorum.ubi.pt/handle/10400.6/11055

Lima, F. P. S., Dutra, L. N. L., Novaes, L. F., Fernandes, I. S., Brech, G. C., & Salles, R. J. (2022). Corpo temporal e sexualidade atemporal:

um conflito na velhice. *Research, Society and Development*, *11*(9), e10811931519-e10811931519.

Magrin, N. P., Moraes, A. S. D., Paniago, C. D. M., Santos, I. F. D., Lacerda, R. M. & Cunha, R. N. D. (2022). O impacto de oficinas sobre sexualidade: um relato de experiência com estudantes. *Psicologia Escolar e Educacional*, *26*.

Mainetti, A. C. & Wanderbroocke, A. C. N. S. (2013). Avós que assumem a criação de netos. *Pensando fam.*, *17*(1)87-98.

Peres, M. A. D. C. (2011). Velhice e analfabetismo, uma relação paradoxal: a exclusão educacional em contextos rurais da região Nordeste. *Sociedade e estado*, *26*(3), 631-662.

Pereira, C. V. G., & Freitas, M. C. A. D. (2020). Transmissão psíquica geracional vinculada com as dimensões de repetição e transformação. Ágora: Estudos em Teoria Psicanalítica, 23, 103-110.

Ramos, N. (2017). Família, solidariedade e relações intergeracionais e de gênero: avós e netos na contemporaneidade. In L. V. C. Moreira, E. P. Rabinovich & M. N. Ramos (Orgs), *Pais, avós e relacionamentos intergeracionais na família contemporânea* (227-247). Editora CRV.

Rehbein, M. P., & Chatelard, D. S. (2013). Transgeracionalidade psíquica: uma revisão de literatura. *Fractal: Revista de Psicologia*, *25*, 563-583.

Robert, P. (2009). La Famille Et Les Générations. In Marty, F (Dir.) *Les Grandes Problématiques De La Psychologie Clinique* (pp. 63-89). Dunod, Paris.

Rosa, M. D. (2022). Sofrimento Sociopolítico, Silenciamento e a Clínica Psicanalítica. *Psicologia: Ciência e Profissão*, *42*, e242179.

Santos, L. (2019). A psicanálise no mundo contemporâneo. *Reverso*, *41*(77), 65-73.

Santos, V. O. D., & Ghazzi, M. S. A. (2012). A transmissão psíquica geracional. *Psicologia: ciência e profissão*, *32*, 632-647.

Scorsolini-Comin, F & Santos, M. A. (2016). Construir, organizar, transformar: considerações teóricas sobre a transmissão psíquica entre gerações. *Psicologia Clínica*, *28*(1), 141-159.

Scremin, A. L. X. & Bottoli, C. (2016). Avós e netos: o exercício de uma parentalidade. *Barbarói, 48*(1), 234-252.

Silva Henriques, C. (2017). Do trabalho doméstico à educação superior: a luta das mulheres trabalhadoras negras pelo direito à educação superior. *O Social em questão, 20*(37), 153-171.

Silva, J. M. & Moreira, J. O. (2016). Particularities of the Psychoanalytical Clinic of Aging: Construction of Clinical Cases. *Psychology, 7*(06), 914.

Tavares, A. A., & Vieira, R. S. (2020). A exclusão digital e a cidadania participativa na sociedade em rede. *Meritum, Revista de Direito da Universidade FUMEC, 15*(4), 283-299.

10. Familles de femmes enceintes et de femmes puerpérales utilisant de l'alcool et d'autres drogues : perspective des professionnels de la santé[1]

Waleska Batista Fernandes
Alessandra da Rocha Arrais

Introduction

La femme voit son cycle de vie marqué par des périodes qui peuvent être critiques, parmi lesquelles on distingue l'adolescence, la grossesse, la ménopause et la post-ménopause. Durant ces moments, on observe des changements hormonaux et des réajustements psychiques et intrapsychiques significatifs (Diniz, 1999). L'usage et l'abus d'alcool et d'autres substances psychoactives (SPA) peuvent traverser de tels cycles, y compris la période de la grossesse. Bien que cet usage puisse être "condamné" par la société, il est important de considérer que la femme ne cesse pas d'avoir ses désirs et/ou passions antérieurs à la grossesseestation. Cette condamnation, par conséquent, est intrinsèquement liée au modèle féminin imprégné par le construit historique de la maternité (Badinter, 2011).

Les femmes sont fréquemment tenues pour responsables de la notion du bien et du mal en raison de leur curiosité imprudente et de leur désir sexuel considéré comme incontrôlable (Chaui, 1985). En

1 La révision de la traduction en langue française a été réalisée par Elen Carioca Zerbini.

même temps, elles sont perçues comme responsables de la continuité de l'espèce humaine et de la rédemption partielle à travers la procréation, mais pas n'importe quelle maternité, une maternité immaculée et divine. Ainsi, Chaui (1985) met en garde afin de souligner la naturalisation du corps de la femme pour la maternité, mais pas n'importe quelle maternité, une maternité immaculée.

Badinter (2011) souligne que la culpabilisation maternelle trouve son origine dès la conception de l'enfant. Elle discute des politiques, dans les années 1980, concernant la tolérance zéro à l'alcool et au tabac pour les femmes enceintes, non seulement pour elles, mais aussi pour ceux qui les entourent. Derrière ces politiques, elle alerte sur une nouvelle forme de contrôle du corps de la femme : "Dieu et le bébé sont les seuls assez puissants pour mettre fin à la vie mondaine" (Badinter, 2011, p. 86). L'auteure soutient que le modèle de mère idéale du XXe et XXIe siècle (et qui perdure jusqu'à aujourd'hui) est tourné vers le naturalisme, dans lequel l'enfant est le centre de tout, le corps de la femme est prioritairement celui du bébé. Comment penser, alors, la femme qui est mère et consomme de l'alcool et/ou des substances psychoactives ? S'agirait-il d'une mère négligente qui ne prend pas soin de l'enfant qui habite son corps ?

La femme qui s'approche du modèle divin, et qui est comparée à la Vierge Marie, porte en elle non seulement la maternité, mais une "bonne maternité", ou ce que Iaconelli (2023) appelle la maternité standard-or, dans laquelle elle accomplit de façon abnégée, exclusive et compétente le développement de la fonction maternelle. Si la femme qui joue le rôle de bonne mère s'approche de la divinité mariale, la femme qui, même mère, consomme des substances psychoactives, s'éloignerait de cette figure divine, et se rapprocherait "dangereusement" d'Ève ? Ou pire, elle ne serait identifiée ni à l'une ni à l'autre, car Ève serait la liberté sexuelle et Marie la sainteté. La femme qui consomme de l'alcool et/ou des SPA serait-elle vue par la société, pire qu'Ève, représentant le serpent lui-même, le "mal incarné" ?

Il n'en demeure pas moins que l'on sait que l'usage de substances peut entraîner différents préjudices, et pour les femmes, le sentiment de culpabilité, encore plus si cette femme est mère, selon Zanello (2018), la culpabilité maternelle comme une émotion qui s'est métamorphosée en un mécanisme d'oppression et de contrôle social contemporain sur les femmes, comme l'a montré la recherche menée par Camargo *et al.* (2018). Ladite recherche rapporte que les femmes qui, en découvrant leur grossesse alors qu'elles étaient utilisatrices de substances psychoactives, éprouvent fréquemment un profond sentiment de culpabilité.

Les femmes qui consomment des SPA racontent des tentatives infructueuses d'arrêter leur consommation, provoquant des conflits internes qui exacerbent le sentiment de culpabilité. Il convient de souligner que ces personnes sont conscientes que leurs actions peuvent nuire au fœtus, anticipant, par conséquent, qu'à la naissance, l'enfant ne les considérera pas comme un modèle exemplaire de maternité, Fernandes et Arrais (2024). Malgré cette conscience, ces femmes se perçoivent dépourvues de ressources et impuissantes à s'abstenir de consommer des substances psychoactives (SPA).

Un autre point de grande importance concerne "l'impossibilité civile" qui frappe une femme consommatrice de drogues lorsqu'elle essaie d'exercer la maternité. La recherche de Malheiros (2019) postule qu'il existe un consensus concernant les femmes en situation de vulnérabilité par rapport à la maternité dans ce contexte. Cependant, nombre de ces femmes n'ont pas de liens familiaux, rendant difficile, voire impossible, de compter sur le soutien de la famille d'origine, ou, dans d'autres situations, la famille d'origine est sollicitée pour obtenir la garde de leurs enfants.

Il est très difficile de se tenir face à une femme-mère qui consomme de l'alcool et/ou des SPA. Et il convient ici de préciser que nous ne voulons ni défendre ni diaboliser cet usage, mais réfléchir à la façon dont ce thème est présenté à la société, aux professionnels de la santé, aux familles et aux mères elles-mêmes. Quelles peurs et anxiétés entourent leurs histoires de vie et quel rôle les substances occupent-elles à cet égard ? Devenir mère leur enlève-t-il le biais d'être désirante ? Et si le désir est d'arrêter la consommation seulement pour un temps, sommes-nous prêts pour ce dialogue ?

Face à ce scénario complexe, l'intérêt est né d'écouter les acteurs impliqués dans cette scène, qui concerne le monde de la maternité et celui des SPA. Pour cela, une recherche-mère a été réalisée, intitulée : « Femmes et réseaux brisés : le regard des professionnels de santé sur la prise en charge des femmes enceintes et des mères récentes qui consomment de l'alcool et d'autres drogues dans le District Fédéral ». Le présent chapitre présentera un extrait de cette recherche, et s'est fixé comme objectif central d'analyser la perception des professionnels sur les réseaux sociofamiliaux des femmes enceintes et des mères récentes qui consomment de l'alcool/SPA et qui sont prises en charge par eux.

Méthodologie

Le cadre méthodologique de la recherche a suivi les préceptes de la recherche-intervention, étant une étude de type exploratoire, descriptif et qualitatif. Toutefois, dans cet article, l'intervention réalisée ne sera pas présentée, mais seulement un extrait concernant une partie des entretiens avec les professionnels de santé.

La recherche a eu lieu dans une maternité publique du District Fédéral, qui est accréditée avec 10 lits psychiatriques auprès du Ministère de la Santé, et constitue une référence pour les grossesses à haut risque.

Les participants sélectionnés étaient des professionnels de santé de niveau supérieur appartenant aux catégories suivantes : 2 assistantes sociales, 2 infirmières, 2 psychologues, 2 médecins psychiatres et 2 médecins gynécologues-obstétriciens. Ces professionnels interviennent auprès des femmes enceintes ou en post-partum faisant un usage abusif d'alcool et d'autres SPA, ou l'ayant fait pendant la période gestationnelle.

Au total, 10 professionnels de santé ont été interviewés, mais seulement 8 remplissent les critères d'inclusion.

Dans le but de préserver la confidentialité et l'identité des personnes interrogées, il a été décidé de remplacer leurs noms par des noms de plantes trouvées dans le sertão nordestin. Ce choix se justifie par le fait que ces plantes possèdent des racines profondes et sont résilientes, tout comme les professionnels de santé qui travaillent dans le Système Unique de Santé (SUS) et relèvent des défis significatifs. Par conséquent, les noms utilisés pour représenter les participants, avec leurs professions respectives, sont : Cactus – Service social ; Palma – Service social ; Mandacaru – Psychologie ; Umbuzeiro – Soins infirmiers ; Aroeira – Psychologie ; Juazeiro – Psychiatrie ; Bromélia – Gynécologie et Jatobá – Gynécologie.

Les entretiens ont été réalisés entre mars et juin 2023. L'instrument utilisé était un guide de questions ouvertes, qui portait sur les principaux défis et potentialités dans la prise en charge des femmes enceintes et en post-partum qui consomment de l'alcool et d'autres drogues, les améliorations possibles à apporter à cette prise en charge et sur les éventuelles orientations à donner, le cas échéant. Tous les entretiens ont été enregistrés puis retranscrits par la chercheuse.

Pour l'analyse, le codage et la catégorisation des données qualitatives, le logiciel Atlas.ti. a été utilisé, selon l'approche de l'analyse de contenu proposée par Bardin (2016), celle-ci permettant au chercheur d'explorer la signification sous-jacente des données textuelles et offrant une structure systématique pour l'analyse, révélant des aperçus précieux qui enrichissent la compréhension du phénomène étudié.

Dans le processus d'analyse de contenu des entretiens, 4 axes thématiques ont été construits, à savoir : Réseau institutionnel, Professionnels, Patients et Réseau socio-familial. Dans ce chapitre, nous traiterons uniquement de l'axe thématique « réseau socio-familial ». Dans chaque axe thématique, des catégories et des sous-catégories ont été élaborées.

Nous soulignons que la plupart des titres des sous-catégories ont été extraits des propos même des personnes interrogées en lien avec le thème abordé. Des tableaux ont été élaborés présentant : catégorie, sous-catégorie, description opérationnelle et fréquence des propos. Chaque tableau sera analysé, en mettant en évidence les sous-catégories les plus fréquentes, mais aussi celles qui apparaissent moins fréquemment, dès lors qu'elles s'avèrent significatives pour illustrer la catégorie et enrichir la connaissance sur la thématique étudiée.

La Résolution n. 466/12 du Conseil National de la Santé a été respectée. Le projet a été approuvé par le Comité d'éthique en recherche de la FEPECS CAAE n. 65269522.90000.5553, sous l'avis n. 5.919.598.

Résultats/discussion

Nous présenterons d'abord la caractérisation des professionnels interviewés. En ce qui concerne la formation académique, trois étaient titulaires d'une maîtrise et les cinq autres avaient une spécialisation. Tous travaillent avec des femmes enceintes et des puerpères qui consomment de l'alcool et des substances psychoactives (SPA) depuis plus de cinq ans. Sept ont un lien institutionnel en tant que fonctionnaire statutaire et un en tant que contractuel temporaire. Quant à l'identité de genre, on compte un homme et sept femmes. Tous sont âgés de 35 à 55 ans.

- **Axe thématique : réseau de soutien sociofamilial**

Dans cet axe thématique, nous aborderons les situations où les professionnels de santé se réfèrent aux familles, aux réseaux de soutien et aux relations sociales et affectives des patientes. Nous rappelons que les patientes auxquelles ils se réfèrent sont des femmes enceintes ou en post-partum qui font un usage nocif de l'alcool et d'autres SPA, et qui sont ou ont été prises en charge à la maternité, champ de recherche de cette étude.

Tableau 1. Paroles des professionnels sur la famille et le réseau de soutien des patientes.

	Sous-catégorie	Description	Fréq.
Défis	« Elle a choisi de rester dans la rue. »	L'absence de liens familiaux ou de réseau de soutien.	5
	La famille brisée.	Les vulnérabilités familiales.	2
Possibilités	Nous avons aidé à recréer les liens.	L'accompagnement des familles au cours du parcours.	3

Le Tableau 1 se rapporte à l'axe thématique « réseau de soutien socio-familial » et présente deux catégories principales : Défis et Possibilités. Lorsque nous faisons référence aux défis, nous englobons des sous-catégories liées à des situations plus complexes pour les professionnels en lien avec la famille ou en son absence, deux sous-catégories ont été définies. Quant aux possibilités liées au réseau de soutien et à la famille, une seule catégorie a été définie.

La première sous-catégorie, intitulée « Elle a choisi de rester dans la rue », révèle le manque de liens familiaux ou de réseau de soutien des femmes enceintes et en post-partum qui font un usage abusif d'alcool et d'autres substances psychoactives (SPA).

> *Les principaux défis dans l'accompagnement de ces femmes enceintes pour moi c'est la difficulté de trouver un réseau de soutien, je pense que c'est la plus grande difficulté, de trouver, parce que lorsque nous parvenons à établir le contact avec la famille, beaucoup de membres de la famille disent que : ah non, c'est elle qui a choisi de rester dans la rue, nous en avons eu assez, nous l'avons déjà fait interner, n'est-ce pas — abandon de la famille — d'où l'importance d'un réseau de soutien. (Mandacaru)*

Cette sous-catégorie fait référence aux observations qui soulignent l'absence de membres de la famille maintenant un contact avec la patiente, ainsi que l'absence d'autres types de réseaux de soutien ou d'appui social pendant la période où ces patientes sont suivies à l'hôpital. Ces récits se sont répétés à cinq reprises.

Tout d'abord, nous soulignons qu'il peut être difficile pour les professionnels de santé de prendre en charge des situations où la patiente, se trouvant en période post-partum, ne dispose pas d'un réseau de soutien ou affectif pouvant fournir un appui. Cela complique le travail en réseau, les négociations et, surtout, l'absence du soutien émotionnel nécessaire pendant le post-partum.

Il convient également de noter que, lorsqu'un membre de la famille exprime au professionnel de santé que la patiente « a choisi de rester dans la rue ». De nombreuses histoires complexes sont impliquées dans ce « choix » et nécessitent la compréhension et le soutien de toutes les parties concernées, tant des patientes que de leurs familles. Le fait que quelqu'un soit en situation de rue n'est pas toujours réduit à un choix direct, et la rupture des liens familiaux est souvent un processus graduel.

Néanmoins, il est indéniable que de nombreuses familles ont déjà soutenu les patientes à un moment donné, cependant, leurs tentatives de soutien ont pu être vaines. Cela soulève des questions quant aux attentes qui sont placées sur quelqu'un lorsqu'une aide est offerte pour entreprendre un traitement. Il semble que, dans de nombreux cas, les attentes des familles peuvent être liées à la construction sociale de l'abstinence, et le non-respect de ce modèle peut entraîner déception et rupture des liens, car dès lors ils « s'en lavent les mains ».

Cependant, nous revenons sur l'importance du réseau de soutien, comme l'a mentionné Gaino (2019), ce réseau concerne le soutien fourni par des personnes présentes dans les réseaux de contact, telles que les membres de la famille, les amis, les collègues de travail (ou de la rue) et d'autres, englobant un soutien physique, émotionnel, matériel et un encouragement. Le réseau de soutien social est composé des personnes en qui l'individu a confiance pour les soins, l'amour et les valeurs. Des études montrent que le soutien social est directement lié à des résultats de santé plus positifs, y compris la réduction de la consommation de substances et des comportements nocifs pour la santé.

De plus, le soutien social fonctionne comme un amortisseur contre les effets néfastes du stress. Il peut être un puissant facteur de protection contre les risques imposés par la vie. La perception du soutien social est influencée par la présence réelle de soutiens, la disponibilité et divers facteurs tels que socio-économiques, psychologiques, culturels, professionnels, l'âge, la santé et le genre.

Gaino (2019) a également montré que les femmes étaient moins satisfaites du soutien social, étaient plus susceptibles de développer des troubles psychiatriques. En outre, les résultats suggèrent que la répartition des rôles basée sur le genre (principalement la surcharge de la femme dans le soin) peut être un facteur contribuant à ce que les femmes ayant des enfants soient plus enclines à développer des troubles mentaux.

Par conséquent, ne pas avoir de réseau de soutien peut devenir un facteur de risque pour ces femmes, accroissant la vulnérabilité qui les traverse, d'autant plus que ces femmes ont pu avoir été des « filles » de familles qui ont été vulnérabilisées. Selon Loiola (2022) nous devons comprendre que les situations qualifiées de vulnérabilité sociale sont liées à la nature du système capitaliste. Par conséquent, nous ne devons pas considérer la « vulnérabilité » et le « risque social » comme des caractéristiques innées des personnes qui les vivent au quotidien.

Les familles ne sont pas naturellement « vulnérables » ; au contraire, elles sont soumises à la vulnérabilisation, la négligence et le manque de protection de la part de l'État et de ses politiques publiques. Il est important d'éviter l'idée que la vulnérabilité est inhérente à l'individu, sans reconnaître les inégalités et contradictions présentes dans le système capitaliste. Ces contradictions montrent que, tandis que la production sociale et le travail sont réalisés collectivement, les bénéfices sont monopolisés uniquement par une partie de la société (Loiola, 2022).

Nous pouvons observer dans la déclaration suivante que les familles citées par les professionnels rencontrent également des défis, élevant même d'autres enfants de la même patiente, ou se trouvant en situation de risque social, comme le dit l'interviewée Palma : « Cela signifie que la famille est déjà un peu désorganisée, déjà un peu cassée, un peu fatiguée parce que parfois ce n'est pas non plus la première grossesse, c'est déjà le troisième, le quatrième enfant de cette femme » (Palma).

Nous attirons l'attention sur ce que Paiano *et al.* (2019) soulignent en insistant sur le fait que des facteurs intrinsèques, tels que la motivation individuelle, l'illusion/croyance que les médicaments peuvent faire arrêter une personne de consommer une substance, seraient suffisants pour arrêter la consommation de substance. En outre, il mentionne des facteurs extrinsèques, tels que le soutien familial, les influences de l'environnement social, les conditions financières et de travail, ainsi que la qualité du réseau de services de santé.

À cet avertissement, nous ajoutons encore que le simple fait qu'une femme soit enceinte ne la mènerait pas nécessairement à l'arrêt de la consommation d'alcool et d'autres SPA. Par conséquent, il peut être illusoire pour les professionnels de santé d'associer la grossesse à l'abstinence, et de ne pas valoriser d'autres avancées dans la prise en charge de la santé, telles que les consultations prénatales, substituer des substances « plus nocives » par d'autres types, les soins bucco-dentaires, l'amélioration de l'alimentation, des informations sur les méthodes contraceptives, entre autres.

Ferreira et Santana (2020) soulignent également le manque d'approche critique et globale des questions familiales et des interventions avec les familles. En outre, ils mentionnent la pertinence de la motivation de l'individu à changer sa situation, y compris les aspects cognitifs qui influencent ce processus pour reconnaître la nécessité d'un traitement et demander de l'aide. Ils affirment également que les limites institutionnelles, économiques et politiques exercent une influence significative sur l'adhésion des patients au traitement en ce qui concerne la consommation problématique de substances psychoactives.

Un autre aspect qui mérite d'être souligné est que les professionnels indiquent que de nombreuses femmes consommant de l'alcool/SPA se trouvent en situation de rue, ce qui constituerait également une forme supplémentaire de vulnérabilisation. Ces femmes, en grande partie, n'auraient pas de réseau social.

Cependant, il se peut que nous négligions les configurations du réseau affectif que la rue elle-même peut établir, comme l'alerte Malheiros (2019). Et de surcroît, perpétuer ce que réaffirment Silva *et al.* (2018), à savoir qu'il existe une conception selon laquelle les femmes qui consomment des SPA cessent d'être responsables des soins familiaux, ce qui peut intensifier le sentiment de culpabilité de ne pas remplir leur « fonction sociale » et perpétuer les stéréotypes sociaux.

La littérature scientifique révèle que de nombreuses femmes en situation de rue ont perdu leurs liens familiaux et ont établi de nouveaux liens affectifs, adaptant leur vie à cette nouvelle réalité, et exercent la maternité de manière satisfaisante, en tenant compte du concept de maternité possible élaboré et défendu par A. R. Arrais (communication personnelle).[2]

Ainsi, on comprend que pour chaque histoire il existe une configuration de ce qui est ou était considéré comme une famille, qui, par de nombreux facteurs, y compris l'usage abusif de substances, et pas seulement cela, il peut y avoir une rupture avec ce réseau de soutien ainsi qu'avec d'autres réseaux sociaux et communautaires. Penser à cet enchevêtrement et à de nouvelles configurations socio-affectives est un défi central dans le soin, qui peut se décliner en la sous-catégorie suivante.

« Nous avons aidé à refaire les liens » : l'accueil des familles comme possibilité dans le soin et la reprise du réseau de soutien social.

> *... souvent, on a ici un témoignage où on parvient à laisser une bonne trace, parce qu'on a réussi à refaire les liens, parce qu'on a aidé à les refaire, n'est-ce pas, que les personnes ont pu renouer un lien familial, à partir de notre regard et à partir de notre prise en charge (Palma).*

2 Conférence donnée par A. R. Arrais lors de l'événement en personne EPP Experience, Brasília, 22 octobre 2022.

Cette sous-catégorie aborde l'importance de la prise en charge et de la vision élargie du professionnel de santé en ce qui concerne la famille et le réseau social de la patiente. Bien qu'elle ait été mentionnée seulement trois fois lors des entretiens, elle mérite d'être soulignée pour atteindre l'objectif général de cette recherche. Les soins de santé, malgré les défis, offrent d'innombrables possibilités. Parmi elles, l'attention accordée à la famille des personnes qui consomment de l'alcool et d'autres SPA, en dépit des références aux ruptures et à la fragilité des liens. Il existe des opportunités à travers le travail en réseau, la collaboration d'équipes pluridisciplinaires et d'autres ressources.

Il est possible d'établir le contact et de renforcer les liens familiaux, ainsi que d'optimiser ceux qui, bien qu'existants, peuvent être vulnérabilisés, comme mentionné précédemment. Cela requiert une articulation intersectorielle pour la protection sociale et une action de l'État.

Il convient également de souligner les efforts individuels des professionnels de santé dans le renforcement de ce lien, comme dans cet extrait des propos de Palma : « si j'arrive à travailler un peu la famille, à travailler un peu la reprise de la vie de cette personne avec ou sans l'enfant, je crois avoir un peu contribué à cette histoire ».

Paya (2017) indique que la préoccupation pour la famille des personnes qui consomment de l'alcool et d'autres drogues est enregistrée dans les années 1940, à travers des groupes d'entraide et d'aide mutuelle. Avec la Réforme Psychiatrique Brésilienne, dans les années 1980, la famille gagne en importance dans le contexte de la santé mentale, quittant le rôle « d'informateur » et assumant celui de partenaire dans le soin et le contrôle social. En ce sens, il y a eu également une évolution dans les approches et pratiques avec les familles actuelles, dans lesquelles les interventions familiales doivent offrir un accueil et une orientation, comprendre et respecter la culture de chaque famille, identifier et valoriser les potentialités familiales et éviter les jugements et préjugés. Ces actions doivent se baser sur l'assistance à la patiente pour la réduction des risques et sur la collaboration pour promouvoir des changements dans les modèles et comportements (Paya, 2017).

En outre, nous soulignons l'importance de l'articulation intersectorielle pour promouvoir la protection sociale et réduire les vulnérabilités ; il est possible de cartographier les réseaux pour des orientations responsables, tant dans l'assistance sociale que pour les groupes d'entraide pour les familles, tels que les groupes familiaux des Caps Ad et les groupes d'aide mutuelle.

Il est souligné que les familles ont besoin de soins en santé mentale afin de pouvoir soutenir la patiente et son/ses enfant(s), en tenant compte des spécificités de chaque configuration familiale.

En synthèse, lors des entretiens, les professionnels ont fait de nombreuses déductions sur ces patientes et leur réseau, ou l'absence de réseau de soutien. Ces paroles, analysées dans ce travail, ont permis un regard encore plus élargi sur ces femmes.

Des récits montrent que ces femmes ont fréquemment des liens familiaux rompus ou affaiblis. Cependant, chaque fois que cela est possible, l'équipe de professionnels de santé réalise des consultations et interventions avec ces membres de la famille, visant à restaurer ou renforcer ces liens.

La connaissance de la perception des professionnels de santé à l'égard des femmes et de leur réseau socio-affectif revêt une importance substantielle pour la conception de programmes et d'initiatives orientés vers l'amélioration de la prise en charge de ce public. Une telle approche vise à la déconstruction de visions réductionnistes et à l'identification de possibilités face aux défis préalablement identifiés.

Considérations finales

Cette recherche-intervention qualitative a analysé l'accompagnement des femmes enceintes et des femmes en post-partum qui font usage d'alcool et d'autres SPA dans le District Fédéral du point de vue des professionnels de santé. Lors des entretiens, les professionnels ont fait de nombreuses inférences sur les familles des patientes et leur réseau, ou l'absence de réseau de soutien. Ces propos, une fois analysés dans ce travail, ont permis un regard encore plus élargi sur ces femmes.

Parmi les défis inhérents à cette recherche, nous soulignons la complexité d'interviewer certaines catégories de professionnels de santé, en insistant sur le fait que la participation des patientes, bien que souhaitable, n'a pas pu être réalisée en raison d'obstacles dans le processus de soumission au comité d'éthique.

Nous croyons que les développements de cette investigation ont enrichi le corpus de la littérature portant sur les thématiques de genre, maternité et femmes qui font usage d'alcool et d'autres substances. Il est essentiel d'adopter une approche qui aille au-delà d'une focalisation exclusive sur les substances psychoactives (SPA).

Dans ce sens, il est fondamental d'éviter le double réductionnisme : tout d'abord celui qui réduit la femme faisant usage de SPA de façon simpliste, la percevant comme bien plus qu'une consommatrice de substances. Et en second lieu, il importe de ne pas limiter la femme à son rôle de mère, en l'encourageant à rechercher des soins globaux pour sa santé physique et mentale. Cela implique de considérer d'autres facteurs qui peuvent également contribuer à des problèmes de santé, comme des conditions précaires de travail, la violence sous ses diverses formes, le manque de soins bucco-dentaires et nutritionnels, et le manque d'accès aux services de santé mentale.

Nous considérons que ce regard multidimensionnel peut identifier d'autres facteurs qui peuvent également contribuer à des problèmes de santé, tels que des conditions de travail précaires, la violence sous ses diverses manifestations, le manque de soins bucco-dentaires et nutritionnels et d'accès aux services de santé mentale. On a également identifié la rupture des liens familiaux. Les professionnels suggèrent la réalisation de prises en charge familiales et d'essayer d'articuler des facteurs de protection. Les données révélées sont importantes pour la construction de programmes et de politiques visant à améliorer la prise en charge des patientes.

Il importe de souligner le soutien que les réseaux de soutien doivent recevoir, tant par les politiques publiques que par les professionnels qui les mettent en œuvre, au moyen d'une approche élargie de la santé, en accueillant et en orientant les demandes des patientes et de leurs familles au sein des réseaux de santé et des autres politiques de protection sociale.

Références

Bardin, L. (1977/2016). *L'analyse de contenu.* (3ª ed.). Edições 70.

Badinter, E. (2011). *O conflito: a mulher e a mãe.* Record.

Camargo, P. O., Oliveira, M. M., Herreira, L. F., Martins, M. F. D., Luft, C. F., & Kantorski, L. P. (2018). O enfrentamento do estigma vivido por mulheres/mães usuárias de crack. *SMAD – Revista eletrônica saúde mental álcool e drogas, 14*(4), 196-202.

Chaui, M. (1985). Participando do debate sobre mulher e violência. In R. Cardoso & M. C. Paoli (Orgs.). *Perspectivas antropológicas da mulher.* Zahar.

Diniz, G. S. R. (1999). Condição feminina: fator de risco para a saúde mental? Escola, saúde e trabalho. *Estudos psicológicos,* 179-198.

Gaino, V. et al. (2019). O papel do apoio social no adoecimento psíquico de mulheres. *Revista Latino-Americana de Enfermagem,* 27, e3157.

Iaconelli. V. (2023). *Manifesto Antimaternalista: Psicanálise e políticas da reprodução.* Zahar.

Fernandes, W. B., & Arrais, A. (2024). Revisão narrativa: uma jornada entre maternidade, gênero e o uso de substâncias psicoativas. In Waldenilson T. Ramos et al. (orgs.), *Saúde mental e multiplicidades: veredas que abrem para as insurgências do contemporâneo* [livro eletrônico]. Editores.

Ferreira, I. H., & Santana, A. (2020). A adesão ao tratamento de substâncias psicoativas sob o olhar dos pacientes do Hospital Universitário de Brasília. *Brazilian Journal of Mental Health*, *12*(33), 75-104.

Liola, G F. (2022). *Nós somos gente, nós pode ser mãe: existências e resistências à retirada compulsória de filhas/os pelo Estado*. [Tese de Doutorado]. Pontifícia Universidade Católica de São Paulo.

Malheiros, L. S. B. (2019). *Tornar-se mulher usuária de crack: trajetória de vida, cultura de uso e políticas sobre drogas no centro de Salvador-BA*. [Dissertação de Mestrado]. Universidade Federal da Bahia.

Moreira, C. S., Fernandes, W. B. & Arrais, A. (2024). Atenção em saúde mental a gestantes em CAPS no Distrito Federal. PSI UNISC, 91-112.

Paya, R. (2017). *Intervenções familiares para abuso e dependência de álcool e outras drogas*. Roca.

Paiano, M., Kurata, V. M., Lopes, A. P. A. T., Batistela, G., & Marcon, S. S. (2019). Factores intervenientes en la adhesión al tratamiento de usuarios de droga atendidos en el Caps-Ad. *Revista de Pesquisa: Cuidado é Fundamental*, *11*(3), 687-693.

Silva, É. B. D. O., Pereira, A. L. D. F., & Penna, L. H. G. (2018). Estereótipos de gênero no cuidado psicossocial das usuárias de cocaína e crack. *Cadernos de Saúde Pública*, 34(5), e00110317.

Zanello, V. (2018). *Saúde mental, gênero e dispositivos: cultura e processos de subjetivação*. Appris.

PARTIE IV

INTERVENTIONS DANS LE CONTEXTE DE LA PARENTALITÉ

11. Parentalités, politiques publiques de santé et contextes de vulnérabilisation sociale au Brésil[1]

Eduardo Passos
Sandra Cabral

Pour aborder le thème « Parentalités, politiques publiques de santé et contextes de vulnérabilisation sociale au Brésil », il sera nécessaire de corréler la notion de parentalité à la spécificité des caractéristiques socioculturelles brésiliennes.

La situation de détresse économique et sociale dans laquelle se trouve une grande partie de la population brésilienne relève des échos actuels ethniques, sociaux et économiques de notre constitution en tant que pays, vecteurs d'intersectionnalité qui traversent notre construction subjective et culturelle. Fondée sur deux grands traumatismes sociaux – la colonisation et l'esclavage –, l'histoire du Brésil est restée marquée par la stratification sociale de la population et par l'extrême inégalité dans la répartition des revenus et de l'exercice des droits sociaux.

L'expérience quotidienne de la précarité, vécue également par une part significative des professionnels de santé dans le secteur public, produit une sorte de traumatisme social insidieux, aggravé par la banalisation de l'expérience de la douleur extrême et par le sentiment d'impuissance qu'un quotidien immergé dans l'insistance de l'adversité engendre.

1 La révision de la traduction en langue française a été réalisée par Sandra Cabral.

Cette réalité trouve fréquemment sa traduction dans la violence sociale, symptôme pour lequel le traitement policier ou médicamenteux finit par faire peser sur la victime la responsabilité de l'affrontement d'un effet produit socialement, à travers une opération de responsabilisation individuelle, de psychologisation ou même de pathologisation de circonstances ou états existentiels qui sont, pourtant, construits historiquement et collectivement.

L'affrontement de cet effet social a été réalisé quotidiennement par les personnes en situation de précarité sociale, contraints à faire face à la violence de la disproportion des forces et des ressources, ce qui rend tout aussi disproportionné de les considérer comme vulnérables. L'identification directe d'une population précarisée au statut de *vulnérable* alimente, à son tour, le champ pour l'opération encore plus perverse de la pathologisation de la pauvreté, cimentée en grande partie par des théories implicites sur l'expérience de la pauvreté qui orientent, avec une fréquence surprenante, les pratiques de santé et d'éducation (Yunes, Garcia & Albuquerque, 2007).

De tels présupposés sur les stratégies de vie de cette population interprètent leurs façons de vivre la parentalité et le soin – basées sur des réseaux de solidarité dans la tentative de soutenir la solitude de la prédominance des configurations familiales monoparentales – comme une *désorganisation* (Dapieve, Mendes & D'albosco, 2017) ; tout comme elles traitent leurs formes de résistance – dans le maintien du quotidien ardu résultant de l'action d'invisibilisation de leur travail d'affrontement à l'adversité intense – comme une sorte d'*insensibilité à la douleur.*

Afin d'éviter ce que nous entendons par pathologisation de la pauvreté, nous prenons, comme direction d'analyse, le concept de *transversalité* proposé par Félix Guattari, dans un texte présenté au Ier Congrès International de Psychodrame en 1964 et publié dans le n. 1 de la *Révue de psychotérapie institutionnelle*, où il soutient que « le problème de l'incidence du signifiant social sur l'individu émerge à tout instant et à tous les niveaux... La relation sociale n'est pas un "au-delà" des problèmes individuels et familiaux... » (Guattari, 2004,

p. 102), dans la mesure où toute construction subjective s'effectue dans ses dimensions désirantes, politiques, économiques, historiques, c'est-à-dire, immergée, en toute mesure, dans l'univers social.

En suivant la direction de la psychothérapie institutionnelle et l'inflexion ultérieure donnée par Guattari avec l'analyse institutionnelle expérimentée à La Borde, l'analyse des cas traités par les pratiques de santé s'articule à l'analyse des pratiques de santé prises comme cas : des cas de la clinique à la clinique comme un cas, telle est la formule qui oriente la tradition ayant débuté avec les expériences à l'hôpital psychiatrique Saint Alban menées par François Tosquelles à partir de 1941.

En ce sens, on peut se demander ce que l'idée de désorganisation parentale produit comme effet dans les pratiques de santé et comment une telle perspective réduit l'appréhension de la « problématique sociale réelle » (Guattari, 2004, p. 101) inhérente à la discussion portant sur la parentalité. Dans le champ de la santé, une conception conservatrice et idéalisée de ce qu'est une famille structurée peut, pour les familles homoparentales ou monoparentales, par exemple, ajouter un vecteur de vulnérabilisation du fait du non-accueil de leur façon d'exercer la parentalité, tant dans la société en général que dans les services de santé, ce qui constituerait l'une des facettes de la violence d'État.

On peut encore questionner de quelle manière la thèse de l'assimilation des pratiques de résistance de la population précarisée à l'*insensibilité à la douleur* imprègne l'imaginaire social dans l'attention à la santé, justifiant ainsi la structure verticale et hiérarchisée dans l'effectuation des pratiques institutionnelles, entre les travailleurs eux-mêmes et dans la gestion avec les usagers, qui aboutissent à des contextes de violence précisément là où ils devraient s'effectuer comme des contextes de vitalisation et de réparation. Les recherches traitant du thème de la violence et du racisme obstétricaux, des pratiques historiquement construites et imprégnées dans la formation dans le champ de la santé, montrent leur prévalence dans l'expérience des femmes noires et en situation de pauvreté ou de précarisation sociale (Leal *et al.*, 2017).

La transversalisation des vecteurs d'inégalité rend visible l'inséparabilité entre les dimensions macro et micropolitiques dans le quotidien des territoires, favorisant la compréhension des effets de la vulnérabilité sociale comme résultat d'un mode de subjectivation collectif qui produit l'action de vulnérabilisation. Cependant, l'idée même de l'existence de *vecteurs* en action suggère la présence de forces allant dans des directions diverses, des forces en tension dans un champ où les manœuvres politiques de tentative d'oubli, d'assujettissement et de mise au silence des corps en situation de précarisation ont à composer avec la mise en œuvre de pratiques de résistance, « petites insurrections » que nous situerons ici dans la direction de la circularité, et que le philosophe camerounais Achille Mbembe analyse comme des formes de « résistance viscérale ».

> *Ces micro-insurrections prennent une forme viscérale comme réponse à la brutalisation du système nerveux typique du capitalisme contemporain. L'une des formes de violence du capitalisme contemporain consiste à brutaliser le système nerveux. En réponse, émergent de nouvelles formes de résistance liées à la réhabilitation des affects, des émotions, des passions, qui convergent dans ce que j'appelle « politiques de la viscéralité ». Il est intéressant de voir comment, dans de nombreux endroits......les nouveaux imaginaires de lutte cherchent principalement la réhabilitation du corps. (Mbembe, 2019, p. 17)*

Mbembe prend le cas de l'Afrique du Sud, que l'on peut d'une certaine manière corréler à certaines dimensions de la réalité brésilienne, pour décrire un processus de décolonisation symbolique qui passe par la « lutte pour transformer le contenu du savoir et les formes de production du savoir... par la réhabilitation de la voix, par l'expression artistique et symbolique, défiant la tentative du pouvoir de reléguer au silence les voix qu'il ne veut pas entendre » (Mbembe, 2019, p. 17).

Il s'agit d'un champ de forces qui met en évidence l'inséparabilité entre l'éthique, l'esthétique et la politique, et qui nous positionne, en tant que travailleurs de l'éducation et de la santé, dans la proposition et l'affirmation de pratiques et de politiques du quotidien qui prennent des directions orientées par les logiques de la sensibilisation, de la circularité et de la latéralité. Exercer cette direction c'est nécessairement être dans le champ de forces des politiques publiques et, du point de vue de notre réflexion, des politiques publiques en santé.

Politiques d'État, politiques de gouvernement, politiques publiques

Parler de santé au Brésil, depuis la Constitution de 1988, c'est parler du SUS. Et parler du SUS, c'est parler de santé publique.Au moment où la Constitution brésilienne a affirmé que la santé est un droit de tous et un devoir de l'État, elle a lié la propre définition de la citoyenneté au droit à la santé et a créé les bases pour la création du SUS en 1990, tout en définissant trois dimensions que nous devons distinguer pour penser la santé de la famille comme une politique publique de santé : politique d'État, politique de gouvernement et politique publique.

Voyons la première d'entre elles, la politique d'État. Le droit à la santé a été inséré dans la Constitution Fédérale de 1988 dans le titre destiné à l'ordre social, qui a pour objectif le bien-être et la justice sociale. Dans cette perspective, à son article 6, la Constitution établit que la santé est un droit social fondamental. À l'article 196, il est disposé que "La santé est un droit de tous et un devoir de l'État, garanti au moyen de politiques sociales et économiques visant à la réduction du risque de maladie et d'autres atteintes et à l'accès universel et égalitaire aux actions et services pour la promotion, la protection et la récupération".

Récupération de la santé, c'est-à-dire, assistance, mais aussi promotion et prévention de la santé, ce qui impose un sens intégral de la santé et une direction de clinique élargie, une clinique qui ne se réduit pas à la rémission des symptômes, mais vise la qualité de vie dans le sens bio-psycho-social. Nous avons donc, au Brésil, la santé intégrale comme un droit constitutionnel, c'est-à-dire, un droit ayant force de loi. Le SUS est une politique d'État dans la mesure où il est institué par la loi. Ce qui est institué par la loi est stable, ne peut être contesté. Mais la loi est abstraite.

La politique de gouvernement dans une démocratie représentative concerne les groupes politiques qui prennent en charge la machine de l'État pour interpréter la loi, l'exécuter, créer les conditions pour que ce qui est la loi soit effectif dans des pratiques concrètes. Si la politique d'État est stable et abstraite, la politique de gouvernement est concrète, mais très instable, c'est-à-dire, une politique qui vit l'instabilité des jeux de pouvoir, des luttes partisanes, des intérêts des groupes politiques, du jeu électoral.

La politique d'État est stable et abstraite. La politique de gouvernement est instable et concrète. Mais qu'est-ce qu'une politique publique ?

Nous entendons par politique publique ce qui est stable et concret. Comment y parvenir ? Le SUS devient une politique publique lorsqu'il s'incarne dans les pratiques concrètes des différents sujets impliqués dans le processus de production de la santé : professionnels, gestionnaires et usagers. Comment incarner une politique de santé en la rendant publique?

Le SUS, en tant que politique publique de santé, a renversé la base du système de santé qui, avant sa constitution, reposait sur les soins tertiaires. L'hôpital était le centre du système de santé qui se caractérisait aussi par son modèle médico-centré. L'innovation que nous avons expérimentée au Brésil dans les années 1990 renverse la pyramide qui s'appuie maintenant sur sa plus grande base. Les Soins de Santé Primaires représentent le pari du changement du système de santé qui commence à fonctionner de manière décentralisée, territorialisée et ayant dans la santé de la famille sa base. À ce point, une orientation intéressante pour traiter la question de la santé de la famille – question complexe et qui entraîne de nombreux enjeux – peut ici être défendue : celle de souligner sa relation d'indissociabilité avec la santé publique. La santé de la famille est, par définition, santé publique. Parler de santé de la famille, c'est parler de santé publique.

Le Programme Santé de la Famille (PSF) indique cette relation d'indissociabilité dans la défense d'une santé élargie et intégrale, puisqu'il se configure comme une stratégie pour la consolidation du SUS en promouvant une réorientation du modèle d'assistance traditionnel. Reposant sur la famille et la communauté, le PSF cherche l'intégralité de la prise en charge de la santé, en considérant les déterminants sociaux et environnementaux. L'action d'équipes pluridisciplinaires dans les Unités de Soins Primaires (UBS), à travers des actions de promotion, prévention, diagnostic, traitement, récupération et réhabilitation, contribue à l'amélioration de la qualité de vie de la population. Cette stratégie, en valorisant la construction de liens et la territorialisation, permet l'identification précoce de problèmes de santé et l'offre de soins adaptés, renforçant la relation entre les professionnels de santé et la communauté.

Les équipements et les professionnels des Soins de Santé Primaires sont ceux qui sont le plus directement présents dans les territoires, sous la forme des équipes médicales, mais aussi des agents communautaires de santé, qui habitent le territoire et font le lien entre les habitants et les centres de santé, faisant coïncider leur pratique professionnelle avec la pratique quotidienne des habitants dudit territoire. Ce qui est incarné dans ces professionnels et usagers, c'est le SUS dans sa dimension concrète et avec la stabilité d'une pratique incarnée.

C'est la santé à la base, c'est-à-dire la santé sur le territoire, la santé incarnée dans les corps des différents sujets impliqués dans le processus de production de soi et du monde. La santé de la famille est un moyen effectif pour que le SUS devienne une politique publique.

Politiques publiques, santé familiale, vulnérabilités et parentalités

Dans la réalité actuelle brésilienne, les groupes familiaux en contextes de vulnérabilisation sociale sont constitués majoritairement de familles monoparentales, avec une charge énorme portée par les mères, touchant surtout la population noire. Dans les stratégies d'adaptation de ces groupes à cette situation structurelle de vulnérabilisation, nous retrouvons le caractère particulier des liens de parentalité de la culture brésilienne et son héritage de la tradition communaliste et territorialisée des soins apportés aux enfants : les stratégies de parentalité élargie, composées d'oncles, de grands-parents, de voisins et d'amis qui, au Brésil, ont souvent le statut de membres de la parenté.

La diversité contemporaine des configurations familiales remet en question, de manière incontestable, les conceptions traditionnelles de la fonction maternelle et de la fonction paternelle. La famille nucléaire ne se présente plus comme hégémonique. La forte incidence des familles monoparentales met en évidence l'expérience solitaire de la parentalité féminine; la grossesse précoce amène les grands-mères à assumer en grande partie la fonction parentale; les familles homoparentales et les réseaux de solidarité familiale ou entre voisins des familles en situation de pauvreté nous indiquent les nuances de la diversité des formes de parentalité.

Le concept de parentalité comme une fonction, construite et processuelle, qui peut être réalisée de différentes manières et par des personnes de profils très divers, acquiert ici une importance vitale : l'importance de guider cette discussion en proposant, à la place de la notion de famille, la notion de parentalité, puisqu'elle est plus adaptée à notre réalité brésilienne, notre réalité plus originale, ou du moins plus originelle.

La notion de parenté parmi les peuples autochtones du Brésil, les indigènes brésiliens, ne se confond pas avec l'idée verticalisée de famille consanguine dont le modèle est la relation entre un père, une mère et leurs enfants. Selon le Glossaire des Termes Autochtones de la Fiocruz, le terme « parente » ne signifie pas que tous les indigènes soient égaux ou semblables, mais plutôt qu'ils partagent certains intérêts communs, tels que les droits collectifs, l'histoire de la colonisation et la lutte pour l'autonomie socioculturelle de leurs peuples face à la société globale.

Chez les brasilindiens, les relations de parenté relèvent d'une forme d'organisation sociale, culturelle et territoriale. Les relations de parenté sont des relations qui ne sont pas nécessairement en accord avec les relations biologiquesde consanguinité, étant donné qu'il s'agit de relations socio-culturelles-territoriales. Le parent est celui auquel je me sens lié par des liens socio-culturels et par une descendance commune, qui est plus mythique que biologique.

La prise en charge de la santé primaire s'effectue par des pratiques de santé qui s'incarnent dans la vie concrète de ces groupes de membres de la parenté, groupes liés par des liens sociaux, territoriaux, d'affinité affective qui peuvent ou non comporter de la consanguinité.

C'est par les liens de la parentalité que le SUS s'effectue comme politique publique de santé. La force de ces pratiques territoriales — c'est-à-dire les pratiques de soins primaires, basiques, qui incarnent la politique publique de santé du SUS — réside dans leur orientation vers la décentralisation et la circularité, ce qui permet la composition, l'articulation et la visibilité de pratiques de parentalités plurielles, souvent peu valorisées socialement.

D'où l'importance du travail de formation permanente et de sensibilisation du professionnel de santé à ce travail de composition et à la perception de sa pratique comme partie significative du réseau d'expériences et de soutien de la fonction de la parentalité élargie.

Un pacte, une politique publique : formations en santé

Nous allons donc apporter ici à la discussion notre expérience dans la mise en œuvre du projet de formation « Promouvoir des pratiques parentales avec affection, sans violence », une activité de formation continue en éducation à la santé, formulée par un partenariat interinstitutionnel (UFF/UNB/Academia Finatec), qui intègre enseignement et recherche, permettant l'articulation entre l'université et la communauté dans le partage et la diffusion de la production de connaissances pratiques et théoriques.

Les activités, développées dans le cadre du programme municipal « Pacte de Niterói contre la violence », s'appuient sur la sensibilisation, la construction d'outils relationnels et la valorisation des expertises déjà acquises dans le champ d'action des professionnels et gestionnaires de la santé qui travaillent directement avec les populations vulnérables, dans les systèmes de santé publique. Nous proposons une méthodologie active, participative et dialogique pour élargir les ressources afin d'affronter la situation grave de violence qui touche les familles dans la ville de Niterói et dans différents contextes de la réalité brésilienne.

C'est pourquoi nous définissons le thème de la violence comme transversal à tout le travail, en mettant l'accent sur le thème de la parentalité, compatible avec l'idée que la prévention de la violence commence par les conditions de soins pendant la grossesse, le post-partum, l'accouchement et la petite enfance. Le travail de terrain est développé à travers des ateliers de formation thématiques, dans le but de soutenir et d'outiller les professionnels afin qu'ils interviennent, à travers des dispositifs de groupe, auprès des femmes enceintes, des pères, des soignants et de leurs familles, configurant ainsi l'aspect multiplicateur de l'intervention.

Certaines déconstructions ont eu lieu au cours de ce processus, ce qui a provoqué certains déplacements et a ouvert la possibilité de nouvelles constructions. J'en souligne ici quelques aspects.

De l'armement à l'engagement

En répondant à la consultation publique en se prononçant majoritairement contre l'armement de la garde municipale comme modalité de lutte contre les taux élevés de violence intrafamiliale et extrafamiliale, la ville de Niterói, en 2017, fait le choix de passer d'une politique d'armement à une politique d'engagement : le Pacte Niterói contre la Violence constitue la réponse stratégique de la municipalité comme politique d'engagement face à la question de la violence urbaine.

Nous avons ici un premier déplacement : la déconstruction d'une idée selon laquelle se protéger serait s'armer, vers l'idée de protection liée à celle de sensibilisation concernant la visibilisation et l'interruption des cycles de violence, le plus souvent transmis de manière transgénérationnelle. C'est aussi un mouvement qui se déplace de pratiques de verticalité vers des agencements qui recherchent le vecteur de transversalité et de circularité, avec sa proposition intersectorielle et articulée à la société civile. Une politique gouvernementale, pleine d'instabilités prévisibles en tension et concrète dans son exécution.

Dans le domaine de la santé, le contact plus étroit des agents de santé avec les vecteurs de transversalité présents dans le quotidien des territoires avait déjà produit un diagnostic social qui a permis d'identifier que les actes de violence contre les enfants s'effectuaient dans le milieu domestique et, dans la majorité des cas, par quelqu'un exerçant la fonction parentale. (Rocha & Leite, 2011). Le secrétariat à la santé, en s'alliant aux autres projets sectoriels, s'engage alors dans la prévention de la violence dès la gestation, en proposant le Programme École de la Famille.

De l'école à la formation parentale

En misant sur cette logique transversale et décentralisée, et en misant sur la potentialité d'intervention quotidienne des professionnels des soins de santé primaires dans le réseau de santé publique, naît le projet qui vise à affronter le symptôme de la violence sociale et intrafamiliale en misant sur le renforcement des premiers liens comme forme de protection des liens parentaux les plus favorables à l'affrontement des violences. Le Programme École de la Famille investit dans cet axe d'intervention pour relever le défi de réduire la violence intrafamiliale dès la gestation : offrir aux femmes enceintes, aux pères, aux personnes qui s'occupent d'elles, à celles qui exerceront les fonctions parentales, un réseau de soutien qui nous inclut, en tant que professionnels de santé et en tant que gestionnaires de politiques publiques.

Nouvelles tensions, nouvelle déconstruction : le nom du programme – École de la Famille – donne l'idée que l'on puisse enseigner l'exercice de la parentalité. Quiconque a déjà fait l'expérience ou assisté aux soins apportés à un bébé ou à un jeune enfant sait qu'il a participé à une construction, qui est nécessairement collective, puisque nous sommes des sujets relationnels. Il n'est pas possible d'envisager la construction de tout événement concernant l'humain de manière totalement individuelle. Et, si nous apprenons à être humains en relation, nous sommes traversés par toutes les questions politiques, sociales et économiques dans lesquelles nous vivons et qui s'actualisent dans notre quotidien. Une approche transversale nous détourne de l'idée de concevoir la complexité d'un thème comme celui de la parentalité, ou même la dimension de l'enseignement et de l'apprentissage, comme une transmission de connaissances uniquement rationnelle, étant donné qu'il s'agit d'un processus multidimensionnel.

À ce stade, il est nécessaire d'opérer deux autres déplacements, soit celui de cesser d'identifier l'école elle-même comme un lieu de transmission de connaissances pour la penser comme une construction collective et circulaire, dans laquelle enseignant et apprenant alternent et se fondent fréquemment; soit celui de considérer l'éducation à la santé comme une pratique qui, au lieu de maintenir la verticalité traditionnelle apprise dans la formation classique en santé, intègre et met en tension les savoirs des professionnels et des usagers des services sur leurs propres expériences dans les domaines de la parentalité et même de la violence, pour ensuite seulement proposer des stratégies d'intervention. De tels déplacements nous permettent de suivre l'orientation du programme d'intervention et garder l'image de l'école pour faire allusion au travail avec les familles.

En tenant compte de ces déplacements, le programme prend la direction de s'organiser en ateliers interactifs, en adoptant comme méthode les stratégies d'éducation populaire proposées par Paulo Freire (Freire, 1996), qui prennent comme point de départ les savoirs populaires déjà construits et, dans le champ de la santé, exigent des professionnels une position de respect et de dialogue avec les savoirs et valeurs apportés par les familles, ainsi qu'une compréhension de la complexité des configurations familiales et de leur corrélation avec la production de la violence dans le contexte contemporain.

Ce sont ainsi organisées des rencontres thématiques des équipes des unités de santé avec des groupes de femmes enceintes suivies régulièrement dans les soins prénataux, avec l'idée de se présenter comme l'offre d'une formation parentale disposée à partager informations, expériences et récits, de manière à promouvoir des pratiques parentales favorables au renforcement des liens; encourager la circulation de la parole et des récits dans le but de rendre visibles les différentes formes de parentalité déjà pratiquées et en général peu valorisées par la communauté elle-même (lorsqu'elles ne suivent pas les standards idéalisés d'une famille dite structurée); et susciter la réflexion et la transformation des cycles de violence transmis transgénérationnellement par des styles d'éducation invisibilisés ou banalisés dans le quotidien.

Une déconstruction, deux déplacements et une construction qui a indiqué la nécessité d'une intervention de formation permanente en santé, comme une action pour une culture de la paix.

De la capacitation à la formation

Les équipes interdisciplinaires sont quotidiennement confrontées à la complexité du champ, notamment dans les territoires en proie à la violence et marqués par la vulnérabilité sociale, ce qui affecte fortement les femmes enceintes, les femmes en post-partum et les enfants. Cette confrontation produit, à son tour, des dilemmes, de l'angoisse, des sentiments d'impuissance et d'insuffisance et, parfois, conduit à la reproduction de violences. Dans des recherches menées auprès des professionnels, d'innombrables difficultés sont soulignées dans la gestion de la violence domestique : la peur de s'impliquer avec des personnes violentes, le manque de structure dans les unités de santé, le faible engagement des membres de la famille pour inverser la situation, la formation insuffisante des professionnels eux-mêmes.

Face à la difficulté de gestion de questions aussi névralgiques, la gestion municipale lance l'appel public à la formation des professionnels de l'attention de base œuvrant en prénatal et qui sont disposés à travailler avec les groupes de femmes enceintes dans la mise en œuvre du Programme École de la Famille. En réponse à cette demande, notre équipe, multidisciplinaire et interinstitutionnelle, propose un programme de formation continue, ayant comme axes transversaux la parentalité et la violence, dans l'objectif d'outiller les équipes pour aborder les diverses formes de parentalité comme une construction processuelle, qui peut et doit être exercée non seulement par les pères et les mères, mais par toute personne disponible pour s'occuper des enfants.

Par conséquent, une nouvelle construction dans des directions transversales et circulaires : la proposition de choisir des stratégies méthodologiques de formation des professionnels de l'attention de base en partant de leurs propres savoirs, en accord avec la méthode d'éducation permanente et dialogique proposée par le SUS. Cela nous a conduit au prochain déplacement, qui impliquait également une déconstruction : de l'idée de capacitation à l'idée de formation.

Le mot capacitation investit d'énergie la conception prétentieuse selon laquelle les professionnels qui cherchent à élargir leur qualification ne seraient pas habilités à exercer leur travail, ce qui constitue une incohérence avec le fait que ces professionnels sont déjà en plein exercice de leur travail, hautement qualifiés, donc, et connaissant bien plus leur pratique que nous. C'est pourquoi nous avons proposé la dénomination de *formation*, conformément à la politique du SUS de Formation Permanente.

L'idée de *formation* s'appuie sur la considération de la construction des subjectivités comme des processus sans cesse actualisés par nos expériences.

Cette formation devrait donc proposer des pratiques méthodologiques qui mettent en acte des expériences d'apprentissage en co-construction, de groupe et expérientielles, afin de permettre une sensibilisation des professionnels à l'importance de revisiter des positions culturellement préconçues et également actives dans le quotidien du travail dans les champs de la santé et de l'éducation quant aux stratégies des familles en situations de vulnérabilisation, quant à l'idéalisation de ce qu'on appelle la « famille fonctionnelle », quant aux circonstances de précarisation de l'existence.

Par le biais d'ateliers thématiques de formation, des stratégies de médiation basées sur des dynamiques et des objets dans différents langages ont agi comme déclencheurs d'espaces de parole et d'écoute entre les professionnels afin qu'ils puissent, eux-mêmes, revisiter leurs propres expériences de parentalité. Une manière d'élargir la gestion des aspects contre-transférentiels dans l'encadrement des groupes de femmes enceintes, ainsi que se placer en position d'écouter les problématiques amenées par les usagères, compte tenu de leur formation fortement axée sur l'accompagnement des conditions cliniques, l'orientation et la prescription.

Puisqu'il s'agit d'un processus, une formation doit inclure une période de ce que l'on appelle communément *supervision*. Cette étape du processus, prise au sérieux dans sa transversalité et sa latéralisation et se déplaçant hors de la logique de verticalité hiérarchisée, prend alors la dénomination de *visites d'accompagnement*.

Au cours des visites, la demande même des professionnels pour l'accompagnement de notre équipe dans le difficile travail de soutien des fonctions de la parentalité est devenue visible, ainsi que l'accueil de toute l'intensité de la douleur et de l'expérience de la vulnérabilisation et de la précarisation. Au fur et à mesure que se développent les rencontres avec les groupes et qu'une nouvelle approche s'établit vis-à-vis de ces femmes qui sont habituellement reçues pour le travail plus technique du prénatal, les travailleurs qui participent au projet École de la famille attestent de l'importance de ce processus formatif.

Comme développement, l'élargissement de thèmes qui – à partir des demandes survenues des groupes de femmes enceintes et des discussions des professionnels en formation – a reconfiguré et reconstruit non seulement les contenus, mais nos propres styles de pratique en tant que coordinateurs et enseignants, a donné forme à une véritable « forme-action »: affiner les stratégies de communication, dompter la tendance aux spécialisations, inclure des thèmes non abordés, comme la sexualité pendant la grossesse (proposée par l'un des groupes de femmes enceintes), aborder des thèmes délicats et généralement tus (tels que la violence obstétricale et le racisme obstétrical).

Le travail autour de ces thèmes a fini par mobiliser, parmi les professionnelles de santé, leurs propres souvenirs d'expérience des ambivalences de sentiments et d'affects pendant la période de gestation, ainsi que la perception et la caractérisation comme violences de certaines des expériences vécues au moment de l'accouchement, alors invisibilisées par la banalisation de leur survenue.

Et, comme en miroir, le constat de pratiques quotidiennes, désormais identifiées comme des violences, exercées en tant que professionnelles, parfois contraintes par le protocole même des pratiques en vigueur à l'époque. Le travail d'élaboration de toutes ces résonances constitue, d'une certaine manière, une forme d'éviter les violences, qui peuvent, dans ce cas, se configurer comme des violences institutionnelles. La sensibilisation se présente aussi ici comme une résistance viscérale à l'abrutissement engendré par les conditions de travail et de sociabilité contemporaines.

Le changement de stratégies d'intervention, d'ailleurs, s'est avéré très efficace dans son impact sur le territoire : tant dans la transformation – par l'élargissement de la proximité – du lien de l'accompagnement des usagères, qui, dans de nombreux cas, demandent à poursuivre les rencontres même après la naissance de leur bébé, que dans l'effet que la contraction groupale produit chez les femmes enceintes elles-mêmes, puisque les rencontres tissent un réseau de soutien aux parentalités non seulement avec les professionnels, mais entre elles-mêmes, qui maintiennent une relation d'entraide et d'échanges, même après la fin de la série d'ateliers.

Des parentalités et des affects

Encore une interrogation, largement travaillée dans les ateliers de formation, puisque le sous-titre même du Programme École de la Famille : « construire des pratiques parentales avec affection, sans violence » suggère qu'il existerait des formes de parentalité dépourvues d'affection.

Il s'agit d'une formulation qui identifie la notion d'affect à celle d'amour. Et la question problématique soulevée par cette identification consiste dans la possibilité d'accentuer l'idéalisation selon laquelle la pratique de la parentalité qui s'éloigne de la violence (dont la cause serait l'absence d'affect) serait entièrement investie de l'affect de l'amour.

La conception psychanalytique de l'affect comme un « processus de décharge, dont les expressions finales sont perçues comme des sensations » (Freud, 1915) le caractérise comme une énergie qui, alliée à une idée déterminée qui lui confère une qualité, donne passage à la représentation psychique pour la charge pulsionnelle qui anime notre constitution subjective. Il le déplace donc de la similarité avec l'amourosité et apporte la dimension de sa pluralité : les *affects* peuvent emprunter différents chemins, qualités et tonalités.

Cela signifie donc qu'ils sont très divers, complexes et liés. Amour et haine prennent des directions opposées, mais, paradoxalement, émergent dans une même opérativité subjective de liaison, d'investissement dans le monde. Ce qui diffère complètement de l'affect de l'indifférence, qui opère dans un mouvement de désaffiliation subjective, une des formes les plus graves de violence contre soi et contre l'autre, si cet autre occupe la position d'objet de soins.

Différentes qualités d'affects — amour, appréhension, inquiétude, abattement, contentement, colère — peuvent toucher la personne qui exerce la fonction de parentalité, qui peut être animée d'un grand désir et intérêt pour ce travail, mais aussi très ambivalente dans ce désir, affectée qu'elle est par sa propre ignorance de l'enfant et de ses réactions, par la fatigue résultant du défi à ses limites physiques et émotionnelles. Ce peut conduire, à l'extrême, au désinvestissement de l'intérêt pour ces soins, à des états dépressifs et d'indifférence comme défense face à l'expérience d'insuffisance pour faire face au conflit entre l'idéalisation portée par la fonction parentale et l'irruption du réel dans l'expérience du soin.

Les fonctions de la parentalité impliquent l'amour, mais aussi bien d'autres affects en tension et, d'une certaine manière, c'est cette tension qui maintient les soignants attentifs, investis et intéressés, à condition qu'elle ne soit pas excessive. Pour cela, il faudra un réseau de personnes et de soins offerts aux soignants et aux enfants, afin de tisser les conditions minimales de stabilité affective et émotionnelle pour soutenir des pratiques de parentalité qui garantissent la qualité de la sécurité des liens tissés dans cette période si sensible de la vie.

Les formulations du psychanalyste anglais Donald Winnicott (1975) à ce sujet alimentent notre travail d'éviter le risque de la pathologisation de la vulnérabilité et de l'idéalisation de la parentalité. En développant les concepts de *mère suffisamment bonne* et de *mère-environnement*, il décrit à quel point le travail du soignant exerçant la fonction parentale est lié aux conditions environnementales afin de pouvoir garantir à cette force vitale qu'est le bébé une *adaptation active*, un environnement suffisamment bon pour que celui-ci construise la sécurité nécessaire pour explorer, tester et conquérir son monde en développement.

Cette période engendre une zone de vulnérabilité émotionnelle et psychique compatible avec l'exigence d'extrême sensibilité, perméabilité et synchronisation affective des adultes en charge de l'enfant. Si une telle vulnérabilité s'ajoute à la précarité sociale, on a là un processus de vulnérabilisation qui nie aux figures parentales le réseau nécessaire pour fournir ces conditions minimales de sécurité, pour le maintien du désir de soin, pour la soutenabilité de formes de parentalité *suffisamment bonnes*, qui ne se réalisent qu'avec l'affirmation de ce que nous pouvons désigner ici stratégies de parentalité élargie.

Les conditions pour que cette parentalité élargie se constitue sont intimement liées à l'affirmation d'une éthique guidée par la solidarité ainsi qu'à une esthétique au service de la sensibilisation, capables de nous situer dans le champ des politiques de la visceralité (accueillant la suggestion de Mbembe, 2019).

En termes concrets, il s'agit de politiques publiques assurant une attention de santé de base proche et quotidienne, de bonnes conditions pour l'accouchement, pour le post-partum et pour les congés de parentalité, ainsi qu'un élargissement esthétique et politique dans la formation continue des professionnels de santé et d'éducation.

Références

Agência Fiocruz de Notícias. (n.d.). Glossário de Termos Indígenas da Fiocruz. https://agencia.fiocruz.br/glossario-de-termos-indigenas.

Ministério da Saúde. Secretaria de Assistência à Saúde. (1997). *Saúde da Família: uma estratégia para a reorientação do modelo assistencial.* Ministério da Saúde: Brasília.

Dapieve, P., Garcia, N., & Dell'Aglio, D. (2016). Imagens sociais sobre famílias com filhos em instituição de acolhimento. *Interamerican Journal of Psychology*, 50(2), 215-224. https://www.redalyc.org/articulo.oa?id=28447010005

Freire, P. (1996). *Pedagogia da autonomia: saberes necessários à prática educativa*. (Coleção Leitura). Paz e Terra.

Freud, S. (1915). *O inconsciente*. In ESB, vol. XIV, pp. 183-233. 2ª ed. Imago.

Góes, E., Ferreira, A., & Ramos, D. (2023). Racismo antinegro e morte materna por covid-19: o que vimos na pandemia? *Ciênc. saúde coletiva*, *28*(09). https://doi.org/10.1590/1413-81232023289.08412022

Guattari, F. (2004). *Psicanálise e transversalidade: ensaios de análise institucional*. Ideias e Letras.

Guattari, F. (1985). *Revolução molecular: pulsações políticas do desejo*. Brasiliense.

Leal, M. C., Gama, S., Pereira, A. P., & Santos, R. (2017). A cor da dor: iniquidades raciais na atenção pré-natal e ao parto no Brasil. *Cadernos de Saúde Pública*, 33(13), Suplemento 1. https://doi.org/10.1590/0102-311x00078816

Mbembe, A. (2019). *Poder brutal, resistência visceral*. N-1.

Rancière, J. (2009). *A partilha do sensível*: estética e política. Editora 34.

Rocha, P., & Moraes, C. (2011). Violência familiar contra crianças e perspectivas de intervenção do Programa de Saúde: experiência do PMF/Niterói. *Ciência & Saúde Coletiva*, *16*(7).

Yunes, M. A., Garcia, N. M., & Albuquerque, B. M. (2007). Monoparentalidade, pobreza e resiliência: entre as crenças dos profissionais e as possibilidades da convivência familiar. *Psicologia: Reflexão e Crítica*, 20(3), 444-453.

Winnicott, D. (1975). *O brincar e a realidade*. Imago.

Winnicott, D. (2000). *Da pediatria à psicanálise: obras escolhidas*. Imago.

12. Le travail dans le champ de la parentalité : contributions méthodologiques d'une formation en santé[1]

Jéssica Emanoeli Moreira da Costa
Katia Tarouquella Brasil

Le travail des professionnels de santé qui assurent l'assistance périnatale dans le SUS est encadré par la *Politique d'Humanisation de l'Accouchement*, une telle assistance prévoit une pratique interdisciplinaire, en vue de soins globaux en faveur de la santé de la femme, de l'enfant et des autres membres de la famille, dans le but de garantir l'amélioration, la qualité et l'étendue de l'assistance au suivi prénatal, à l'accouchement et au post-partum, basée sur les droits de citoyenneté (Brésil, 2002). Pour sa part, le *Manuel technique du prénatal et du post-partum : soins qualifiés et humanisés* (Brésil, 2005), oriente la prestation des soins, de façon élargie, avec une perspective biopsychosociale, aux personnes enceintes, à leurs bébés et à leurs familles, pendant les périodes prénatales, d'accouchement et post-partum.

Le professionnel qui travaille dans le champ de la périnatalité se confronte, inévitablement, à la thématique de la parentalité, avec ses impasses face aux idéaux de filiation, à la diversité des configurations familiales et dans des contextes de vulnérabilité sociale.

---

1 La révision de la traduction en langue française a été réalisée par Katia Tarouquella Brasil.

Houzel (2005) souligne que la parentalité est une fonction qui qualifie le lien de soin et d'affection entre un adulte et un enfant, permettant ainsi son éducation et son développement. En mettant l'accent sur le terme « fonction », l'auteur réfère la parentalité, allant au-delà des rôles de *père* et *mère,* élargissant la responsabilisation et le soin des enfants par un réseau communautaire, car il ne s'agit pas toujours d'une fonction exercée par les géniteurs. À son tour, Souza et Fontela (2016) soulignent que la parentalité comme fonction est traversée par différentes dimensions d'ordre matériel, psychologique, moral, culturel et social.

Il convient de souligner que la fonction de parentalité a des répercussions sur le psychisme des parents, dans le sens d'aider à la rectification des histoires infantiles (Houzel, 2005). Ainsi, le travail dans ce champ appelle à la nécessité d'une attention aux questions psychiques dans la relation parentale, ainsi qu'au retour aux propres ambivalences en ce qui concerne la parentalité (Zornig, 2010). Dans l'intention d'orienter le travail dans ce champ complexe de la parentalité, les politiques publiques de santé établissent des lignes directrices pour aider ces professionnels dans les pratiques de santé publique.

La parentalité est discutée dans l'interlocution du travail d'assistance périnatale, dans le *Cahier de soins de base – Santé de l'enfant : croissance et développement*, comme un lieu d'attention lors des consultations, de sorte que, le professionnel doit porter une attention aux sentiments ambivalents des parents, ainsi qu'aux aspects émotionnels du lien soignant-enfant. Un autre point souligné est la nécessité de proposer des groupes de soutien pour soutenir la fonction parentale (Brésil, 2012).

Face aux nuances qui impliquent le soin, l'éducation et le développement d'un enfant, les politiques publiques consacrées à l'enfance dans le cadre du SUS investissent dans la formation des professionnels sur la thématique de la parentalité, destinées aux populations vulnérables de femmes enceintes, de puerpérales et dans la relation adulte-enfant.

Dans ce contexte, Ce chapitre présente la formation à la parentalité destinée aux professionnels de santé, dans la ville de Niterói, Rio de

Janeiro, au Brésil. Cette formation, intégrée le « Programme École de la Famille : promouvoir des pratiques parentales avec affection, sans violence », comme axe d'une politique publique de sécurité intitulée « Pacte Niterói contre la violence », visait à rapprocher le champ des affects et de la technique dans le travail auprès du public des femmes enceintes, des femmes en post-partum et des familles, en tenant compte des dimensions psychiques et sociales impliquées dans ce soin en santé. Un rapprochement nécessaire, dans la perspective de la sensibilisation aux thématiques de santé mentale et aux situations de violence, tout en présentant des contributions interdisciplinaires, ayant pour axe la parentalité en relation avec le champ social et de la santé publique.

Par l'utilisation de méthodologies actives, cette formation a contribué à des espaces de réflexion autour de ce travail, dans la mesure où elle n'a pas privilégié la dimension biologique dans l'assistance périnatale, mais a appréhendé la parentalité dans une ampleur d'écoute subjective et sociale (Brésil, 2020). Pour sa part, les méthodologies actives d'orientation dialogique qui sous-tendent tout le processus formatif du projet mentionné subvertissent les approches traditionnelles d'enseignement-apprentissage, car elles offrent aux étudiants l'opportunité de développer un esprit critique et réflexif sur la réalité, mobilisant leurs connaissances de façon active dans la résolution de problèmes (Colares & Oliveira, 2018).

Le présent travail met en lumière les implications du modèle dialogique d'éducation en santé dans les discussions sur la parentalité dans le contexte formatif du champ d'une politique publique en santé. À cette fin, il vise à analyser les contributions d'une formation continue en santé avec des professionnels de l'assistance périnatale des soins primaires et secondaires du Service de santé publique au Brésil- Sistema Único de Saúde (SUS).

La parentalité dans la contemporanéité

La parentalité révèle des aspects conscients et inconscients qui donnent forme à la relation adulte-enfant, dans un long parcours emprunté par les deux, qui commence bien avant la naissance proprement dite de l'enfant (Zornig, 2010). Dans ses études, Freud (1914/2010) discute de l'investissement narcissique entre parents et enfants, dans la mesure où la naissance de la vie psychique se produit à partir de cette dynamique. Par la suite, prenant les analyses freudiennes comme précurseurs, les recherches psychanalytiques ont approfondi la compréhension des interactions inscrites entre parents et enfants, avec la transmission des contenus psychiques, culturels et sociaux (Houzel, 2005 ; Ciccone, 2014).

Dans cette perspective, la parentalité dépasse le cadre biologique, car la réalité de nombreux foyers brésiliens se distingue par l'existence de multiples liens de parenté, où les liens sont fondés au-delà des liens consanguins (Brésil *et al.*,2023). La diversité des liens familiaux dans la contemporanéité met en discussion des thèmes comme la place sociale de la mère/femme, la marginalisation des familles en situation de vulnérabilité sociale, la violence intrafamiliale, les technologies de reproduction et la problématisation des familles monoparentales (Rosa, 2020). À cet égard, il convient de souligner la diversité qui constitue la pluralité des configurations familiales dans la contemporanéité.

La parentalité révèle la conjugaison entre le travail psychique, les représentations culturelles et les intersections sociales de cette fonction. En abordant la parentalité, il convient de problématiser qu'il s'agit d'un concept inscrit dans les notions de famille et qui instaure les articulations entre le champ privé et public (Teperman & Iaconelli, 2020). Ainsi, la fonction parentale implique un processus psychique conscient et inconscient de « devenir père » et « devenir mère », inscrivant cette relation dans une dimension subjective et affective, bien au-delà du fait d'être le géniteur de quelqu'un, car elle exige un investissement du corps, de l'affect et du psychisme (Houzel, 2004).

À cet égard, toujours selon Houzel (2005), le travail dans le champ de la parentalité est rempli de complexités et d'impasses auxquelles les parents sont confrontés dans leur quotidien, charge aux professionnels une gestion sans jugement dans leur pratique d'accompagnement. Ainsi, le travail dans ce domaine révèle les impositions, portées par l'idéologie sociale, du caractère prescriptif et normatif sur la parentalité, tout en appelant à la nécessité d'une posture moins jugeante, laissant place à la compréhension et à l'accueil de celui ou celle dans la fonction parentale. Cependant, il faut souligner la complexité de ce mouvement, car travailler avec la parentalité implique un retour aux projections, fantasmes et affects du répertoire parental des professionnels (Houzel, 2003).

Le regarde de la parentalité dans le champ de la santé

La thématique de la parentalité est étroitement liée au débat sur les intersections sociales et les processus psychiques. À cet égard, il convient de souligner que la parentalité a pris de plus en plus d'importance dans les politiques publiques de santé et, en abordant ce sujet, il est nécessaire de reprendre des questions fondamentales qui concernent le cycle gravidique-puerpéral, ainsi que la première enfance.

Le travail dans l'assistance périnatale au Service de Santé Publique au Brésil (SUS) prévoit un accompagnement humanisé de la santé maternelle pendant la grossesse, l'accouchement et le post-partum, ainsi que le droit de l'enfant à une naissance sûre, à une croissance et à un développement sain.

Les nouvelles configurations familiales ont suscité la nécessité de recherches et de renforcement des politiques publiques en santé. Les indicateurs démographiques révèlent que les réalités familiales ne sont pas seulement hétéronormatives, mais sont aussi des familles homoparentales et monoparentales (IBGE, 2023). Ainsi, le quotidien du professionnel de santé est traversé par des questions intersectionnelles de genre, classe sociale et ethnoraciales, en plus d'autres complexités, comme l'intervention dans des territoires marqués par la violence et la vulnérabilité, qui, à leur tour, impliquent un contexte de risque psychique pour les personnes qui habitent ces espaces. Ainsi, il est nécessaire d'établir un dialogue entre différentes politiques publiques, telles que la santé, l'éducation et la sécurité, entre autres, dans le cadre de l'inclusion sociale des populations vulnérables (Faleiros, 2004).

Le renforcement intersectoriel dans les discussions sur la parentalité et l'articulation avec la santé s'appuie sur les directives prévues par la loi, comme le définit la politique publique centrale qui régit le système, à savoir : le Service de Santé Publique brésilien (SUS), qui préconise comme axe principal la protection intégrale de la santé, ayant comme principes l'universalisation, l'équité et l'intégralité. Ce dernier prévoit son articulation avec d'autres politiques publiques, afin d'assurer un soin intersectoriel entre les différentes sphères ayant un impact sur la qualité de vie des individus (Brésil, 2000).

En effet, le principe d'intégralité dans le SUS vise un soin intersectoriel des demandes territoriales, surtout dans des contextes de vulnérabilité sociale. Compte tenu de la place difficile d'intervention dans le contexte de la santé publique, la Politique Nationale d'Éducation Permanente en Santé (PNEP-SUS) du Ministère de la Santé préconise, à partir des besoins territoriaux, l'application de méthodologies actives et de l'Éducation Populaire, dans des perspectives d'actualisation et de circulation du savoir, pour faire face aux complexités sociales émergentes (Brésil, 2009). À la lumière de Paulo Freire (1992), les méthodologies actives et l'Éducation Populaire se conjuguent dans un champ de construction active, où les processus éducatifs sont une forme de politisation, de conscientisation et d'humanisation des sujets.

La défense de cette perspective méthodologique s'oppose aux formations traditionnelles qui, historiquement, renforcent l'idée que les professionnels de santé occupent une position hiérarchisée par rapport aux patients (Besen *et al.*, 2007). Or, les directives qui régissent le soin dans la santé publique (SUS) prévoient le protagonisme des usagers du SUS dans la relation santé-maladie (Brésil, 2000). Cela implique donc la nécessité de développer des formations éducatives continues en santé qui soutiennent la relation professionnel-patient vers la *transversalité*, qui est la production mutuelle de savoir en conjuguant les champs des affects et des connaissances qui donnent de la puissance aux groupes, dans le but de renforcer les relations interpersonnelles (Abraão *et al.*, 2014, emphase ajoutée). Ainsi, les constructions en santé convoquent à des actions intégrées prenant place sur le territoire.

Face à la nécessité de mettre en œuvre une politique publique intégrée entre les sphères de la sécurité, de l'éducation et de la santé comme front de prévention contre la violence intra et extrafamiliale, est née en 2018 la politique intitulée « Pacte Niterói contre la violence », dans la ville de Niterói, dans l'État de Rio de Janeiro, Brésil. Dans le domaine de la santé, on distingue le programme École de la Famille, avec deux volets : le premier concerne le projet destiné aux professionnels de la santé, intitulé « Formation parentale et prévention de la violence pendant la grossesse et le post-partum », et le second prévoit la réalisation d'interventions groupales par les professionnels dans les unités de santé auprès des femmes enceintes, des mères en post-partum et des familles, promouvant l'accueil et la construction active avec une critique sociale.

Ce projet s'inscrit dans le contexte des soins de santé primaires, avec un accent principal sur la prévention de la violence envers les femmes enceintes, les mères en post-partum, les enfants et les familles bénéficiant des soins prénatals dans le service public de santé. La structuration de cette politique publique en matière de sécurité, avec ramifications dans la santé et l'éducation, a été établie par le Décret n° 13.378 du 6 novembre 2019, étant composée d'actions intégrées intersectorielles, à caractère préventif, visant à renforcer les facteurs de protection et à réduire les facteurs de risque qui conduisent à la violence et affectent les enfants, les adolescents, les jeunes et les familles de Niterói (Procuradoria Geral do Município de Niterói, 2019).

La période d'accompagnement prénatal est considérée comme stratégique lorsque l'on pense à l'application de méthodologies actives visant la prévention de la violence. Le projet consiste en une formation continue en santé qui vise à conjuguer les domaines de l'affect et de la technique, dans un champ de prévention des situations de violence envers les femmes enceintes, les mères en post-partum et la petite enfance. Ainsi, le travail auprès du public des femmes enceintes, des mères en post-partum et des familles, la promotion de la culture de la paix et de la protection de la vie a été proposée en raison du taux élevé de violence sur le territoire de la commune de Niterói et dans l'État de Rio de Janeiro. Selon les données publiées en 2022 par l'Institut de Sécurité Publique de l'État de Rio de Janeiro, pendant la période de la pandémie de covid-19, il y a eu une augmentation de 43 % des signalements de violences envers les enfants dans l'État de Rio de Janeiro. Par conséquent, les données sont alarmantes : les chiffres indiquent qu'entre 2020 et 2021, un enfant a été victime de violence dans la ville tous les 2,5 jours, c'est-à-dire toutes les 60 heures (Institut de Sécurité Publique de l'État de Rio de Janeiro, 2022).

Les données indiquent que la situation à Niterói est tout aussi préoccupante : une étude de 2011 de Rocha et Moraes, portant sur un échantillon de 278 enfants âgés de 0 à neuf ans, a constaté une prévalence d'agression psychologique (96,7 %) et de châtiment corporel (93,9 %) dans les foyers interrogés, tandis que d'autres types de violences, comme la violence physique mineure et grave, ont également été enregistrés. Il convient de souligner que ladite recherche a eu lieu dans le cadre du Programme Médecin de Famille de Niterói/RJ (actuellement appelé Stratégie Santé de la Famille – ESF), dans la perspective de discuter des possibilités d'action des équipes en vue de la détection précoce, de la prévention et du suivi des familles en situation de violence. Ainsi, les auteures ont souligné la nécessité d'articulations intersectorielles auprès des professionnels de santé, car la réalité vécue par les enfants en situation de vulnérabilité sociale est remplie d'expériences réelles de traumatismes, comme l'exposition à la violence, à l'abandon, à la drogue, aux mauvais traitements, entre autres, qui produisent des répercussions psychiques sur la constitution de la subjectivité et la santé mentale. Ce fut une étude de dénonciation, car elle a mis en lumière la nécessité d'un processus d'intervention plus effectif.

Dans cette étude, les femmes/mères ont été identifiées comme les principales auteures de violence envers les enfants, cependant, ladite étude a interrogé un échantillon significativement plus important de mères (231) que de pères (12), et à cet égard, les inégalités de genre attribuées au soin des enfants sont critiquées. Selon le Portail de la transparence des actes de l'état civil au Brésil, rien que pendant les neuf premiers mois de 2023 (janvier à septembre 2023), le nombre alarmant de 1 152 117 enfants a été enregistré sans le nom du père.

Dans ce contexte, il convient de souligner que le Brésil est un pays avec des taux élevés de violence contre les femmes et les enfants. Selon une recherche du Forum Brésilien de la Sécurité Publique, publiée en 2022, le nombre préoccupant de 17 millions de femmes ont été victimes d'une forme de violence (physique, psychologique ou sexuelle) rien qu'au cours de l'année 2021, considéré comme une période d'aggravation des violences intrafamiliales dans le contexte de la pandémie de covid-19. Ainsi, comme le révèlent les statistiques, les femmes et les enfants sont des cibles de violence dans le pays et, par conséquent, la violence contre les enfants peut être un indicateur de la reproduction des violations de droits infligées aux femmes.

Les données sur la violence dirigée contre la petite enfance sont tout aussi alarmantes. Au premier trimestre de l'année 2023, selon les données du Ministère des Droits de l'Homme et de la Citoyenneté, 673 cas de violence par jour contre des enfants jusqu'à 6 ans ont été enregistrés, et dans environ 84 % de ces agressions, les proches sont désignés comme auteurs (Comité scientifique du Núcleo Ciência Pela Infância, 2023).

Dans ce cadre diagnostique d'intensification des données de violence à Niterói, dans l'État de Rio de Janeiro, et au Brésil, pendant et après la pandémie de covid-19, le programme École de la Famille a pour objectif de promouvoir la culture de paix, la protection de la vie, et l'interruption du cycle de la violence, à un stade primaire de constitution psychique.

Dans ce contexte, l'objectif est que ces professionnels puissent réaliser des interventions auprès des femmes enceintes, des femmes en post-partum et des familles afin de donner du sens aux expériences qui impliquent la parentalité : telles que les vécus d'ambivalence, de peur, d'attentes, et de violence, étant donné qu'il a été indiqué qu'une grande partie des violences pendant la petite enfance se produit à la maison, du fait de personnes occupant la position de parentalité. En somme, cette formation vise à mobiliser l'expérience de la parentalité, en vue du renforcement du lien communautaire, dans une vision pluraliste du champ affectif, en concevant les enfants comme des sujets actifs au sein du tissu social.

Le projet mentionné est en cours entre les années 2022 et 2024 et a été structuré en réponse à un appel public municipal n° 001/2020, dans le but de sélectionner une organisation de la société civile par le biais d'une convention de collaboration, visant à élargir la formation et le champ d'intervention des professionnels de santé. À partir de l'application de méthodologies actives, le projet a pour intention de développer les connaissances de ce public, visant la construction mutuelle d'un savoir qui ait comme voie la création de liens plus sûrs et plus favorables pour les usagères et usagers accompagnés en consultation prénatale dans le SUS (Brasil *et al.*, 2020). Un autre axe de la formation est de préparer ces professionnels à faire face aux questions de vulnérabilité structurelle, en les dotant d'outils pour faire face à la violence résultant de ce contexte de risque psychique, surtout dans l'objectif de protection des enfants.

Grâce à l'interlocution des savoirs entre la Psychanalyse, l'Éducation Populaire et la Santé Collective, les formations ont pour objectif de sensibiliser et d'outiller les professionnels du réseau pour la construction d'interventions coparticipatives, articulant action et réflexion, auprès des femmes enceintes et des femmes en post-partum. Dans cette perspective, il est attendu que ces interventions permettent la prévention de la violence tout au long du cycle gravido-puerpéral et de la petite enfance, ainsi que le renforcement du lien entre l'adulte et l'enfant, à partir d'une attention en santé axée sur une politique de genre, en raison des taux élevés de violence domestique à l'égard des femmes et des enfants (Fórum Brasileiro de Segurança Pública, 2023).

La psychanalyse a souligné qu'assumer la fonction de père et de mère va au-delà des exigences biologiques d'être de simples géniteurs, et requiert une adoption psychique de l'enfant (Golse, 2019). Dans ce sens, les professionnels de santé de l'accompagnement périnatal insérés dans le travail communautaire sont invités à entrer en contact avec la fonction parentale et les expériences de filiation, compte tenu des ambivalences et des peurs qu'elle suscite.

Ce projet privilégie la construction d'un savoir partagé, s'inscrivant dans une perspective dialogique de formation entre professionnels du SUS et équipe académique. Ce partenariat montre que les études et recherches sur la parentalité exigent une vision pluraliste, étant donné que le projet présenté ici comporte des contributions interdisciplinaires, avec une articulation théorique de la parentalité dans une perspective psychanalytique et du champ social. Maesso *et al.* (2019) affirment que la recherche en psychanalyse opère dans l'entrelacement entre clinique, pratique et théorie. Par conséquent, cela permet un champ fertile de circulation du savoir vers la compréhension du sujet. Ce sujet est appréhendé comme acteur dans l'inconscient et le désir, ouvrant ainsi un espace propice à la production de culture et à l'organisation sociale. Dans cette perspective, l'axe principal est la sensibilisation des professionnels de santé aux thématiques de santé mentale et aux situations de violence intra- et extra-familiale.

Formation continue en santé : formation dialogique dans les discussions en matière de parentalité

Les professionnels qui assurent une assistance périnatale dans le SUS doivent suivre la Politique d'Humanisation de l'Accouchement (Brésil,

2002), cependant, ils sont confrontés à des défis pour appliquer ce qui est préconisé par la loi, bien souvent en raison des idéalisations entourant la fonction parentale, fondée sur les idéaux patriarcaux des familles hétéronormatives. Par conséquent, les formations éducatives, axées uniquement sur la dimension biologisante de l'assistance périnatale, ne fournissent pas d'outils permettant aux professionnels de faire face à la réalité soulignée.

En considérant les dimensions sociales et psychiques qui influencent les notions de famille dans le monde contemporain, on souligne les idéalisations présentes dans les discours sociaux autour de la parentalité, qui affectent les attentes des professionnels de l'assistance périnatale du SUS, face à un modèle de parentalité fondé sur la normativité et la standardisation.

Dans ce débat, les études psychanalytiques contribuent aux discussions sur la parentalité comme un lieu dynamique d'articulation entre le champ social et les particularités de chaque contexte parental. Iaconelli (2020) affirme que la parentalité doit être analysée au-delà des discours instrumentalisants qui délimitent les rôles et les fonctions à l'ensemble mère-père-bébé, mais qu'elle doit être envisagée avec les implications du champ extérieur (social) et de la composition (singularités) dans l'éducation des enfants. Le débat autour de ce discours social favorise les réflexions dans le travail sur la parentalité et la resignification de la souffrance entre la rencontre avec le réel et le champ des idéalisations.

Dans ce contexte, le modèle dialogique préconise l'éducation à la santé, envisagée comme une philosophie émancipatrice des sujets, en direction d'un processus de prise de conscience, de changement et de transformation (Figueiredo *et al.*, 2008). On souligne les implications transformatrices d'une formation dialogique inscrite dans une politique publique de santé, compte tenu du débat autour de la parentalité et des configurations familiales, et de leurs implications dans le travail en assistance périnatale. Cet élargissement conceptuel peut aider les professionnels à reconnaître et valider les pluralités parentales dans la communauté, tandis que ce mouvement peut favoriser le lien entre l'usager et le professionnel de santé.

Formation en santé : Programme Escola da Família

La formation a été divisée en trois cycles, à savoir : I. sensibilisation, II. Partage de contenus théoriques, III. Mise en œuvre des connaissances, et a été structurée sur la base de la Politique d'Éducation Permanente en Santé dans le SUS, en intégrant l'Éducation populaire et la perspective pédagogique des méthodes actives. L'articulation des connaissances entre l'Éducation populaire, la psychanalyse et la santé collective a permis l'organisation des cycles de la formation, de manière à assurer un enchaînement des processus opératoires. Les contributions psychanalytiques ont permis de circuler entre les trois cycles de formation, en accordant une place à la parole et à l'écoute dans la prise en charge en santé (Brasil *et al.*, 2020).

Au cours des premier et deuxième cycle du processus formatif, tant dans les activités synchrones qu'asynchrones, l'utilisation de dispositifs interactifs à base culturelle a été privilégiée, tels que vidéos, podcasts et photos, outre ceux à base scientifique, comme des textes et des articles, et des dispositifs de médiation groupale tels que cercles de dialogue et des matériaux inspirés de la photolangage©. La Photolangage© est une méthode qui propose la médiation groupale à travers des photographies et se constitue comme dispositif thérapeutique et de formation (Vacheret, 2008). La formation a utilisé les matériaux de cette méthode, ainsi que la sélection d'autres photos choisies sur des banques d'images gratuites en ligne, qui se rapprochent de la réalité brésilienne avec ses diversités de couleur/race.

Au troisième cycle, en tant que continuité active du processus formatif, les participants ont élaboré et mis en œuvre un plan d'intervention de travail avec les femmes enceintes, les puerpérales et les familles, en vue de la prévention de la violence intrafamiliale et de la promotion de la santé mentale. Toute cette construction a été accompagnée par l'équipe de formation, avec ce qu'on appelle les "permanences questions", pour l'aide et l'orientation. Après cette étape, les professionnels ont appliqué les interventions auprès des groupes suivis dans les unités de santé. Cette phase a été systématisée en 08 rencontres avec des activités marquées par l'écoute et des interventions coparticipatives développées par les professionnels. Au cours de ce processus, l'équipe de formation a réalisé des accompagnements *in loco*, offrant un soutien et une écoute en présence aux professionnels.

CYCLE 1	CYCLE 2	CYCLE 3
Objectif : *sensibilisation* sur le thème à partir de la vision du groupe en utilisant une méthodologie active Discussion des thèmes	**Objectif :**Fournir *contenus* théoriques abordés dans les thématiques lors des rencontres du cycle 1 Matériel : audiovisuel, podcast, table ronde, textes, etc.	**Objectif : Développement** de compétences dans la formation et l'exécution de stratégies d'affrontement guidées par les LPP, élaborées lors des rencontres des ateliers. Produit : élaborer un matériel sous forme d'animation et de brochure pouvant être utilisé dans les interventions des professionnels auprès des femmes enceintes et des familles.
Vidéos, photos et images, activités et exercices ludiques en ligne, cas et situations conflictuelles liés aux thématiques, Table Ronde Dialogique	Groupes Focus en ligne : interactions par visioconférence ; ateliers guidés ; activités participatives utilisant des méthodologies actives ; alignement périodique des attentes avec l'équipe de gestion.	

Figure 1. Cycles du processus de formation.

Source : élaborée par les auteures.

Lors de l'étape de suivi *in loco* par l'équipe formatrice, la supervision des groupes d'intervention auprès des femmes enceintes et des familles a eu lieu, dans le but de fournir des informations et de dissiper les doutes concernant la conduite des groupes par les professionnels. Il convient de souligner que, dans ce contexte, il ne s'agissait pas d'une évaluation des résultats, mais bien d'une possibilité de construction collective des interventions avec le public cible : femmes enceintes, femmes en post-partum et familles. Dans ce contexte, une triade des soins a été identifiée : la formation pour les professionnels ; ces derniers avec les femmes enceintes et les familles, qui, à leur tour, avec les enfants. Un autre effet a été l'impact social de ces interventions, car les femmes et personnes enceintes/post-partum participantes, qui avaient été orientées par les services d'assistance sociale, ont reçu une aide de 1 000,00 R$ (mille reais) comme subvention économique, ce qui bénéficie principalement aux mères solos en situation de grande précarité sociale. Des études récentes révèlent que plus de la moitié des foyers brésiliens sont soutenus par des femmes (50,9 %), en situation de précarité du travail et de journées de travail épuisantes (Feijó, 2023). Dans ce contexte, sur 10 familles, 6 sont dirigées par des femmes noires (IBGE, 2023). Ainsi, le projet comporte une implication importante en matière de genre et dans les questions ethnoraciales qui traversent les complexités de la violence.

Considérations finales

Le projet « Formation parentale et prévention de la violence pendant la grossesse et le post-partum », inséré dans le programme École de la Famille, a promu une réponse aux situations de violence, misant sur le retour de la parole et de l'écoute dans les liens communautaires, sans perdre de vue les dimensions ethnoraciales, de genre et de classe sociale qui constituent les territoires.

Dans ce contexte, les investissements des politiques publiques en santé périnatale désignent un champ fertile pour affronter la multiplicité causale des violences déclenchées dans le champ territorial de la santé publique. La violence étant prise comme destructrice de la parole et comme atteinte aux liens sociaux, le dialogue et l'écoute peuvent nourrir le sol des réseaux communautaires de protection des enfants et des femmes en cycle gravidique-puerpéral dans des territoires marqués par la présence du trafic de drogues, de la violence urbaine et de l'abandon politique. C'est dans le cadre de l'enseignement que se concrétisent le soin et l'attention aux professionnels de santé et, par la suite, de ces derniers envers les usagères et usagers du SUS. Ainsi, à partir des apports de cette formation continue, le travail d'assistance périnatale se reconstruit avec une attention à la santé mentale et aux complexités des déterminants sociaux, au-delà des aspects biologisants.

Il convient de souligner que la prévention de la violence dans la petite enfance et le cycle gravidique-puerpéral commence par l'attention portée à la garantie d'accès aux droits fondamentaux, tels que le logement, le transport, l'alimentation, la santé, les loisirs, l'éducation et la sécurité. Par conséquent, la responsabilisation de l'État dans la sphère de l'exclusion sociale est une question qui doit être prise en compte dans l'élaboration des politiques publiques, en vue de l'inséparabilité entre le champ privé et le champ social.

L'effectivité des droits constitutionnels fondamentaux dépend de la corrélation des forces publiques autour de politiques qui mobilisent des équipements et des technologies sociales, qui font face aux situations d'inégalités, régies sous l'égide imposée par le capitalisme (Lima & Matta, 2008). Dans des contextes néolibéraux de démantèlement intentionnel de l'État, les politiques publiques centrées sur des processus démocratiques et sur des propositions visant l'autonomie des citoyens constituent un courant subversif, tant pour les catégories professionnelles des équipements sociaux que pour les sujets qui circulent dans les territoires.

Le Programme École de la Famille, en tant que politique publique en santé, affecte directement l'assistance, la prévention et la promotion de la santé sur le territoire, car l'attention est portée sur la base primaire du SUS, à savoir les Équipes de Santé de la Famille (ESF). Ainsi, remettant en question les idéaux familiaux centrés sur le patriarcat, des conceptions plurielles ont été problématisées dans les liens parentaux et familiaux dans les pratiques de soin des institutions de soins primaires.

De cette façon, l'intervention auprès de chaque professionnel, femme enceinte, femme puerpérale et membres de la famille a misé sur la promotion de la santé et sur l'uniformité d'une éthique du soin, qui se répercute dans le milieu où chaque noyau s'insère, à partir des soins dans la petite enfance et des discussions sur le genre impliquant la gestation et l'accouchement.

L'axe de ladite formation a porté sur la participation des professionnels de l'AP, mais il y a eu la participation de participants (à la formation) des soins de santé mentale secondaires, ce qui a permis des articulations intersectorielles avec un soin élargi aux femmes dans le cycle gravidique-puerpéral. Ainsi, au-delà d'être un espace de partage et de production de savoir, ce fut un lieu privilégié de resserrement des liens institutionnels en santé, avec un espace de dialogue entre les participants (à la formation) qui composent le réseau de soins communautaires.

Références

Abrahão, A. L., & Merhy, E. E. (2014). Formação em saúde e micropolítica: sobre conceitos- ferramentas na prática de ensinar. *Interface – Comunicação, Saúde, Educação*, *18*(49), 313-324. https://doi.org/10.1590/1807-57622013.0166

Besen, C. B., Netto, M. de S., Da Ros, M. A., Silva, F. W. da, Silva, C. G. da, & Pires, M. F. (2007). A estratégia saúde da família como objeto de educação em saúde. *Saúde e Sociedade*, *16*(1), 57-68. https://doi.org/10.1590/s0104-12902007000100006

Brasil (2000). Ministério da Saúde. Secretaria Executiva. Sistema Único de Saúde (SUS): princípios e conquistas/Ministério da Saúde. Secretaria Executiva- Brasília.

Brasil. Ministério da Saúde. (2002). Programa humanização do parto, humanização no pré-natal e nascimento. https://bvsms.saude.gov.br/bvs/publicacoes/parto.pdf

Brasil. Ministério da Saúde. Secretaria de Atenção à Saúde. (2005). Departamento de Ações Programáticas Estratégicas. Área Técnica de Saúde da Mulher. Pré-natal e Puerpério: atenção qualificada e humanizada – Manual técnico/Ministério da Saúde, Secretaria de Atenção à Saúde, Departamento de Ações Programáticas Estratégicas – Brasília: Ministério da Saúde.

Brasil. Ministério da Saúde. (2009). Secretaria de Gestão do Trabalho e da Educação na Saúde. Departamento de Gestão da Educação em Saúde. Política Nacional de Educação Permanente em Saúde/Ministério da Saúde, Secretaria de Gestão do Trabalho e da Educação na Saúde, Departamento de Gestão da Educação em Saúde. Brasília: Ministério da Saúde.

Brasil (2011). Ministério da Saúde; Sistema Único de Saúde – SUS – A Rede Cegonha, Portaria n. 1.459, de 24 de junho de 2011. Brasília: Ministério da Saúde.

Brasil. Ministério da Saúde. (2012). Saúde da criança: crescimento e desenvolvimento [Internet]. Brasília: Departamento de Atenção Básica. Cadernos de Atenção Básica. 33. https://bvsms.saude.gov.br/bvs/publicacoes/saude_crianca_crescimento_desenvolvimento.pd

Brasil, K. T., Cabral, S., Legnani, V., Maesso, M., Lazzarini, E., & Chatelard, D. (2020). Edital de chamamento público n. 001/2020: Formação dos profissionais de saúde do município de Niterói projeto – Escola da família: promovendo práticas parentais com afeto, sem violência. Finatec: Brasília-DF.

Brasil, K. T.; Maesso, M.; Legnani, V.; Chatelard, D.; Cabral, S. (2023). Parentalidade: contribuições da psicologia e da psicanálise para políticas públicas em saúde. [Manuscrito não publicado]. Universidade de Brasília: Departamento de Psicologia Clínica e Cultura/Lapsus.

Ciccone, A. (2014). Transmission Psychique Et Parentalité. *Cliopsy*, 1(11) 17-38.

Colares, K., T., P., & Oliveira, W., (2018). Metodologias ativas na formação profissional em saúde: uma revisão. *Revista Sustinere*, 6(2), 300-320.

Comitê Científico do Núcleo Ciência Pela Infância. (2023). Ministério dos Direitos Humanos e da Cidadania. Prevenção de violência contra crianças/Comitê Científico do Núcleo Ciência pela Infância. São Paulo: Fundação Maria Cecilia Souto Vidigal.

Faleiros, V. de P. (2004). *O que é política social?* 3a ed. Brasiliense.

Feijó, J. (2023). *Mães solo no mercado de trabalho.* Blog do IBRE. Blogdoibre.fgv.br. https://blogdoibre.fgv.br/posts/maes-solo-no-mercado-de-trabalho

Figueiredo, M. F. S., Rodrigues-Neto, J. F., & Leite, M. T. S. (2010). Modelos aplicados às atividades de educação em saúde. *Revista Brasileira de Enfermagem*, 63(1), 117-121. https://doi.org/10.1590/s0034-71672010000100019

Freire, P. (1992). *Pedagogia da esperança: um reencontro com a pedagogia do oprimido.* 4a ed. Paz e Terra.

Freud, S. (2010). Introdução ao narcisismo. In S. Freud, *Obras completas* (P. C. de Souza, Trad., Vol. 12, 13-50). Companhia das Letras. (Trabalho original publicado em 1914)

Fórum Brasileiro de Segurança Pública. (2023). 17º Anuário Brasileiro de Segurança Pública. São Paulo: Fórum Brasileiro de Segurança Pública. https://forumseguranca.org.br/wp-content/uploads/2023/07/anuario-2023.pdf

Houzel, D. (2003). Un autre regard sur la parentalité. Érès. Cain. info. 1(21), 79-82. DOI 10.3917/ep.021.0079

Houzel, D. (2004). As implicações da parentalidade. In L. Solis-Ponton (Org.), *Ser pai, ser mãe. Parentalidade: um desafio para o terceiro milênio*. Casa do Psicólogo.

Houzel, D. (2005). Influência de fatores familiares sobre a saúde mental de crianças e de adolescentes. *Revista Latinoamericana de Psicopatologia Fundamental*, 8, 443-479.

Iaconelli, V., (2020). Sobre as origens: muito além da mãe. In D. Teperman, T. Garrafa, V. Iaconelli, *Parentalidade.* Autêntica, 11-20.

Instituto de Segurança Pública. (2022) Dossiê da mulher. Estudos e informações sobre a vitimização sofrida por mulheres no estado do Rio de Janeiro no ano de 2022. Governo do Rio de Janeiro. https://www.isp.rj.gov.br/Conteudo.asp?ident=212

Instituto Brasileiro de Geografia e Estatística. (2023). Pesquisa Nacional por Amostra de Domicílios Contínua. Brasília-DF: IBGE. https://www.ibge.gov.br/estatisticas/sociais/trabalho/9171-pesquisa-nacional-por-amostra-de-domicilios-continua-mensal.html

Lima, J. C. F., & Matta G. C. (2008). *Estado, sociedade e formação profissional em saúde contradições e desafios em 20 anos de SUS*. SciELO Books – Editora FIOCRUZ. https://books.google.fr/books?id=pNxZDwAAQBAJ&printsec=frontcover&hl=fr&source=gbs_ViewAPI&redir_esc=y#v=onepage&q&f=false

Maesso, M., Lazzarini, E., & Chatelard, D. (2019). Psicanálise e universidade: encontros e desencontros na pesquisa, ensino e extensão. In C. Antloga, K. T. Brasil, S. R. Lordello, M. Neubern, & E. Queiroz (2019). *Psicologia clínica e cultura contemporânea*, Vol. 4, 113-130. Technopolitik: Brasília. PsiClin4_05mar20.pdf (unb.br)

Portal da Transparência – Registro Civil. (2023). Brasília: DF. https://transparencia.registrocivil.org.br/painel-registral/pais-ausentes

Procuradoria geral do município de Niterói. (2022). Pacto Niterói contra a violência: cogovernança municipal para a construção das políticas públicas de proteção social, segurança pública e prevenção à violência: volume I. Prefeitura do município de Niterói, Rio de Janeiro. Fundação de Arte de Niterói: Niterói Livros.

Rosa, M. D. (2020). Passa-anel: famílias, transmissão e tradição. In D. Teperman, T. Garrafa, V. Iaconelli, *Parentalidade.* Autêntica.

Rocha, P. C. X. D., & Moraes, C. L. (2011). Violência familiar contra a criança e perspectivas de intervenção do Programa Saúde da Família: a experiência do PMF/Niterói (RJ, Brasil). *Ciência & Saúde Coletiva, 16,* 3285-3296. doi:10.1590/S1413-81232011000800028.

Souza, F. H.O., & Fontella, C. (2016). Diga, Gérard, o que é a parentalidade? *Clínica e Cultura,* 5(1),107-120. https://seer.ufs.br/index.php/clinicaecultura/article/view/5375/4902

Teperman, D., Garrafa, T., & Iaconelli, V. (2020). *Parentalidade.* Autêntica.

Teperman, D. (2020). Primeiros tempos da parentalidade. In D. Teperman & V. Iaconelli (Orgs.), *Parentalidade.* Autêntica.

Vacheret, C. (2008). A Fotolinguagem©: um método grupal com perspectiva terapêutica ou formativa. *Psicologia: Teoria e Prática, 10*(2), 180-191.

Zornig, S. (2010). Tornar-se pai, tornar-se mãe: o processo da construção da parentalidade. *Tempo Psicanalítico,* 42(2), 453-470.

13. De la filiation à la parentalité : traversées de la clinique psychanalytique à l'université[1]

Vanessa Correa Bacelo Scheunemann
Daniela Scheinkman

L'intérêt pour la Parentalité est traversé par la question de l'Université et par la pratique clinique au sein d'une université fédérale, publique, gratuite pour ceux qui y étudient, mais cela ne signifie pas que la formation n'ait pas son coût. On paie avec le temps consacré aux études, avec les heures passées loin d'autres activités, avec les choix qui s'imposent et tournent autour de la qualification, qu'il s'agisse d'une licence ou d'un diplôme de troisième cycle. On paie avec la jouissance[2]!

La souffrance contenue dans la jouissance est un acte et, en tant que tel, accomplit une action. Dans ce chapitre, nous cherchons à explorer la question de la parentalité à partir de l' écoute de cette souffrance universitaire qui arrive à la clinique psychanalytique, à travers les prises en charge des étudiants de l'université. Au cours de cette écoute, dans l'analyse[3], la question de leurs familles se présente. Si nous savons que

---

1 La révision de la traduction en langue française a été réalisée par Vanessa Correa Bacelo Scheunemann et Daniela Scheinkman.

2 Pour Lacan (2001) ce qu'il appelle jouissance est expérimenté dans le corps, une telle tension, forcée, épuisante, immense prouesse. C'est un début de douleur qui exprime la dimension de ce qui peut être voilé.

3 Considérant qu'il y a une demande d'analyse, donc analyse – non pas celle du cabinet privé, car cette prise en charge a lieu à l'intérieur de l'Université publique.

la psychanalyse se fonde sur les complexes familiaux, nous savons aussi que, au-delà du foyer, ils ont besoin d'une autre scène.

S'il n'est pas possible de séparer le champ social – c'est-à-dire l'université – de la scène familiale, ce qui est vécu dans un domaine s'exprime dans l'autre. De la même manière qu'une famille reproduit en son sein la limite de ce que, en termes lacaniens, nous considérons comme un excès intolérable de plaisir – jouissance – comme une part que la civilisation exige aussi de chacun, l'université le réclame également. Les exigences apparaissent à travers le processus de transformation de l'élève du secondaire en étudiant universitaire. De plus en plus, les exigences sont élevées face aux nouvelles exigences cognitives, aux attentes individuelles et collectives. Ces exigences mettent en évidence la vulnérabilité ainsi que les insécurités émotionnelles, contribuant à l'augmentation des situations stressantes dans ce processus de formation générateur d'angoisses (Mota *et al.*, 2023). Autrement dit, nous constatons que le malaise vécu dans la famille est arrivé à l'université, apparaissant dans le champ social avec des conséquences tant pour les relations familiales que pour les relations universitaires. Les relations médiatisées par la culture nous imposent d'énormes sacrifices, de l'expérience de la sexualité à l'expression de l'agressivité, rendant presque impossible d'atteindre le bonheur promis après la sortie du lycée (Teperman, 2012).

Dans ce découpage issu du cabinet universitaire, il nous a semblé approprié de il nous a semblé approprié de revenir sur la notion de filiation pour réfléchir à celle d'appartenance à quelque chose ou à quelqu'um. En enquêtant sur les trajectoires suivies par la perception de la famille et par la fonction parentale, nous cherchons à montrer

---

Construisant cette clinique soutenue par les idées d'Althusser cité par Shimoguiri & Rosa (2017) qui voient les établissements de santé comme des entités pour « administrer les misères humaines et pallier les problématiques organiques, psychiques et sociales ».

l'importance de la sexualité, tout en percevant comment les analystes s'insèrent à l'intérieur de l'université par l'éthique de la psychanalyse, nouée aux discours universitaire et de l'analyste.

La psychanalyse et la parentalité

L'émergence de la psychanalyse est due à l'avènement de la science moderne comme pari sur la différence de discours, c'est-à-dire que l'homme devient le produit de la pensée et non l'œuvre de la nature ou de la volonté de Dieu (Lopes, 2009). Abstraction faite des implications de cette conception, concentrons-nous sur la réflexion à propos des circonstances dans lesquelles la filiation est convoquée en psychanalyse.

Si cette même science psychologique s'accorde avec le postulat selon lequel son objet d'étude, tout comme les autres sciences, n'a pas de qualité, cela implique une opération sur le sujet et c'est précisément à ce point que la psychanalyse se différencie de la science. Le sujet de la psychanalyse n'est pas seulement un corps ou un calcul, de la même façon que la psychanalyse « n'est pas une thérapeutique comme les autres (Lacan, 1998b, p.326) », mais l'inconscient. Son existence ne se limite pas à l'activité de penser consciemment sur soi-même. Nous prenons en compte l'inconscient – c'est-à-dire –, l'envers de la conscience. En étayant le désir inconscient, résultant du refoulement, nous prouvons qu'il est impossible que le sujet de la science n'ait pas de qualités.

Le sujet de l'inconscient résiste, refoulé dans le sujet de la science, car ce qui est refoulé, c'est le désir d'être l'exception, le désir d'un homme universel à l'abri de la science (Lopes, 2009). Dans cette logique paradoxale, opère un désir qui se maintient dans le refuge du principe de plaisir, bien que son fonctionnement relève du principe de réalité.

Lacan (2001), à propos de ce lieu d'abri, nous dit que ce que le sujet demande est exactement le contraire de ce qu'il désire, contredisant la science qui croit savoir ce qu'elle peut alors qu'elle est incapable de dévoiler ce qu'elle veut. La psychanalyse se propose de dépasser les conjectures scientifiques, spécialement lorsqu'elle avance que dans l'inconscient il existe une différence et une distance entre la demande et le désir[4].

Le mouvement qui retire la psychanalyse de l'excès d'imaginaire, parcours initié par Freud et avancé par Lacan, est la sortie des mythes pour identifier un concept qui mène à la structure, rendant leur dignité aux mythes[5] comme structures subjectives selon un modèle scientifique. Le mythe décrit l'authenticité à travers une formulation discursive qui explique ce qui ne peut pas être dit comme une vérité, mais peut être argumenté par la parole. Dans ce même contexte, Lacan propose que le rôle de la psychanalyse serait d'utiliser la considération scientifique pour mettre en avant le Nom-du-Père (Lacan, 2008 ; Lopes, 2009).

Ce présupposé permet d'expliquer la hiérarchie générationnelle dans les règles de la parenté réelle comme une manière d'exprimer le passage de la consanguinité à la culture dans les relations entre les individus. Lévi-Strauss (1982) souligne que ce qui obéit à une norme est culturel, donc relatif et particulier, démontrant que l'interdiction de l'inceste – comme règle universelle – fait prévaloir la culture sur la nature. Certainement quelque chose qui intéresse le terme de parentalité[6]. Plus encore, les structures fondatrices de la parenté démontrent

4 Selon Lacan (2001), le désir est la formation du compromis qui intervient dans l'imaginaire en élargissant l'espace pour supporter la jouissance, suspendant le désir sans réclamer une exécution finale.

5 Pour Lacan (2008), un mythe psychanalytique est ce que la psychanalyse agrège sur l'agir humain, ils peuvent être établis dans le but d'aboutir à une méthodologie, les mythes sont une forme essentielle de connaître l'expérience analytique, qui, parce qu'elle est subjective, est inépuisable.

6 Teperman (2012) nous offre trois définitions qui abordent la question comme une position ou une fonction qui renvoie au soin de quelqu'un qui se trouve être démuni, puis nomme le parent ou l'occupant de ce lieu ; tente de rendre compte des modifications de la constitution des familles ; c'est un moyen de développer une organisation qui est commune et partagée.

également les instances de la société de façon très symbolique, dans la mesure où elles fournissent l'ordre au groupement humain. Selon la théorie lacanienne, il est supposé que dans l'inconscient s'établit un type d'ordre similaire auquel on peut accéder par l'analyse (Lopes, 2009). Cet accès serait possible par le Nom-du-Père, en formalisant de nouvelles bases et en rendant impossible la séparation du corps sexué du langage. La conséquence marquante sera l'introduction du désir comme un désir de l'Autre (Lopes, 2009). Placer le désir sous l'égide de l'Autre est quelque chose qui parle de la parentalité.

Revenons à présent à la question question de ce néologisme. Teperman (2012) décrit qu'il apparaît comme une proposition de substitution à la nomination de la famille, inquiétant des auteurs de différents domaines, ainsi que provoquant des malaises. Par exemple, nous pourrions tomber dans le piège de croire qu'une nouvelle apparence donnerait sens à la famille et du pouvoir aux spécialistes. Même si continuer dans cette direction peut signifier une nouvelle manière de se référer aux parents, tenter de contourner les changements résultant des nouvelles configurations familiales ou créer une niche pour que les spécialistes donnent leur avis, la famille continuera à ouvrir des brèches dans le moule dans lequel on voudrait la formater. C'est pourquoi le discours de la psychanalyse continue d'être provocateur, car, tout en accompagnant l'époque, il répond en demandant à chaque famille ce qu'elle a de particulier.

L'orientation lacanienne distingue la famille d'un phénomène biologique, c'est-à-dire que la famille se constitue à partir d'un complexe objet d'étude qui s'adresse à la famille conjugale – où les adultes sont responsables de générer une fonction –imprégnée de la transmission irréductible de l'exercice paternel et maternel. Ainsi, parce que c'est un groupement naturel d'individus avec deux types de relations sociales, celle d'engendrer et d'élever. La responsabilité de la parentalité, en ce sens, est d'insérer ses membres dans la culture. Il appartient à la psychanalyse de ne pas projeter les mœurs, ni tailler des valeurs, encore moins faire de l'apologie, ni inventer des liens sociaux ou créer des formes pour vivre plus heureux. En tant que vision scientifique du monde, sa fonction est d'identifier les structures familiales dans les cas cliniques accompagnés. Cas qui sont observés sous un angle tenant compte du complexe d'Œdipe et de la castration comme organisateurs de la constitution subjective, du désir inconscient déterminant visant à donner passage à la responsabilité qui incombe à chaque individu (Teperman, 2012 ; Lopes, 2017).

L'autre filiation et la filiation psychanalytique

Cette expression – filiation – vient du latin, du mot *filiatio*, et signifie une relation de descendance du père vers le fils. Selon Gildo (2016), il existe dans le dictionnaire juridique une description de la filiation comme la relation entre des personnes, dont l'une est au premier degré de parenté et peut dériver de liens de parenté qui relient une personne à ses parents. Les données de l'anthropologie confirment que les méthodes élémentaires, telles que les nouvelles méthodes de procréation, ne modifient pas les relations de filiation (Héretier, 1996).

Pour la psychanalyse, la filiation suit la voie de la déconstruction des universaux, spécialement ceux qui ont guidé les différences générationnelles, sexuelles et la définition traditionnelle de la vérité, soutenues par des philosophies antimétaphysiques qui s'opposent à l'idée d'homme ou d'universel. Selon la Constitution brésilienne de 1967, la famille était perçue comme une continuation du mariage indissoluble entre un homme et une femme. Dans l'intention de veiller à l'ordre social, elle visait à rendre civilement responsables les citoyens pour la santé, l'éducation, l'assistance aux incapables par le biais des liens de parenté. Avec l'amendement à la Constitution en 1977, la séparation des conjoints est devenue possible, impliquant une diminution des obligations parentales. La Constitution de 1988 a modifié la définition du noyau familial, reconnaissant les entités familiales qui se constituaient par « l'union stable entre un homme et une femme » et par « la communauté formée par l'un ou l'autre des parents et des descendants ». Elle a maintenu les paramètres concernant la différence sexuelle et la différence générationnelle qui représentaient le groupe familial. Il y avait une préoccupation à normaliser la famille pour englober d'autres modes de vie différents de la famille monogamique, hiérarchique, patrimoniale et bourgeoise (Lopes, 2017).

Actuellement, à ces formes familiales s'ajoute la volonté de reconnaissance d'autres configurations, qui luttent pour la reproduction de ce modèle traditionnel adapté aux nouvelles modalités de partenariats sexuels. Cela montre qu'au XXI siècle, la tendance va à l'horizontalité des liens sociaux, affectifs et sexuels, ainsi qu'à une personnalisation des sens et des valeurs, en réutilisant d'anciens termes pour leur donner une nouvelle apparence, à l'allure de contemporanéité. Ainsi, la famille marche à grands pas vers la « filiation affective » et la « paternité sociologique », au détriment du lien biologique ou naturel. En effet, certains auteurs défendent que les liens affectifs sont les fondements de la paternité (Lopes, 2017 ; Roudinesco, 2003).

Si nous étendons cette idée de parentalité à la filiation, nous pouvons la situer en deux moments : en ce qui concerne les parents proprement dits ou leurs représentants et lorsque nous cherchons à nous affilier à des institutions, sociétés, groupes, associations, sympathisants ou non.

En ce qui concerne la filiation, s'agissant des parents eux-mêmes, il y a toujours la question : « De qui est-il l'enfant ? » Teperman (2012) commente que l'identification du père de famille est quelque chose de relatif à l'époque, ayant plus ou moins à voir avec l'autorité qui se constitue comme une manière de pallier une absence.

Bien qu'il existe un rapprochement entre filiation et parentalité, il ne s'agit pas de la même chose. Bien qu'il existe un rapprochement entre filiation et parentalité, il ne s'agit pas de la même chose. Ces deux termes interconnectés se distinguent par la relation et la fonction. Tandis que la filiation désigne la relation entre l'enfant et la mère ou le père, établie en conséquence de la reconnaissance légale de la maternité ou paternité – donnée par la génération ou l'adoption –, la parentalité correspond à l'exercice d'une fonction (parentale) d'un adulte – le père et/ou la mère – envers un enfant (Pombo, 2019).

Nous parlons de la filiation au sein du noyau familial. Est-ce que cela se répéterait dans le domaine des affiliations ? Voyons cela. Dans la filiation à une entité, on cherche égalementà appartenir. Appartenir a toujours été un terme compliqué pour les psychanalystes, presque une feinte corporelle : vouloir faire partie, mais pas tout.

De nombreuses sociétés, institutions, écoles, groupes, associations psychanalytiques qui traitent avec sérieux la réception de nouveaux membres, avec l'idée primordiale de diffuser leur savoir. Pour illustrer notre propos, nous avons choisi de prendre en référence deux exemples de ces segments : l'IPA (Association psychanalytique internationale) et le Champ Lacanien (Forums du Champ Lacanien). L'intention est de parler de l'appartenance à une société de pairs reconnue pour donner voix aux analystes.

L'IPA est une organisation associative de membres, avec une certification et une régulation propres, née en 1910 à partir de la rencontre entre Freud et Ferenczi, ayant dans la confirmation de Jung, son premier président, dont le centre officiel siégeait à Zurich. Son objectif est la formation de liens entre psychanalystes de plusieurs pays, stimulant l'échange scientifique par des congrès internationaux, la publication de revues et une formation spécifique (analyse didactique, analyse de patients sous supervision et étude théorique), on devient membre après la fin de la formation (Gillespie, 1982).

Au Brésil, nous avons la Fédération Brésilienne de Psychanalyse (FEBRAPSI), qui, bien qu'elle ne propose pas de cours relevant des institutions affiliées à l'IPA (International Psychoanalytical Association), organise et renforce ses activités de diffusion, de dissémination et d'enseignement de la psychanalyse dans notre pays et en Amérique latine, car elle est fédérée à l'IPA. Fondée en 1967, elle a une longue histoire dans le domaine de la psychanalyse. Elle a commencé avec quatre sociétés : une à São Paulo, deux à Rio de Janeiro et une à Porto Alegre (FEBRAPSI, s. d.).

L'Internationale des Forums du Champ Lacanien (IF-EPFCL) rassemble des psychanalystes du monde entier, regroupés en sept zones (francophone, anglophone, Espagne, Italie, Amérique latine nord, Amérique latine sud et Brésil), dont l'objectif est de contribuer à « la présence et au maintien des défis du discours analytique dans les conjonctures du siècle ». Elle se déploie dans une critique, une articulation avec d'autres discours et une polarisation orientée vers l'École de psychanalyse. Ce mouvement est né en 1980, après la dissolution de l'École de Jacques Lacan, l'École freudienne de Paris, et est en concurrence avec la nouvelle École de la Cause freudienne, également française. Les Forums du Champ Lacanien (FCL) au Brésil s'inscrivent dans un déplacement initié à Barcelone en 1998. L'École de psychanalyse des Forums du Champ Lacanien – Brésil (EPFCL-Brésil) est une fédération qui intègre les Forums du Champ Lacanien brésiliens. Elle est orientée par les enseignements de Sigmund Freud et de Jacques Lacan et évoque le concept de « champ de la jouissance » de ce dernier, structuré en relation aux discours comme liens sociaux. Les Forums du Champ Lacanien ne sont pas une école ; c'est pourquoi « ils n'accordent aucune garantie analytique »,mais

> *accueillent tous ceux qui, d'une manière ou d'une autre, se sentent concernés par la psychanalyse orientée par l'enseignement de Jacques Lacan et s'intéressent à l'étude de la psychanalyse, à ses connexions ou à son application hors du dispositif analytique. En particulier, les connexions avec les pratiques sociales et politiques confrontées aux symptômes de l'époque et les liens avec d'autres pratiques théoriques (sciences, philosophie, art, religion, etc.). (EPFCL, n/d, par. 3)*

C'est à l'École de Psychanalyse des Forums du Champ Lacanien que l'on trouve une attribution de titres garantis et définis par Lacan. Lieu de transmission de l'expérience originale de la psychanalyse, d'élaboration du savoir et de formation de psychanalystes, il est solidement fondé sur l'éthique de la psychanalyse, c'est-à-dire sur sa praxis et sa théorie (EPFCL, n/d).

En considérant ces deux modalités – l'IPA et les Forums – reconnues comme assurant la survie de la psychanalyse, nous constatons qu'au-delà des différences, ces psychanalystes partagent une formation en dehors de l'université, fondée sur les principes freudiens, qui vise à accueillir les personnes intéressées et à leur permettre de s'affilier. Chacune avec ses préceptes, mais toutes deux se responsabilisent pour l'introduction selon les modèles familiaux (si tant est que l'on puisse faire ce rapprochement !)[7], puisque, pour paraphraser Teperman (2012), elles ont pour fonction de permettre au nouveau membre d'entrer dans la culture.. Car faire partie, être affilié, parle aussi du désir d'être reconnu par ses pairs, finalement, par ceux qui sont initiés à la pratique qui nous intéresse tant, car tel est l'objectif de la recherche psychanalytique, de la psychanalyse. Il s'agit de porter le Nom-du-Père, d'avoir un giron où revenir, de conseiller et de repartir. Entrer dans la culture dite psychanalytique, c'est accepter les limites qui balisent les règles, tout comme dans une famille où les adultes délimitent et donnent des ailes. C'est ainsi que Freud a initié la réflexion sur la transmission de ses connaissances, articulant ses développements théoriques avec ceux en qui il avait confiance. Lacan était lié à ce Freud dans ce registre, mais comme un fils rebelle, il est allé au-delà de ce que cette structure pouvait supporter. Avec sa sortie de l'IPA, il a pris l'espace de l'Université (Lacan, 1985) comme

7 En analysant les similarités entre familles et institutions, nous percevons que toutes deux offrent des liens légitimes, agissant comme sources de socialisation et étant des environnements primaires pour des expérimentations sûres préparant à la vie dans le monde.

champ de départ et son propre cheminement. Les étudiants cherchent souvent cet affranchissement à l'université, car c'est dans la formation professionnelle que commence la liberté du parcours.

Qu'est-ce que ma famille a voulu de moi ?

Par hasard, je me surprends dans le miroir : qui est-ce
Qui me regarde et qui est tellement plus vieux que moi ?
Pourtant, son visage... est de moins en moins étrange...
Mon Dieu, mon Dieu... On dirait
Mon vieux père – qui est déjà mort !
Comment ai-je pu devenir ainsi ?
Notre regard – dur – interroge : « qu'as-tu fait de moi ?! »
Moi, Père ?! C'est toi qui m'as envahi,
Lentement, ride après ride...
Qu'importe ?
Je suis, encore,
Ce même garçon entêté de toujours
Et tes plans, finalement, se sont effondrés.
Mais je sais que j'ai vu, un jour – la longue, l'inutile guerre ! –
J'ai vu sourire, dans ces yeux fatigués, une fierté triste...
Mario Quintana[8]

Tout comme dans les vers du poète, nous sommes renvoyés à ce que nous voyons en nous-mêmes de ceux qui nous ont précédés, ce qui evoque qui évoque généralement les paroles de nos parents sur ce que nous serions. Même si nous ne savons rien d'eux, nous pouvons encore imaginer ce qu'ils désiraient pour nous. Dans Le Séminaire, Livre 23, Lacan nous rappelle que nous avons toujours l'impression d'être très clairs en parlant, en demandant et en disant ce que nous

8 Quintana, Mario. Apontamentos de história sobrenatural [ressource électronique] / Mario Quintana. Rio de Janeiro : Objetiva, 2012. « Le vieil homme dans le miroir » Mario Quintana, 1976

voulons ; cependant, ce vouloir n'est pas entièrement le nôtre, mais il reflète plutôt les désirs des autres, principalement de notre famille, qui s'exprime à travers nous (Lacan, 2007). Cela signifie que nous sommes traversés par le discours de nos parents, avec leurs rêves, leurs volontés, leurs règles, leurs désir, leurs ordres ou même l'absence de tout cela.

Traversés par le discours des leur parents, des étudiants issus de familles contemporaines et/ou traditionnelles arrivent à la clinique universitaire, en souffrance. Qui sont ces familles ? Nous pouvons nous la poser la question. Ce sont des familles contemporaines, constituées sur la pierre fondamentale de la satisfaction, qui détermine la stabilité du lien et de ses membres.. Face à la coexistence de différents modèles familiaux, il est nécessaire d'opérer un travail de nomination (Féres-Carneiro *et al.*, 2017).

De même, la compréhension de la Constitution concernant le groupe familial a changé, et le concept de famille s'est transformé.. De la conception traditionnelle, fondée sur le mariage, à la vision de la famille unipersonnelle, monoparentale, anaparentale[9], il existe diverses configurations issues des réalités sociales qui cherchent à s'assurer une protection juridique qui les soutienne. Ces nouvelles conceptions, détachées du mariage, du sexe et de la procréation, s'appuient sur des valeurs telles que l'affection, l'amour et la tendresse. Indépendamment de la définition juridique de ces trois éléments, la protection réside dans le fait de préserver ce qui est le plus subjectif, afin que le droit des adultes, unis par des liens sociaux et affectifs, puisse s'inscrire juridiquement pour prendre soin de leurs descendants (Lima, 2018 ; Miranda Júnior et Marcos, 2022).

---

9 Pour Maria Berenice Dias (2006) citée par Lima (2018), la famille anaparentale se caractérise par l'inexistence de hiérarchie entre les générations et le fait de rester ensemble ne relève pas de l'intérêt sexuel, de la dépendance financière, et bien qu'il n'y ait pas de liens de parenté, ils vivent ensemble de façon permanente, avec une aide mutuelle et de l'affectivité.

En soulignant à nouveau que les liens affectifs qui constituent les relations familiales surpassent le lien biologique (Miranda Júnior et Marcos, 2022), on peut en conclure que ce n'est pas la naissance d'un enfant qui détermine la constitution des fonctions parentales (Teperman, 2012), ni l'organisation père-mère-enfant naturalisée qui garantit la constitution du sujet (Pombo, 2019). Ce sont les processus de réordonnancement symbolique qui constituent les figures parentales et la place des enfants. Ce processus ne ce met pas en place au lycée, comme chez les étudiants. Traversés par ces questions, ils arrivent à l'université désireux de donner un sens à leurs expériences et à tout ce qui les entoure (Féres-Carneiro *et al.*, 2017), cherchant à nommer leur existence à travers la vie sociale et la reconnaissance mutuelle.

Les processus de parentalité et de filiation provoquent des transformations psychiques (Féres-Carneiro *et al.*, 2017), mais l'absence de clarté quant à leur place en tant que sujet rend impossible la construction d'un chemin propre et personnel. L'indéfinition de ce que le père souhaite pour l'enfant, soit en raison des multiples configurations familiales qui entravent la qualité affective entre les membres (Féres-Carneiro *et al.*, 2017), soit en raison de l'absence de cette figure parentale ou symbolique, modifie l'insertion dans la famille. L'enfant ne nomme pas le père et ne se reconnaît pas comme tel (Leite, 2008). L'absence d'enregistrement du Nom-du-Père cesse d'ordonner les trois registres (Réel/Symbolique/Imaginaire). Féres-Carneiro *et al.* (2017) soulignent que, pour légitimer le singulier de chaque sujet, il doit y avoir un processus de nomination. C'est dans cette pratique que s'établit la symétrie au sein du groupe familial, permettant à ses membres d'identifier leur place et de développer la qualité affective nécessaire à une relation.

Ce processus échappe souvent au contexte social dans lequel tous sont insérés, n'obéissant pas à la législation en vigueur. C'est par la dynamique familiale, née de l'interaction subjective entre les générations que l'expérience d'union se construit à travers l'acte d'inscription dans le lien de parenté sur le plan mental. Cependant, dans la pratique, cette expérience ou cette union n'existent pas toujours. L'expérience subjective peut être subjuguée par l'idéal de la famille, par la présence physique des membres, par leur absence ou par l'impossibilité de dialoguer avec les parents. Il ne s'agit pas seulement d'une difficulté générationnelle, mais d'une incapacité à dépasser ces parents réels.

Retrouver la fonction du Nom-du-Père est une procédure d'organisation, permettant que chaque sujet ait un parcours particulier. Grâce à fonction nommante, l'enfant se reconnaît comme tel et authentifie cette nomination (Leite, 2008). Dans la perspective psychanalytique, la filiation est singulière, symbolique et désirante. En effet, c'est au nom du désir de nommer un enfant, à la place d'un manque, qu'un enfant naît, devenant ainsi le fils de ses parents. Une relation de transmission du désir s'établit (Oliveira *et al.*, 2017).

Il convient de fois de souligner qu'il ne s'agit pas de réduire la fonction paternelle à l'acte de nommer, car celle-ci relève de l'ordre du symbolique. Elle ne se limite pas à la transmission d'une identification universelle, mais elle dynamise la création de quelque chose qui n'existait pas auparavant. Il s'agit de convoquer quelqu'un à répondre et à se responsabiliser. Pour qu'un homme transmette son désir de père à un enfant, il faut qu'il se sache corps sexué et et non pas seulement identifié à un idéal. C'est une relation entre désir, cause et existence humaine (Lopes, 2009).

Qu'est-ce qui de la sexualité se situe dans la notion de famille ?

Le bon côté de nos souvenirs les plus chers
c'est qu'en général ils sont faux.
Mario Quintana

Selon Pombo (2019), l'ethnologue Cadoret affirme la nécessité que l'existence de deux sexes et de deux positions sexuées, la féminine et la masculine, doit être transmise à l'enfant. Selon l'anthropologue, l'enfant doit parvenir à représenter et à symboliser la différence des sexes, le masculin et le féminin. Toutefois, les images et les modèles masculins et féminins n'ont pas nécessairement besoin d'être présents dans le couple conjugal (p. 6).

Il en va de même dans le domaine de la filiation : deux sexes anatomiquement distincts s'unissent pour créer un enfant, selon les lois actuelles, dans un modèle qui trouve son origine dans des questions biologiques et s'étend à des structures sociales plus complexes. Ces structures sociales ne reconnaissent que six formes de filiation : patrilinéaire[10], matrilinéaire[11], bilinéaire[12], cognatique[13], parallèle[14] et croisée[15]. Bien que la filiation affective soit reconnue dans d'autres formations sociales, cela ne signifie pas que la prise de conscience de ces nouvelles configurations soit largement acceptée ou décrétée (Héretier, 1996).

C'est pourquoi, en partant du postulat que la famille est sexuelle, nous revenons à la circonstance qu'il existe initialement un désir sexuel d'un homme pour une femme, désir qui prend racine dans une représentation inconsciente ancrée symboliquement (Héretier, 1996) dans des êtres vivants et sexués qui, outre la jouissance, produisent des bébés. Toutefois, les coordonnées de la relation sexuelle doivent prendre en compte le complexe de castration issu du complexe d'Œdipe. Freud a développé sa théorie de la sexualité en articulant les fantasmes infantiles primitifs aux hypothèses sur la sexualité des parents (Lopes, 2017).

10 La lignée est tracée à travers le père.

11 La lignée est tracée à travers la mère.

12 La lignée est tracée à la fois par le père et par la mère.

13 Comprend les lignées des deux côtés de la famille sans préférence stricte.

14 La lignée masculine et féminine suivent des lignes différentes (les fils suivent la lignée du père et les filles celle de la mère).

15 La lignée est tracée de manière croisée (les fils suivent la lignée de la mère et les filles celle du père).

Même si nous disposons de différentes techniques de reproduction humaine, nous dépendons d'un ovule et d'un spermatozoïde pour engendrer la vie, provenant d'une femme et d'un homme, respectivement. Cependant, cette transmission dont nous parlions plus haut renvoie à la question suivant : pour qu'il y ait un sujet, il y a une exigence de transmission des désirs. Pourtant, ce n'est pas la famille qui fait des enfants, mais elle fait des sujets (Teperman, 2012 ; Héretier, 1996).

Réfléchir au complexe de castration à partir de Freud et en avançant avec Lacan, c'est reprendre le moment traumatique de ce fantasme et prendre pour vraie l'idée que certains sont punis – les filles ont perdu leur pénis parce qu'elles ont fait quelque chose de mal – tandis que d'autres le possèdent, mais vivent avec la peur de le perdre – les garçons doivent le conserver. C'est sur la base ffrontement du fantasme que le désir inconscient s'établit. Une fois les parents dépassés, grâce à la dissolution des investissements libidinaux qui sont barrés par l'interdiction de l'inceste et du parricide, les anciens objets sexuels peuvent être remplacés (Lopes, 2017 ; Héretier, 1996).

Autrement dit, on part de l'histoire de la sexualité développée par Freud pour justifier tant le choix du partenaire sexuel que les conditions du désir humain et l'affrontement à la vie. Par conséquent, le désir de famille est soutenu par une constitution subjective de ce que signifie être un homme ou une femme, transmise par la famille conjugale, comme nous l'indique Lopes (2017).

> *... ce n'est pas à cause de l'amour que les couples ont des enfants, bien que ce sentiment ait le rôle de suppléer à la non-réciprocité des désirs. L'amour permet de croire à l'existence d'une continuité entre le désir masculin et le désir féminin. (Lacan, 1972-1973 cité par Lopes, 2017, p. 68)*

L'auteure commente encore, dans différentes études (Lopes 2009 ; 2017), que ce choix contingent est toujours incompréhensible. Même si la différence sexuelle est reconnue, la soumission du désir provoque un traumatisme qui ne se réduit pas à la cause du signifiant homme ou femme. Autrement dit, « si l'on considère la famille comme la cellule minimale de la société, sa fonction est justement de réunir les conditions de l'entrée du nouvel individu dans la culture » (Teperman, 2012). C'est dans cette volonté que la famille se soutient.

Face à cette poussée des désirs et au manque de savoir quoi en faire, ou plutôt au manque de savoir les reconnaître, les psychanalystes sont également convoqués pour répondre au sujet, à la demande de prise en charge et à la théorie.

Comment s'insèrent-ils ?

Les analystes s'engagent, affectés. Bien que Freud n'ait pas clairement décrit l'affect, Miranda Júnior et Marcos (2022) soulignent que Lacan l'a suivi de près mettant en évidence le fait que l'affect est lié au corps et s'exprime à travers la pensée, se manifestant dans la structure de l'inconscient qui apparaît dans le langage. Par conséquent, en comprenant l'importance d'analyser cet affect plus sérieusement à travers la parole de nos patients, nous accédons au matériau à la dérive : la souffrance."

Il ne s'agit pas de traduire l'affect pour le patient, mais de l'utiliser comme un indicateur pour orienter la conduite du traitement. Étant donné que la psychanalyse est amenée à réflechir à la prise en charge, penser la parentalité sous l'angle de la filiation implique de considérer les conditions psychiques qui en révèlent les conséquences dans le lien social et dans la subjectivité, bien souvent dévastée par les discours relativistes contemporains (Dufour, 2008).

> *En tant qu'analystes, nous ne pouvons pas contribuer à une telle désarticulation, sous peine de démentir les fondements de notre propre science. Freud nous a exhortés à ne pas abandonner la vision scientifique du monde et*

> *à ne pas céder à la tentation de faire de notre discipline une idéologie. Lacan, quant à lui, nous a invités à ne pas reculer ... (Lopes, 2017, p. 70)*

Pour ne pas reculer devant la proposition lacanienne, nous nous concentrerons sur les discours. Ici, nous utilisons deux outils pour analyser le lien social universitaire, en tenant compte de la clinique qui écoute la souffrance académique sous la perspective de la parentalité. Il s'agit du discours universitaire et du discours de l'analyste.

Lacan a accordé une grande importance aux discours en tant que liens sociaux, car c'est par eux que le sujet se constitue, se cachant derrière un semblant qui représente sa position par rapport au savoir, à la jouissance et au signifiant maître. Ces fonctions marquent le sujet tout en assurant son attachement et en lui permettant de se mouvir dans la culture. Il reste à dire que, doublement, elles produisent et révèlent l'action du sujet singulier, ainsi que celle d'un collectif dans l'unité C'est par la position subjective qu'um discours agence des liens. Jusqu'ici, rien de nouveau ; l'actualité de cette théorie réside dans le langage, les liens de parole structurant les discours (Silva, 2018).

Dans le discours universitaire, nous avons un maître moderne, qui traite le savoir comme s'il existait une intégralité dans la production d'un sujet, ce qui occulte la division subjective. Il s'agit de l'effacement du sujet (Silva, 2018).

D'un autre côté, nous avons le discours de l'analyste, dépourvu de semblant. Il recherche un savoir singulier qui ne peut s'exprimer que partiellement – dans un demi-dire –, créant des énigmes et ne cherchant pas à solutionner la division subjective, mais en se centrant sur le sujet qui en est le produit (Silva, 2018). Selon cette éthique, le psychanalyste n'accepte pas de prendre des décisions à la place du sujet ; c'est lui – le sujet – qui sait ce qui doit être su, à l'analyste de conduire à partir des signifiants qu'il apporte. Il s'agit d'une éthique du désir liée au réel et non à l'idéal ; elle ne cherche pas à universaliser la morale ou le bien du patient, c'est l'« éthique du bien-dire » (Pereira & Costa, 2019).

Ce discours se distingue à la fois de l'embrasement universitaire et du familial. Le pari sur le lien social que la psychanalyse cultive constitue un soutien pour l'incitation pour le patient qui vient au cabinet, en particulier dans la clinique universitaire psychanalytique. Il s'agit prendre le risque que le sujet se libère de la volonté de ses parents et des mandats de l'université. Or, ce que nous avons vu, ce sont des jeunes qui délèguent à l'université le rôle de la mère : elle nourrit – à travers les restaurants universitaires, éduque – par les ordres des maîtres et soutient par les accords pécuniaires. Le roi est mort, vive le roi.

Auparavant nous parlions des appareils idéologiques (Shimoguiri & Rosa, 2017) ; maintenant, nous montrons les appareils de la jouissance qui se forment à travers les discours liés aux contextes socioculturels. C'est-à-dire, chaque milieu met en avant l'émergence d'un type de lien caractéristique et de ces liens émergent des symptômes particuliers (Silva, 2018).

Dans les consultations psychologiques de cette clinique psychanalytique à l'université, les symptômes dont se plaignent les étudiants sont des plus variés ; beaucoup reflètent l'angoisse que représente l'enseignement supérieur public. Initialement, ils évoquent le départ du foyer familial, l'éloignement de leurs proches et l'excès de liberté pour gérer leurs études et leur vie privée. Les pacients qui demandent une analyse arrivent à ramener leurs paroles au désir de réaliser le rêve des leurs parents, même parmi les patients qui ne sont plus si jeunes ou qui ont perdu leurs parents de manière inattendue ou soudaine.

Les récits que les étudiants font lors des consultations à propos de leur famille permettent d'utiliser cet espace pour interroger le désir de leurs parents, l'importance qu'ils accordent à leurs études à l'université, leur perspective d'amélioration dans le travail scolaire, et parfois, leur propre préjugé envers ceux qui ne font qu'étudier. Les perceptions du rôle de l'université sont diverses chez les enfants et les parents ; dans les familles qui considèrent cette formation comme positive, il y a le désir de surmonter des défis à travers le regard des enfants, de perpétuer un héritage ou d'emprunter une voie différente. Certains racontent même être la première génération à fréquenter l'enseignement supérieur. D'autre part, pour les parents qui ne soutiennent pas les études, les enfants doivent affronter un chemin difficile, en validant des crédits académiques tout en travaillant, effectuant une double journée, et ils croisent souvent ce chemin en se sentant méprisés.

Les enfants, traversés par le désir de parentalité, se questionnent sans savoir quel chemin suivre. Ils reconnaissent souvent, peu à peu, au cours de l'analyse, qu'ils sont immergés dans le désir de l'autre. Ils souffrent de ne pas vouloir déplaire à leurs parents et espèrent trouver la sécurité nécessaire pour conclure leurs études sur la route tracée par la famille. Le psychanalyste agit comme médiateur, opérant le manque et ne fournissant pas les certitudes du discours positiviste universitaire, entouré de protocoles et de répétitions. Il n'a pas pour rôle d'indiquer la voie ou de fournir des réponses toutes faites. Son intervention opère par le silence, la coupure dans la séance et par son propre être (Lacan, 1998a), offrant un espace de création et de possibilité d'accès au savoir et au désir de l'étudiant-patient. Il offre un espace d'implication dans la parole et dans la souffrance.

Traverse traversée

Faire la traversée finale, même si ce n'est que pour clore un chapitre, indique qu'il y a encore quelque chose à dire sur la psychanalyse. Grâce à Dieu, nous sommes avertis que nous ne mettons pas de points finaux, nous nous attachons à laisser circuler la parole, car notre tâche n'est pas de réconforter, mais d'aiguillonner.

Nous avons tracé un parcours de réflexion sur la manière dont les analystes sont traversés par ce qui se vit à l'université. Nous avons choisi de revenir aux préceptes fondamentaux de la psychanalyse, comme la sexualité infantile, les désirs familiaux ou même leur absence dans la constitution du sujet. Nous avons choisi d'aborder le thème de la parentalité et de répondre à la clinique psychanalytique en tissant un lien avec la notion de filiation, de descendance et d'appartenance. Dans ces considérations finales, nous énumérons les thèmes abordés dans un ordre inverse à celui dans lequel ils sont apparus dans le texte, de manière délibérée, pour montrer que le point de départ peut être différent, mais que la réflexion retombera toujours sur les traces laissées par l'inconscient. Ce même inconscient qui introduit la parole et explicite un langage.

La pratique de la clinique psychanalytique dans les espaces universitaires consiste à poser le point de capiton, à créer un nouage pour différentes formes de ressentis. Intervenir dans la différence ne consiste pas à répéter les spécialistes qui proposent des recettes de bonheur qui masquent la réalité. Il s'agit de délimiter un champ dans lequel on cherche à faire émerger un sujet qui se reconnaît, se voit défaillant, indécis, mais qui commence à entrevoir la possibilité de créer ses propres issues à la souffrance. C'est dans ce contexte que « la psychanalyse doit être étudiée comme une situation à deux (Lacan, 1998, p. 594) », dans cette relation au potentiel libérateur du sujet. L'analyste écoute au-delà du discours, car il ne se prépare pas à répondre, puisqu'il sait que toute forme de parole ne serait que des mots sans garantie (Lacan, 1998).

Nous réfléchissons à la parentalité selon le modèle de la filiation, dans la cellule familiale et dans les écoles psychanalytiques, et nous nous demandons comment la famille opère une traversée qui suscite la prise en charge à l'Université. En articulant out cela, nous avons pu constater que, si d'un côté nous voyons que les changements ne sont pas si nouveaux que cela, de l'autre, le sujet et le lien social souffrent des échanges régis par la recherche du « gain à tout prix ». Cela, parfois, devient le fait de raconter l'histoire que les autres veulent entendre (Dufour, 2008). La psychanalyse reconnaît l'influence prédominante de la culture sur les sujets (Miller apud Teperman, 2012) et cette domination établit un discours sans histoire qui, paradoxalement, organise la subjectivité. Mais c'est la dimension des relations sociales qui remet au sujet la télécommande.

Références

Dufour, D. R. (2008). *O divino mercado: a revolução cultural liberal.* Companhia de Freud.

Escola de Psicanálise dos Fóruns do Campo Lacaniano – Brasil (EPFCL). (n.d.). Fórum do Campo Lacaniano.

FEBRAPSI. (n.d.). Formação e filiação.

Féres-Carneiro, T., Machado, R. N., Mello, R., & Magalhães, A. S. (2017). Práticas de nomeação nas relações familiares contemporâneas. *Revista da SPAGESP, 18*(1), 4-19.

Gildo, N. (2016). Evolução histórica do conceito de filiação. *Jus Brasil.*

Gillespie, W. H. (1982). A origem e o desenvolvimento do IPA.

Héritier, F. (1996). *Masculino, feminino: o pensamento da diferença* (C. F. Coelho, Trad.). Instituto Piaget.

Lacan, J. (1998a). A direção do tratamento e os princípios de seu poder. In *Escritos* (pp. 591-652). Jorge Zahar. (Trabalho original publicado em 1966)

Lacan, J. (1998b). Variantes do tratamento-padrão. In *Escritos* (pp. 325-364). Jorge Zahar. (Trabalho original publicado em 1966).

Lacan, J. (2001). O lugar da psicanálise na medicina. *Opção Lacaniana. Revista Brasileira Internacional de Psicanálise, 32*, 8-14. (Trabalho original publicado em 1966).

Lacan, J. (2008). O mito individual do neurótico ou Poesia e verdade na neurose. In *O mito individual do neurótico* (pp. 9-44). Zahar. (Trabalho original publicado em 1953).

Leite, C. A. de O. (2008). *Quando o corpo pede um nome – a título provisório* [Tese de doutorado, Universidade Estadual de Campinas]. Repositório Institucional UNICAMP.

Lévi-Strauss, C. (1982). *As estruturas elementares do parentesco* (M. Ferreira, Trad.). Vozes.

Lima, E. C. A. S. S. (2018, 28 de março). Entidades familiares: uma análise da evolução do conceito de família no Brasil na doutrina e na jurisprudência. *Revista Jus Navigandi, 23*(5383). ISSN 1518-4862. Teresina.

Lopes, R. G. (2009). A psicanálise é o que reintroduz o Nome do pai na consideração científica. O que isso significa nos primeiro e segundo ensinos de Lacan? *Psicologia em Revista, 15*(2), 17-35.

Lopes, R. G. (2017). Somos todos adotados? Parentalidade, família e filiação. *Cadernos de Psicanálise, 33*(1), 63-71.

Miranda Júnior, H. C. de, & Marcos, C. M. (2022). A noção de afeto no direito de família: diálogo com a psicopatologia e a psicanálise. *Revista Latinoamericana de Psicopatologia Fundamental, 25*(3), 510-532.

Mota, A. A. S., Pimentel, S. M., & Mota, M. R. S. (2023). Expressões de sofrimento psíquico de estudantes da Universidade Federal do Tocantins. *Educação e Pesquisa, 49*, e254990.

Oliveira, P. A. B. A. de, Souto, J. B., & Silva, E. G. da. (2017). Adoção e psicanálise: a escuta do desejo de filiação. *Psicologia: Ciência e Profissão, 37*(4), 909-922.

Pereira, L. R., & Costa, A. M. M. da. (2019). Contrapontos entre psicanálise e medicina no hospital oncológico. *Trivium: Estudos Interdisciplinares, 11*(2), 156-164.

Pombo, M. F. (2019). Família, filiação, parentalidade: novos arranjos, novas questões. *Psicologia USP, 30*, e180204.

Shimoguiri, A. F. D. T., & Rosa, A. da C. (2017). A prática de atenção à saúde nos estabelecimentos psicossociais: efeitos do modo capitalista de produção. *Psicologia USP, 28*(3), 389-395.

Silva, M. M. (2018). O discurso universitário e a clínica contemporânea. *Cadernos de psicanálise (Rio de Janeiro), 40*(38), 161-182.

Teperman, D. W. (2012). *Família, parentalidade e época: um "nós" que não existe* [Tese de doutorado, Faculdade de Educação, Universidade de São Paulo].

14. Les défis de l'accueil des processus subjectifs de la parentalité « atypique »[1]

Viviane Legnani
Amanda Cabral dos Santos
Daniela de Lima Campos
Tatiana Studart Marques

Ce texte vise à réfléchir sur l'accueil de la parentalité dans le Programme d'Éducation Précoce du réseau public d'Éducation du District fédéral. Ce Programme a pour public cible les bébés et enfants de 0 à 3 ans et 11 mois, avec des retards de développement, des déficiences et un développement atypique et/ou qui se trouvent en situation de risque (Brésil, 1995) (Brésil, 2000) (District fédéral, 2005)). Il s'appuie sur le Comité de Suivi de la Société de Pédiatrie de Rio de Janeiro (SOPERJ), qui suggère un accompagnement des nouveau-nés présentant les conditions de risque suivantes : asphyxie périnatale, prématurité, problèmes neurologiques, taille incompatible avec l'âge gestationnel, hyperbilirubinémie, polyglobulie symptomatique, hypoglycémie symptomatique, recours à la ventilation mécanique, infections congénitales, malformations congénitales et syndromes génétiques (Brésil, 1995, 2000 ; District fédéral, 2005).

L'accompagnement parental est fondamental dans les prises en charge de la petite enfance et le programme d'Éducation Précoce

1 La révision de la traduction en langue française a été réalisée par Regina Orth de Aragão.

préconise que « une orientation sera offerte aux parents et le type d'intervention à utiliser sera spécifié, réduisant les degrés d'inadaptation résultant de la pathologie ou de la vulnérabilité, ainsi que les effets cumulatifs des problèmes de développement de l'enfant » (Distrito Federal, 2010, p. 111).

Compte tenu de la complexité qui traverse les deux prises en charge, la discussion que nous développerons dans ce texte abordera deux questions : 1) L'importance de construire la position d'écoute de la parentalité dans les prises en charge du Programme ; 2) L'attention éthique à la constitution subjective de l'enfant atypique et la nécessité pour les professionnels d'avoir une formation leur permettant de soutenir, dans leurs interventions, cette écoute et cette attention. Pour étayer cette argumentation, nous présenterons une synthèse de trois recherches de master qui ont été développées au sein du *lócus* du Programme, lesquelles ont examiné des possibilités autour des questions susmentionnées.

L'importance de l'écoute des processus de deuil dans le contexte de la parentalité

Les professionnels du Programme, dans la fonction d'accueil parental, sont régulièrement confrontés aux processus subjectifs relatifs au deuil des pères et des mères lors de leur entrée dans le Programme d'Éducation Précoce. À ce moment-là, ils sont encore aux prises avec la réalité de la rencontre avec le handicap de leurs fils ou filles. Un impact qui, de manière décisive, provoque un sentiment d'étrangeté, du moins au début, marquant le regard et les mots qui seront adressés au bébé (Krummenauer ; Malgarim, 2018). Dans ce processus, de nombreux sentiments contradictoires émergent, dans certains cas marqués par le déplaisir, puisque la présence du handicap, sous quelque forme que ce soit « sensorielle, physique, mentale, neurologique, multiple, etc. » (Carvalho, 2010, p. 30) peut fonctionner pour montrer à l'autre son propre manque, sa limitation et son imperfection. Autrement dit, ce mécanisme, en agissant dans le champ parental, en lien avec les marques causées par la rencontre avec tout ce que le handicap représente, peut provoquer une indifférenciation entre le moi/l'autre, caractéristique des processus de deuil.

Freud (1915-1917), dans son texte « Deuil et mélancolie », souligne que dans le processus de deuil cette indifférenciation accentue la vulnérabilité, s'agissant d'un travail psychique douloureux car il pose une énigme, puisqu'on ne sait jamais exactement ce qui a été perdu. Butler (2004), quant à elle, affirme que le deuil est une expérience qui met en évidence que quelque chose échappe au contrôle, une sorte de (dé)possession, c'est-à-dire, l'endeuillé souffre parce qu'il redécouvre, avec la perte de l'objet, qu'il n'est pas le propriétaire de lui-même. L'auteure questionne les propositions de Freud (1917-1915) sur la fin du travail de deuil impliquant le retour de la capacité du sujet à investir libidinalement dans un autre objet, car elle considère qu'il s'agit d'un travail psychique d'acceptation d'une sorte de double perte, pas seulement la perte en soi, mais aussi la perte de soi-même ou de la supposée garantie d'un contrôle total sur sa propre vie. Il s'agirait d'un processus qui implique nécessairement des changements pour l'endeuillé et qui se termine lorsqu'il existe un accord subjectif pour se soumettre à une transformation, dont l'effet final ne peut être connu à l'avance et sur lequel il n'y a ni commande ni contrôle.

Dans le cas de la rencontre des parents avec le handicap de leur(s) enfant(s), ce processus devra effectivement être mené à bien, en tant que réinvention, afin qu'ils puissent revoir les représentations de l'enfant qui avaient été élaborées durant la grossesse et redimensionner l'image préalablement construite d'eux-mêmes comme parents. Cette réinvention est fondamentale pour qu'ils puissent construire une autre relation pour accueillir l'enfant atypique (Góes, 2006). Il convient de souligner l'importance de ce processus, car même en tenant compte des limites posées par le handicap, dans la rencontre subjective du bébé avec l'autre parental, il s'établit une relation constitutive du sujet qui peut atténuer ces limites ou, au contraire, générer des impasses qui entravent les processus de développement (Campos *et al.*, 2020).

L'Autre, représenté par la fonction maternelle, imprime des marques dans le réel du corps du bébé. Il est nécessaire de souligner que ces marques — imaginaires et symboliques — auront un fort impact et imprimeront également des singularités dans le développement cognitif, psychique et social de l'enfant. Avant d'aller plus loin, il est prééminent de réitérer que les fonctions de parentalité (fonctions maternelle et paternelle) vont au-delà des questions de genre et sont fondées sur des représentations psychiques inconscientes de ce que signifie être père et mère pour le couple parental. C'est-à-dire que les fonctions exercées par les parents ne correspondent pas toujours au genre et peuvent être assumées par des personnes autres que les parents biologiques.

Cependant, il est primordial que ces fonctions soient remplies, car la constitution psychique de l'enfant exige ce soutien subjectif, étant donné que les effets des marques de la relation mère/bébé organisent non seulement le fonctionnement du corps, mais aussi celui du psychisme de l'*infans*. Le petit sujet, pour être marqué par l'Autre, doit être idéalisé par lui de façon imaginaire, avant même de naître. Le désir, le regard et la voix dirigés vers le bébé instaurent une dialectique subjective, puisque l'enfant, en produisant des manifestations telles que l'apaisement de ses pleurs lors des soins parentaux, le fait de se laisser bercer pour dormir, la détente pendant l'alimentation, etc., produira également des impacts narcissiques sur le psychisme des parents pour les encourager à poursuivre leurs fonctions parentales.

Cette scène familiale, initialement déclenchée par la fonction maternelle, sera toujours articulée à la fonction paternelle, c'est-à-dire, la mère suffisamment bonne « est celle chez qui la fonction paternelle a opéré, dont la marque fait qu'il soit possible de désirer le bébé parce qu'il y a un manque, parce qu'elle ne se sent pas complète, et que dans sa structuration, il y a quelque chose qui reste en suspens, supposément comblable par cet enfant » (Bernardino, 2006, p. 32). À partir de cette dimension subjective de la figure de la mère ou de celui/celle qui occupe cette position d'accueil, on peut dire que la fonction maternelle s'effectue lorsqu'un adulte transmet le langage à un enfant, par le biais d'« un désir non anonyme », rendant ainsi possibles les prémices de sa constitution subjective (Lacan, [1969] 2003, p. 369).

Il s'agit donc d'un processus d'une complexité significative jusqu'à ce que l'enfant cesse de « parler » avec son corps et entre dans le champ du langage, puisqu'avant de parler en son propre nom le bébé doit s'aliéner dans le désir et dans les paroles de l'Autre pour pouvoir exister symboliquement. Ainsi, l'aliénation est essentielle à la constitution du sujet, car le bébé est pris par la mère comme objet de désir et, à partir de cette position, il peut plonger dans le champ des signifiants, mis à disposition par elle, jusqu'à pouvoir opérer la séparation d'avec l'Autre maternel. Cette opération sera possible à partir de la constatation qu'il y a un manque dans l'Autre, que le désir maternel viserait également une autre direction, ce qui permettra à l'*infans* d'avoir le fonds subjectif pour accueillir sa propre faille et se situer aussi comme un sujet du désir. Cette double opération logique d'aliénation/séparation est essentielle pour le bébé non seulement pour se référer dans le temps, dans l'espace et socialement dans le monde, mais aussi pour nommer et parler en son propre nom.

Ainsi, en raison de la complexité du processus, il ne s'agit pas d'une équation sans reste. Zornig (2010) indique : « la préhistoire de l'enfant commence dans l'histoire individuelle de chacun des parents ; le désir d'avoir un enfant réactualise les fantasmes de leur propre enfance et du type de soin parental qu'ils ont pu recevoir » (p. 456). C'est-à-dire que la rencontre des parents avec l'enfant remet en scène une rencontre avec l'enfant qu'ils ont été un jour et avec l'idéalisation de l'enfant qu'ils auraient pu être.

C'est la dimension de cette idéalisation qui peut rendre difficile la place subjective que l'enfant en situation de handicap occupe dans la dynamique familiale. La dialectique de la relation entre le champ parental et le bébé, traversée par un ratage subjectif, comme déjà mentionné, peut déclencher des processus de deuil prolongés, douloureux, marqués par les ambivalences et contradictions des parents face aux vulnérabilités de l'enfant.

Processus qui peut aussi être prolongé et aggravé par l'effet iatrogène des discours médicaux et scientifiques (Domecq Gomez et al., 2020) sur le handicap, lesquels peuvent saper le savoir parental construit dans la relation avec l'enfant lui-même, par les récits socioculturels, mais aussi par les souvenirs inconscients des parents concernant les soins parentaux qu'ils ont reçus dans leur propre enfance. Maintenir la place d'Autre désirant lorsque les fonctions maternelle et paternelle sont en court-circuit et, en même temps, recevoir tant d'informations sur la réalité du tableau et sur ce que l'enfant « ne » pourra réaliser complique encore davantage l'accomplissement des fonctions parentales (Bernardino, 2007).

Costa et Cohen (2011) signalent que « les parents atteints narcissiquement dans ce qu'ils ont de plus intime de leur être » adhèrent, bien souvent, au discours scientifique sur la maladie ou le handicap de l'enfant afin de s'approprier un savoir supposé sur l'enfant, le transformant alors en une sorte d'objet de connaissance à partir de sa *différence.* Dans ce contexte, la constitution subjective de l'enfant peut également être compromise lorsqu'il/elle est vu(e) uniquement comme objet de connaissance qui exigerait de la part de la parentalité des soins standardisés proposés par le discours scientifique.

Cette position parentale est renforcée dans les services de santé et d'éducation, qui tendent également à adopter des pratiques axées sur les diagnostics, les pronostics et sur les limitations découlant de la situation, sans prise en compte des caractéristiques propres de l'enfant ni des difficultés subjectives des parents à s'y confronter. De telles pratiques institutionnelles se montrent imprégnées de la « position de spécialiste » et les interventions relèvent habituellement de l'orientation du champ parental.

L'effet d'une telle posture est préoccupant car, comme l'indique Bernardino (2017), ce scientisme face au handicap peut « être capable de priver l'enfant de la dimension humaine essentielle, celle du désir » (p. 55). Malgré cela, ce champ discursif circule souverainement dans la culture, conférant aux enfants handicapés une place sociale marquée, qui, à son tour, renforce un discours technique sur le sujet, créant des recettes standardisées pour éduquer et traiter ces enfants (Campos *et al.*, 2020).

L'attention éthique à la constitution subjective de l'enfant atypique

La petite enfance fait actuellement l'objet d'une attention particulière à la lumière des découvertes en neurosciences. Avec la consolidation de la neuroculture (Ortega, 2009), ces recherches ont une portée sociale afin d'orienter les politiques publiques visant à promouvoir le développement cérébral, à partir de la mise à disposition de conditions favorables au processus de développement pendant les premières années de la vie. Cet investissement entraînerait moins de coûts pour l'État que de tenter de remédier à ou de minimiser les problèmes déjà cristallisés à l'adolescence ou à l'âge adulte (Deanley ; Doyle, 2012).

L'Organisation des Nations Unies (ONU) a inclus le développement de la petite enfance parmi les Objectifs de Développement Durable, qui doivent être atteints d'ici 2030. Ainsi, la tranche d'âge de 0 à 3 ans est désormais regardée avec plus d'attention par les pouvoirs publics, répondant à la demande économique de prévention des éventuels problèmes de santé et d'éducation pour ce public cible, de manière à garantir à l'avenir la productivité de ces petits sujets dans le monde du travail.

Répondant à cette demande de manière acritique, la formation des professionnels des domaines de la santé et de l'éducation adhère facilement au discours hégémonique des neurosciences. Lorsqu'il s'agit d'un public plus spécifique, comme c'est le cas pour les bébés présentant des risques, des retards ou des altérations du développement, « l'idéologie du déficit » imprègne le socle théorique des interventions, c'est-à-dire que l'on agit pour réduire les déficits posés par les troubles ou handicaps afin que les sujets se « normalisent » autant que possible.

De ce fait, il y a une prédominance de pratiques mécanistes et fragmentées associées à une conception du développement qui propose, sans explications supplémentaires, la réunion du « bio », du « psycho » et du « social », rendant difficile une véritable articulation des interventions par les professionnels et une attention au champ subjectif de l'enfant et de ses parents. En d'autres termes, à travers le modèle biomédical centré sur la petite enfance, on propose un investissement dans des méthodes et techniques qui « réparent » ce qui « ne fonctionne pas » chez l'enfant, mais qui fait abstraction des impasses dans la relation mère-bébé, une dimension essentielle tant pour le développement que pour la constitution subjective de l'enfant. La théorie psychanalytique, sans aucun doute, constitue un contrepoint important à ce discours qui prétend que le développement peut être « ajusté » pour que les capacités organiques mûrissent sous l'effet d'une « stimulation adéquate », selon chaque tranche d'âge.

L'étude réalisée par Goretti (2012), ancrée dans des concepts de la psychanalyse, critique les interventions qui négligent l'importance du lien mère-bébé dans le domaine de la Stimulation Précoce, soulignant que déplacer le focus de l'intervention permettrait au professionnel d'apporter le soutien instrumental spécifique à son domaine de formation (physiothérapie, nutrition, psychologie, orthophonie, médecine, etc.) selon les besoins de chaque bébé, mais aussi une attention aux opérations constitutives du sujet, articulant dans sa pratique des connaissances interdisciplinaires sur la constitution subjective de l'enfant et la base organique des processus de développement. Dans la conclusion de sa recherche, l'auteure souligne l'importance pour les lieux de santé et d'éducation s'occupant de la toute petite enfance, en particulier celle présentant un développement atypique, de recourir à des dispositifs cliniques capables de détecter et d'orienter, en temps utile, les bébés et enfants en situation de risque psychique.

Avant d'avancer sur cette proposition, une réflexion sur le terme « clinique » s'avère nécessaire ; du grec klinikós (s'incliner au chevet du patient). Et que serait cette position d'inclinaison vers l'autre ? Ne s'agirait-il pas, justement, de la position imprégnée de *ethos* du soin, de vraiment questionner le sujet sur ce qui le fait souffrir, c'est-à-dire d'écouter la version du sujet sur la façon dont il souffre face à sa *différence* (ou maladie) et de son enfant ? Cette disposition interrogative serait l'inverse de la position du spécialiste qui « dit » au sujet ce qui l'affecte. Or, cette position clinique qui permet la détection précoce des risques pouvant conduire à des tableaux cliniques tels que l'autisme et la psychose infantile, par exemple, exige des connaissances sur la constitution psychique du sujet.

La recherche de Campos (2016) s'est appuyée sur un instrument développé par des psychanalystes qui articule ces deux dimensions. L'Instrument de Détection du Risque dans le Développement Infantile (IRDI) a été initialement élaboré pour le suivi par les pédiatres du développement psychique des bébés. Il est composé de 31 indicateurs, qui peuvent être vérifiés au cours des 18 premiers mois de vie et qui se sont révélés avoir une valeur prédictive pour les problèmes de développement lorsqu'ils se manifestent de façon significativement absente (Kupfer, Jerusalinsky *et al.*, 2009).

Ces indicateurs sont fondés sur la théorie psychanalytique et comportent quatre axes théoriques fondamentaux pour la constitution du psychisme : SS = supposition du sujet / ES = établissement de la demande / PA = présence ou absence / FP = fonction paternelle. L'axe « supposition du sujet (SS) » caractérise une anticipation d'un sujet psychique résidant dans le bébé lorsque seul ce dernier « parle » à travers ses manifestations corporelles. Le second axe, « établissement de la demande (ED) », met en avant les réactions du bébé, telles que les pleurs par exemple, qui sont reconnues par la mère comme une demande de l'enfant qui lui est adressée. L'axe « alternance présence/absence (PA) » caractérise le rythme des actions maternelles qui procurent soins et plaisir à l'enfant, mais s'alternent entre présence et absence afin que le bébé puisse se positionner comme un sujet de demandes. Enfin, le dernier axe, « fonction paternelle (FP) », marque la place d'une troisième instance qui interfère subjectivement dans la dyade mère-bébé, créant les conditions pour l'opération psychique de séparation de l'enfant d'avec la figure maternelle, afin qu'il puisse s'orienter vers la dimension sociale et se construire une place propre dans le champ du langage (Kupfer *et al.*, 2009).

Cet instrument a été utilisé par la chercheuse pour établir une évaluation du processus de constitution subjective d'une enfant atteinte du syndrome de Down, nommée dans l'étude Liza. Des observations de la dyade mère/bébé ont été réalisées lors des séances en Éducation Précoce ainsi que des entretiens avec la mère. L'étude s'est déroulée de manière processuelle durant deux semestres, des 4 aux 12 mois de Liza.

Dans la discussion, à partir des données recueillies au cours de l'enquête, il a été souligné que le bébé a occupé, pendant la grossesse, une place idéalisée dans la dynamique familiale et que la rencontre avec le bébé réel a été durement ressentie par la mère, qui a alors eu des difficultés à construire sa fonction maternelle au-delà des soins physiques prodigués à l'enfant. Ces soins étaient guidés par les informations qu'elle obtenait sur internet à ce sujet. Les signifiants « connaissances sur le syndrome de Down » sont devenus son soutien subjectif après la naissance de l'enfant ; ainsi, elle écoutait et suivait toutes les recommandations médicales et a, durant l'entretien, révélé une bonne compréhension du discours des neurosciences, notamment en ce qui concerne les soins à prodiguer à Liza pour dépasser les limites du développement posées par le syndrome.

Ce fragment de cas nous permet d'illustrer la thématique qui nous concerne ici, car il s'agissait d'une mère extrêmement bien informée, mais pas *écoutée* quant à la fracture subjective qu'elle vivait dans l'appréhension du handicap de sa fille. Kupfer et Bernardino (2009) soulignent que le « troc » du savoir parental contre un savoir technique issu du discours médical produit des effets en centrant le regard sur le corps de l'enfant en ne se souciant que des déficits présentés. Ainsi, il a été constaté que l'enfant est devenue l'objet de multiples et diligents soins physiques, toutefois, cela ne s'est pas avéré suffisant ni pour les progrès dans son développement, ni pour sa constitution subjective. L'IRDI a indiqué, par l'absence d'indicateurs significatifs, que Lisa présentait des retards de développement, tout en signalant de préoccupants impasses dans sa constitution subjective.

À son tour, la recherche menée par Marques (2023) est parvenue à la conclusion qu'il y aurait une incorporation, de la part des professionnels de l'éducation, de la figure de l'enseignant « spécialiste » dans le champ de l'Éducation Précoce. Ces professionnels adoptent une position hiérarchique dans le champ du savoir lorsqu'ils orientent les parents sur les soins à apporter à l'enfant et témoignent de leur difficulté à « lire » les aspects subjectifs qui traversent le champ parental au sein de la relation à l'enfant. La chercheuse a analysé que cette posture peut être défensive et découler de l'insécurité des professionnels face à la complexité et/ou à la gravité des cas de certains enfants et/ou de certaines configurations familiales face à ces problématiques. L'hypothèse de Marques (2023) est que cette façon d'agir peut indiquer une angoisse des professionnels face à l'imprévisibilité des interventions avec les parents, en tenant compte des processus de deuil et des formes ultérieures par lesquelles chaque famille parvient à gérer le handicap.

Les trois recherches synthétisées montrent qu'il serait fondamental que, dans la formation des professionnels en santé et en éducation, les connaissances sur les aspects moteur, sensoriel, social et cognitif, inhérents aux processus de développement de l'enfant atypique, s'articulent avec les processus de constitution du sujet qui se construisent au cœur du champ parental. Pour cela, il serait nécessaire, dans la formation continue ou en cours d'emploi, que ces professionnels soient écoutés afin qu'ils puissent, dans leurs interventions, accorder de l'importance à l'écoute qu'ils offrent aux parents.

Nous comprenons, comme le soulignent Palhares et Bastos (2017), que l'écoute a pour fonction de permettre à celui qui parle de s'impliquer dans ce qui lui cause souffrance. Il s'agit donc, comme le précisent les auteures, d'une écoute active, dans le but de permettre à l'autre une rencontre avec sa propre singularité et ses difficultés, de sorte qu'il puisse tirer des conséquences de ce qu'il entend de lui-même, décidant quoi faire de ses propres impasses. Autrement dit, l'écoute du champ parental serait fondamentale, dans la mesure où le petit sujet marqué par le handicap, comme nous l'avons vu, dépend du regard et des signifiants de l'Autre, se trouvant, souvent, à la dérive, attendant le temps du deuil des responsables de l'enfant idéalisé qui n'est pas né. Ce temps, qui est logique et non chronologique, peut également fragiliser ses possibilités d'inclusion sociale.

Almeida (2011) souligne l'importance que, dans la formation continue, soient créés des groupes d'écoute afin de faire l'analyse des pratiques professionnelles, défendant que la formation « ne peut être centrée uniquement sur les aspects techniques, didactiques, instrumentaux et rationnels liés au savoir-faire professionnel [...] » (p. 27), c'est-à-dire que la formation ne peut être uniquement technique, mais doit être imprégnée d'une perspective éthique capable d'articuler les dimensions professionnelles, personnelles, subjectives et interpersonnelles de chaque professionnel.

Cette proposition de formation peut s'appliquer à tout groupe de professionnels en charge d'interventions auprès de bébés atypiques et de leurs familles. L'analyse des pratiques professionnelles, comme le signalent Almeida et Aguiar (2017), peut se constituer comme une *méthode clinique-éthique* porteuse du potentiel pour que le professionnel puisse « se *confronter* à son dire, par l'expression de la parole, qui l'interroge et fait énigme » (p. 99), le rendant ainsi plus impliqué subjectivement dans son exercice professionnel. Une implication non défensive qui, à notre sens, peut permettre aux professionnels œuvrant en Éducation Précoce de disposer des moyens subjectifs pour soutenir les familles, afin que celles-ci trouvent leurs propres voies pour offrir le meilleur accueil possible à l'enfant porteur de handicap.

Références

Almeida, S. (2011). Dispositivos clínicos de orientação psicanalítica na formação de professores: entre o cuidado, o ensino e a transmissão. In S. Almeida, & M. Kupfer, *A psicanálise e o trabalho com a criança-sujeito: no avesso do especialista* (pp. 27-44). Wak Editora.

Almeida, S. C., & Aguiar, R. R. (2017). A pesquisa-intervenção na formação continuada de professores e o dispositivo de análise das práticas profissionais, de orientação psicanalítica: revisitando algumas questões e considerações. *Educar em Revista*, pp. 89-101.

Bernardino, L. (2006). Da metafísica à metapsicologia. *Estilos da Clínica, 11*, pp. 204-223.

Bernardino, L. M. (2007). A contribuição da psicanálise para a atuação no campo da educação especial. *Estilos da Clínica, 12*, pp. 48-67.

Brasil. (1995). *Diretrizes Educacionais sobre a estimulação precoce.* Ministério da Educação e do Desporto, Secretaria de Educação Fundamental. Brasília, DF: MEC/SEF.

Brasil. (2000). *Referencial curricular nacional para a educação infantil: estratégias e orientações para a educação de crianças com necessidades especiais.* Ministério da Educação. Brasília, DF: MEC.

Butler, J. (2014). Regulações de gênero, *Cadernos Pagu*, pp. 249-274.

Campos, D. de. (2016). Educação recoce e a constituição do sujeito: o avesso do especialista.

Campos, D. de, Legnani, V. N., Francesca, S. C., & dos Santos, A. C. (2020). Contribuições possíveis da psicanálise à educação precoce: o protocolo Indicadores Clínicos de Risco para o Desenvolvimento Infantil (IRDI). *Estilos da Clínica, 25*(2).

Carvalho, R. E. (2008). *Escola inclusiva: a reorganização do trabalho pedagógico.* Editora Mediação.

Costa, M., & Cohen, R. (2011). *Um saber-fazer com crianças e jovens. A psinanálise e o trabalho com a crança-sujeito: no avesso do especialista*. pp. 283-300.

Delaney, L., & Doyle, O. (2012). Socioeconomic differences in early childhood time preferences. *Journal of Economic Psychology, 33*, pp. 237-247.

Distrito Federal. (2005). *Orientação pedagógica atendimento educacional especializado à criança de 0 a 3 ános*. Brasília, DF.

Distrito Federal (2010). *Orientação Pedagógica – Educação Especial*. Secretaria de Estado de Educação. Brasília, DF: SEEDF.

Domecq Gómez, Y., Freire Soler, J., Querts Mendez, O., & Columbié Reyes, J. L. (2020). Domecq Gómez, Y., Freire Soler, J., Querts Mendez, O., & Columbié Reyes, J. L. Consideraciones actuales sobre la iatrogenia. *Medisan, 25*, pp. 906-924.

Freud, S. (2010). (1915-1917) Luto e melancolia. In *Obras completas* (Vol. 14). Companhia das Letras.

Góes, F. A. (2006). Um encontro inesperado: os pais e seu filho com deficiência mental. *Psicologia: ciência e profissão, 26*, pp. 450-461.

Goretti, A. C. (2012). A relação mãe-bebê na estimulação precoce: um olhar psicanalítico.

Jerusalinsky, A., Kupfer, M., Bernardino, L., Wanderley, D., Rocha, P., Molina, S., & Lerner, R. (2009). Valor preditivo de indicadores clínicos de risco para o desenvolvimento infantil: um estudo a partir da teoria psicanalítica. *Latin American Journal of Fundamental Psychopathology Online, 6*, pp. 48-68.

Krummenauer, V., & Malgarim, B. G. (2018). Se você não ouve as crianças, você perde as crianças: Um estudo acerca do lugar da infância no contemporâneo e suas representações. *Sig: Revista de psicanálise, 7*, pp. 33-42.

Kupfer, M. M., & Bernardino, L. F. (2009). As relações entre construção da imagem corporal, função paterna e hiperatividade: reflexões a partir da Pesquisa *IRDI – Revista Latinoamericana de Psicopatologia Fundamental, 12*, pp. 45-58.

Lacan, J. ([1969] 2003). Nota sobre a criança. In *Outros escritos*. Zahar.

Marques, T. S., Legnani, V. N., & Dos Santos, A. C. (2023). Reflexões sobre os atendimentos aos pais no âmbito da educação inclusiva. *Revista Ibero-Americana de Estudos em Educação*, pp. 23-36.

Organização das Nações Unidas. (2015). Os objetivos de desenvolvimento sustentável enquanto legado e aperfeiçoamento dos objetivos de desenvolvimento do milênio da organização das Nações Unidas. Relações Internacionais.

Ortega, F. (2009). Neurociências, neurocultura e autoajuda cerebral. Interface-comunicação, saúde, educação. *13*, pp. 247-260.

Palhares, O., & Bastos, M. B. (2017). Duas notas sobre a formação de professores na perspectiva psicanalítica. *Estilos da Clínica, 22*, pp. 246-267.

Zornig, S. M.-J. (2010). Tornar-se pai, tornar-se mãe: o processo de construção da parentalidade. *Tempo psicanalítico, 42*, pp. 453-470.

www.ingramcontent.com/pod-product-compliance
Lightning Source LLC
LaVergne TN
LVHW090306051026
849518LV00005B/1671
* 9 7 8 8 5 2 1 2 2 8 4 5 5 *